統計と日本社会

データサイエンス時代の展開

国友直人／山本 拓［編］

東京大学出版会

STATISTICS AND JAPANESE SOCIETY:
Recent Developments in the Era of Data Science
Naoto KUNITOMO and Taku YAMAMOTO, editors
University of Tokyo Press, 2019
ISBN978-4-13-043401-0

はしがき

　近年になり日本の社会，とりわけビジネス業界や各種メディアや出版関係者などの間では，IT（Internet Technology），ビッグデータ（Big-Data），IoT（Internet of Things），「最強の学問は統計学……」，「データサイエンス」など，必ずしもその意味する具体的内容に共通な理解があるとは言えない中で，以前には聞いたことがない統計・統計学やビッグデータに関係する言葉が氾濫気味である．社会における計算機やインターネットの利用など，情報収集の利便性が著しく向上し，情報や統計・データが多くの国民にとり無料あるいは比較的に安価で容易に利用できるようになり，社会のありようも変化しつつある．まさに「ビッグデータ社会」が日本に到来している．

　統計，データ，統計学の利用価値や有用性にかなりの注目が集まる中で，ほんの少し冷静に統計・データを巡る負の方向での話題を調べてみると，日本では例えば「サリドマイド事件」[1]が起きてから長い年月が経過したにも関わらず，数年前に「ディオパン事件」とよばれる高血圧治療薬の治験データの捏造と不正な統計データ解析という，健康を巡るデータの不正事件が起きたことに気がつく．データを巡る類似の不正や誤用の事件は，最近の日本社会では絶えず起きている．「ビッグデータ社会」ではデータ取得の利便性が向上している裏で，統計・データ分析の乱用や誤用により快適な生活が脅かされかねないという側面を十分に理解し，直視する必要がある．

　次に日本の経済や経済政策を巡る問題に目を転じると，近年になりようやく日本における公共政策分野において Statistical-Evidence-Based-Policy-Evaluation（統計的データ，統計的証拠に基づく政策評価），あるいは EBPM（Evidence-Based-Policy-Making）という，元々は医療・生物統計

---

[1] 同事件については例えば，池田貞雄・西田英郎『社会のなかの統計学』内田老鶴圃新社，1977 年，および本書第 1 章の柳川論文などを参照．

(bio-statistics) における EBM (Evidence-Based Medicine) から派生した言葉が，より広い意味で社会に認知されるようになった．政府による経済政策の検討においても，経済統計データの裏付けや透明性の議論が必須になる中，税を使う公共政策 (public policy) は中央・地方の行政をはじめ社会的な課題解決をめざす施策なはずなので，どの方法がどの程度まで有効なのか，あるいは意味がない単なる税の無駄遣いなのか妥当性が問われる．すなわち，公共政策を実施する際の根拠としてデータによるより客観的な評価が求められているのである．こうした時代を迎えた中，2015年10月の経済諮問会議という日本の経済政策を決める政府の最高意思決定機関において，日本の財務大臣自らが家計の経済動向を示すべく政府が定期的に作成しているマクロ経済の公表値について，その質の信頼性，公的データの在り方に疑問を提起したことは，少なくとも経済統計家は鮮明に記憶している．国民が経済の状況を判断する為に作成しているはずの基礎データであり，政府が公表している公的統計の質の改革を巡っては，その後2016年末には内閣官房長官を座長とする「統計改革推進会議」が設置され，政府統計・経済統計の質の改善の機運は高まりを見せている．

このように近年の日本社会では統計データ取得の利便性が向上し，国民だれでも統計データを無料，あるいは安価で容易に手に入れられるビッグデータ時代の到来とともに，我々の生命や経済などにおいて日本社会で利用している基礎・公的データの質についての問題もまたしばしば表面化するのである．こうした経済社会を支える様々な分野において科学的・統計学的な観点からの客観的な見方，すなわち「データサイエンス」は切実に求められるようになっている．このことからも統計・統計学・データサイエンスが既に「ビッグデータ時代」を迎えている日本社会では重要になっていることがわかる．

ところで近年のデータを巡る環境変化の中，日本社会でもようやく統計・統計学・統計科学・データサイエンス，などへの関心がより高まり，統計データに関する統計学・統計科学の高等教育についての新しい試みが目立つようになっている．例えば，滋賀大学データサイエンス学部の創設，統計検定の試み，オンライン教育の試み，などこれまでにない動きが見られる．さら

にこうした新しい動向は実は社会でかなり注目されている高等教育・社会人教育にとどまらず，必ずしも多くの関心が寄せられていない中等・高等教育の教育においても，一昔前までは想像できない変化が起きつつある．

既にビッグデータの時代に突入している時代の日本における統計・統計学およびデータサイエンスの現状を踏まえ，今後の日本社会における統計・統計学の課題と役割を展望し，よりよい社会を目指すインフラとしての統計・統計学の在り方を探り，科学的角度からの根本的な方策が必要というという現状認識から，日本における今後のデータサイエンス展開の方策を検討することがこの書物の原点である．例えば数多くの事例の中から象徴的な意味で冒頭に紹介した「ディオパン事件」や「財務大臣の発言」などの象徴的な二つの話題については，それぞれ本書に収録した第1章の柳川論文と第13章の美添論文でより詳しく解説している．

＊　　　　　　＊

本書は序章および3部から構成される．序章では統計学の高等教育や大学・大学院教育における日本の特殊事情について論じ，諸外国に比べて日本の大学には統計学・データサイエンスを専門とする高等教育組織が極端に少ない現状の分析を踏まえ，このことに起因する弊害が日本社会にとって克服すべき大きな課題であることなど，基本的問題を指摘している．

第I部には日本社会における統計・統計科学の位置を改めて振り返り，今後の展開を考察する幾つかの論考を集めた．学術界では，自然科学・工学・医学・社会科学などの様々な学問分野において，統計的データ分析が今では必要不可欠な基本事項になっている．本書では特に多くの読者にとって身近で日本の社会の構成員にとって重要な応用分野である，医療・薬品分野におけるバイオ統計学，モノづくりにかかわる品質管理の分野をとりあげた．さらに日本社会やビジネス界ではビッグデータ時代の到来とともにビジネルを巡る様々な新しい動きが見られるが，中でも統計分析・データ分析がビジネスに直結する「マーケティング」と呼ばれている企業・経営分野における動向が重要である．現代では情報収集・一次データ取得のコストがかなり低下し，情報伝達の手段にはインターネットなどが普及しているが，こうした時

代のビジネスでは問題解決のために，科学的データ分析，すなわち統計データ分析が必須となっているのである．最後に補論として長年にわたり活躍してきた研究者の視点から，経済学・計量経済学の潮流についての解説を付け加えた．このように第Ⅰ部では，日本社会で統計的分析が不可欠となっているいくつかの重要な分野について精通している識者に登場していただき，統計・統計学と日本社会を巡り重要な動向と日本社会が対処すべき喫緊の課題を紹介した．

　第Ⅱ部では，統計・統計学の教育体制についての動向についてまとめている．近年の日本では社会的要請に応え，数学離れの現状の打開などへの対処のためか，学習指導要領が度々改定され，中学・高等学校の数学の教育課程に統計学・データ科学の内容の流入などの動きも加速している．また日本における大学教育では，滋賀大学において2017年4月にわが国で初めて大学における文理融合型の新しい試みである"データサイエンス学部"が創設，2019年4月には同大学院が設置される予定であることが特筆に値する．滋賀大学の試みが先駆けとなり，文部科学省は2016年末に「数理およびデータサイエンスに係る教育強化」の拠点校として滋賀大学を含む6大学を選定，大学・大学院教育におけるデータサイエンス教育の推進を打ち出している．さらに正規の教育体制を離れた枠組みとして，学生・社会人を主な対象として，日本統計学会が母体となり2011年から「統計検定」事業が開始され，受験者が順調に増加している．社会人教育の動きとしては，GACCOと呼ばれるインターネット教育を巡る新たな試みも2014年より始まっている．こうした動向の説明に加えて，補論として日本の高等教育で大きな比重を占めている「日本の私立大学文系の統計教育」についての考察も加えた．このように第Ⅱ部では，日本における統計学・データ科学についての高等教育を巡る新しい潮流を牽引している当事者が，統計教育の現状と課題，それぞれ進めている事業について詳しく解説している．

　第Ⅲ部では，日本の政府統計・経済統計自体を巡る状況と課題ならびにその作成にまつわる制度と改善に関する論考をまとめた．現代の日本では，政府統計・経済統計分野で収集・作成されている多くの公的統計データは，インターネットなどを通じて利用可能となっている．国民から徴収している

税金で運営している政府部局の活動として当然とは言えようが，かなりのコストをかけて作成されている公的データが一般の国民が容易に利用できるようになったことは，一昔前の経済統計・公的統計を知る者にとっては驚異的ですらある．その一方で，先送りされている重要ではあるがすぐには解決が困難な課題があることも事実である．第 9 章から第 11 章では，経済統計の立場から国際的視野に立って日本の政府統計の現状と改善の試みを考察している．第 9 章ではサービス産業における価格・生産性の計測という課題への挑戦，第 10 章と第 11 章では公的統計の中でも注目されることが多い GDP 統計と消費統計に絞って，中央政府に属する統計部門の現場から公的統計データの動向と改善の試みを解説している．第 12 章と第 13 章では，公的統計の現場とは異なる研究者の立場からの，公的統計を巡る最近の動きについての評価・考察である．このように第 III 部では，日本の公的統計自体について作成当事者ならびに精通している識者が，その現状や課題ならびに改善の方向について紹介している．最後に補論としてビッグデータ時代の経済データ・経済・経済学のあり方を巡る「ビッグデータと経済分析」という考察を付け加えた．

*　　　　　　　　*

　全体を通じて本書の各章の執筆者には専門性が高い有識者を選んだが，扱っている課題における専門性や国際的視野からの解説のみに偏らないよう配慮した．特に現代の日本のビジネス界や官界で活躍してはいるが，大学では統計学を十分に学ぶ機会がなかった学生・社会人・公務員など多くの読者にとり分かりやすい内容とするため，最初に用意された原稿をさらに推敲するように編者は各執筆者に要請した．また 3 部それぞれの最後に他の論考に関係する話題についてややエッセイ風で読みやすい補論を付け加えた．こうした試みがどこまで実を結んでいるかは読者にゆだねるほかないが，本書に収録した諸論考が今後の統計・データ・統計学を巡る活動の指針，今後の「統計と日本社会」の諸問題を考察する上での基本資料，データサイエンスの高等教育の中身を検討する際の参考資料として役立てていただければ幸いである．

なお本書に収録された多くの論考はいずれも戦後，長い間，日本社会の公的統計を支えてきた財団法人第1号であった統計研究会が発行していた定期刊行誌『ECO-FORUM』における同会の創立70周年企画，および雑誌『学際』の為に準備された原稿を基礎とした．ただし本書に収録するにあたっては，より多くの読者のために元原稿を精査，改訂を重ねた原稿をもとに幾つかの新しい原稿を加えて再構成した．そして約40年前に日本統計学会編『日本の統計学五十年』を出版した縁を踏まえて，東京大学出版会より書籍として出版することとしたが，出版に当たっては，統計研究会や東京大学出版会の大矢宗樹氏をはじめ関係各位のご協力に感謝する．

2018年10月

国友直人
山本　拓

目　次

はしがき　i

序　章　失われた50年——ビッグデータ時代における統計科学
　　　　　　　　　　　　　　　　　　　　　　　　　　国友直人　1

1. はじめに——統計・統計学ブーム？　1
2. ビッグデータ時代における統計学の人気　2
3. 米国の統計学科と統計科学　4
4. 日本の現状　9
5. おわりに——失われた50年から未来の展望へ　13

第 I 部
日本社会における統計科学の展開

第1章　バイオ統計学——ライフサイエンス研究の新潮流
　　　　　　　　　　　　　　　　　　　　　　　　　　柳川　堯　21

1. はじめに　21
2. 前史　24
3. 薬害・公害に立ち向かった　25
4. 日本計量生物学会　27
5. 人材の育成　30
6. 明日を切り開く研究　32
7. おわりに　37

第2章　日本的品質管理活動と統計科学 ………… 椿　広計　39

1. はじめに——日本的品質管理の前史　39
2. 日本的品質管理の創生とその意義　43
3. 日本的品質管理が世界に発信した統計的方法　50
4. 統計的品質管理学への様々な貢献　57
5. おわりに　63

第3章　マーケティング・リサーチにおける統計学の役割
……………………………………………… 鈴木督久　69

1. はじめに　69
2. マーケティング・リサーチの中の統計学　70
3. 調査産業の成立小史　71
4. 世論調査と市場調査　74
5. 「データ以後」の時代　77
6. 再び「データ」の時代　78
7. マーケティング・リサーチの産業ビジョン　80
8. おわりに　83

第4章　ビッグデータ時代のマーケティングと統計科学
……………………………………………… 山口景子　85

1. はじめに　85
2. マーケティングにおける「ビッグデータ」とはなにか　86
3. マーケティング意思決定に役立つ「ビッグデータ」を準備するためには　93
4. 「ビッグデータ」時代のマーケティングに必要な統計科学の素養　97
5. おわりに　100

補論1　私の計量経済学50年 ･････････････････ 佐和隆光 103

1. はじめに──経済学そして統計学への道　103
2. 計量経済学の産みの親 Cowles Commission　105
3. 経済学研究科統計コース　105
4. スタンフォード大学での充実した1年　106
5. イリノイ大学で過ごした学者三昧の3年間　107
6. 計量経済学の勃興期を回顧する　108
7. 気候変動問題が計量経済モデルを復興させた　110
8. 赤池・佐和論争　111
9. 新古典派 vs. ケインズ派　112
10. ビッグデータからのファクト・ファインディングを　113
11. おわりに　114

第 II 部
統計教育の進化への動き

第5章　日本初のデータサイエンス学部創設
── 滋賀大学による文理融合構想 ･･････････ 竹村彰通 119

1. はじめに　119
2. データサイエンス学部設立の背景　119
3. 横串の手法と縦串の手法　121
4. 統計学とデータサイエンス　122
5. データサイエンスの3要素　126
6. おわりに──AIとデータサイエンス　127

第6章 「統計検定」の経緯と今後 ………………… 中西寛子　129

1. はじめに　129
2. 統計をめぐる社会の動き　130
3. 統計検定の設立と目的　132
4. 統計検定の試験種別　133
5. 受験者の推移と動向　135
6. 教育の質保証としての統計検定　140
7. おわりに――統計検定を取巻く近年の状況と今後　141

第7章 日本の中学校・高等学校における統計教育
　　　　………………………………………………… 青山和裕　143

1. はじめに　143
2. 現在の教育課程における中学・高等学校での統計教育　143
3. ニュージーランドの統計教育　148
4. 新学習指導要領における統計教育　153
5. 今後の課題――授業改善と評価のあり方　157
6. おわりに　159

第8章 統計教育における e-learning コンテンツの制作
　　　――JMOOC における実際例　　………………… 下川敏雄　161

1. はじめに　161
2. 高等教育機関における e-learning 導入の現況　162
3. e-learning コンテンツ作成の流れと留意点　166
4. JMOOC「gacco」における統計学の講義　168
5. 「統計学Ⅰ」の制作過程　173
6. gacco における統計学コンテンツの課題　178
7. おわりに　180

補論 2　日本の私立大学文系の統計教育 ………… 山本　拓　183
　1．はじめに　183
　2．問題解決の手法としての統計学　183
　3．Motivation バリアー　185
　4．数学バリアーⅠ　186
　5．数学バリアーⅡ　187
　6．パソコン・インセンティブと実証分析　188
　7．おわりに　189

第Ⅲ部
公的統計の改革への動き

第 9 章　サービス産業における計測 … 深尾京司・池内健太　193
　　　──価格と生産性の正しい計測法
　1．はじめに　193
　2．日本政府による物価と実質生産の計測における課題　195
　3．サービス産業における生産性水準の国際比較における課題　199
　4．おわりに　204

第 10 章　国民経済計算の平成 23 年基準改定
　　　──最新の国際基準への対応　……………… 多田洋介　207
　1．はじめに　207
　2．平成 23 年基準改定における 2008SNA 対応　208
　3．平成 23 年基準改定におけるその他の変更　213
　4．平成 23 年基準改定の推計結果　215
　5．おわりに　219

第11章 家計調査の改良と消費動向指数（CTI）の開発
　　　　——公的統計の進化へのチャレンジ ……… 阿向泰二郎　223

1. はじめに　223
2. 家計調査を取り巻く議論　223
3. 家計調査の改良　226
4. 消費動向指数（CTI）の開発　227
5. ビッグデータの活用　233
6. おわりに　235

第12章 統計制度の国際比較——日本の統計の特徴と課題
　　　　………………………………………………… 川崎　茂　237

1. はじめに　237
2. 集中型と分散型　237
3. G7諸国の統計制度　238
4. 米国の統計制度　240
5. 英国の統計制度　244
6. ドイツの統計組織　247
7. おわりに　249

第13章 公的統計の課題と改革 ……………… 美添泰人　253

1. はじめに——公的統計を巡る最近の指摘　253
2. 日本における統計改革の歴史　255
3. 家計調査の改善に関するタスクフォース　258
4. 経済統計全般に関わる検討　264
5. おわりに　268

補論 3　ビッグデータと経済分析 ……………… **北村行伸**　273
　1. はじめに　273
　2. コンセプチュアライゼーション　273
　3. 産業革命史再考　274
　4. 第 3 次産業革命あるいはインダストリー 4.0　276
　5. 経済学はどこに向かうのか　279
　6. おわりに　280

索　　引　283
編者・執筆者紹介　290

序章 失われた50年
―― ビッグデータ時代における統計科学

国友 直人

1. はじめに――統計・統計学ブーム？

　ここしばらく日本の大手企業が密集している東京・大手町界隈ではIT，ビッグデータ，IoT，データサイエンスなど，以前に聞いたことがないほど統計学やデータに関係する書籍の販売が好調である．インターネットをはじめ社会における情報を巡る利便性が著しく向上し，多くの人が公的統計や民間統計，すなわち一見すると自由に無料で（あるいは安価で容易に）必要なデータを手に入れることができる「ビッグデータ社会」が日本に到来したからであろう．また日本の政府の公的活動を巡っても，近年になりようやく公共政策の議論では，欧米の医学・薬学統計学では元々しばらく前から一種の合言葉とされていた「EBM」（Evidence-Based Medicine）から派生した「EBPM」（Evidence-Based-Policy-Making，データに基づく意思決定）が認知され，税金を投入される各種の公共事業など，政府が関与する事業の政策決定におけるデータの透明性や，データに基づく証拠の重要性が強調されるようになっている．
　こうして日本社会におけるビジネスや公官庁の間で統計，データ，統計学の役割が注目されている中，2017年10月には日本を代表する素材メーカーである神戸製鋼において長年行われていた品質管理データを巡る不正の発覚が，日本の主要な新聞，雑誌，テレビニュースなどで大きな話題となった．統計的品質管理（Statistical Quality Control: SQC）といえば，一昔前には大学の統計学，すなわち筆者が学んだ頃には統計学の講義の中でわざわざ

時間をさいて，戦後の日本の経済発展を大きく支えた統計学の応用での代表的な成功例，と教えていたはずであり，神戸製鋼は日本における製造業の大きな経営目標の一つである栄えある「デミング賞」を受賞したはずなのにである．

そこでほんの少しインターネットで統計・データを巡る負の方向での話題，例えば「ディオバン事件」を検索してみよう．そうすると実は専門家の間では周知のことではあるが，この高血圧治療薬の治験データの捏造と不正な統計データ解析など，健康を巡る薬効データの不正が起きていたことに気がつくだろう．近年のデータを巡る利便性の向上の裏では，こうした「統計，データ，統計分析の乱用や誤用」という側面もしばしば目にするのもまた現代の日本社会なのである[1]．

一方では統計・データを取得する利便性が向上し，一見すると自由に無料で，あるいは安価でしかも容易に必要なデータが手に入れられる環境が到来するとともに，他方ではしばしば民間ビジネスや経営の現場，公的組織における医療政策や経済政策などの作成において重視される基礎データの質についての問題が生じているのである．したがって，あらためて科学的，すなわちデータサイエンスからの貢献が期待される客観的なデータに基づく見方が，現代の日本社会では以前に比べてもより切実に求められていることに気が付かされるだろう．

2. ビッグデータ時代における統計学の人気

こうした統計，データ，統計科学を巡る動きは日本に特有なことなのだろうか？ ここで試しにビッグデータ先進国である米国社会，特に統計科学分野の高等教育についての最近の動向を探ってみよう．米国の社会，教育界，ビジネス系などで注目されることが多い一般雑誌『Forbes』（日本語版の『Forbes JAPAN』がある）に "The Best And Worst Master's Degrees For Jobs"（将来の職業にとって最良の修士号と最悪の修士号）という記事

---

[1] ディオバン事件の詳細については本書第1章の柳川論文を参照されたい．

が一昨年（2016年）に掲載されているので，分かりやすい例としてこの記事を取り上げてみよう．この順位づけは同誌がPayScaleと呼ばれている労働・賃金データベースのデータに基づき，学部学生の間で人気のある45の修士プログラムについて卒業生の仕事（mid-career）データを比較，給与の上昇率，職業の満足度やストレス度などを加味し，独自にランキング，将来性のある学位プログラムを評価した結果をまとめたものである．公表された結果では，1位 Biostatistics, 2位 Statistics, ……, 6位 Management Information Systems, 7位 Computer Science となっている．これより少し前になる2015年に発行された同様の一般雑誌『FORTUNE（フォーチュン）』が調査した記事 "Best and worst graduate degrees for jobs in 2015" を覗いても，統計学分野の評価について同様の結果が報告されている．Statistics（統計学）やBiostatistics（生物統計学）などの分野において高等教育を受ける成果は，卒業後の職・キャリアの評価という観点から，米国社会では高い評価が得られていることが分かる．少なくともビッグデータ（Big-Data）ブームの発祥の地，米国社会では少なくともここ数年間は同様の評価が定着しているようであり，今日における米国の大学・大学院やビジネス界における統計学分野の評価についての一般的傾向とみなして良いであろう．

　日本の大学や社会と異なり，米国では大学教育・大学院教育の成果を卒業後の進路に対する数値で評価する方法が浸透，その評価自体がビジネスになっていることは，米国の大学などの高等教育やビジネス社会を知る関係者には周知のことであろう．むろんこのように経済的観点に重きをおいて高等教育機関である大学・大学院の学生の進路や学位を評価することには，日本の社会・教育界では異論も少なくない．日本やヨーロッパの主要国と異なり，主要な大学教育・大学院教育が私立大学で行われ，著名な大学では日本の私立大学の数倍にもなる学費の高さが時々話題になる米国社会ならではの側面も小さくない．しかしながら，いずれにしても程度の多寡はあるにせよ，今後の日本の大学・大学院などの高等教育や，社会における統計学や統計科学の役割や評価を理解する為には，重要な情報であることは間違いない．また日本と米国を中心とする海外における統計学や統計科学分野の位置の違い，その評価がなぜ異なっているかを考察することで，日本の社会における高等

教育を巡る幾つかの重要な論点が浮かび上がってくる．

「我が国では欧米等と比較し，データ分析のスキルを有する人材や統計科学を専攻する人材が極めて少なく，我が国の多くの民間企業が情報通信分野の人材不足を感じており，危機的な状況にある」．これは 2015 年 6 月に閣議決定された「科学技術イノベーション総合戦略 2015」の中の「重点的に取り組むべき課題」に示された一文である．その総合戦略 2015 では，さらに別項目として時代にそぐわない大学制度の改革，などにも言及しているが，国際的に見たときの 2015 年という時点の日本におけるデータ科学，統計科学教育の立ち遅れについての一般的な問題の指摘にとどまらず，なぜこうした状況が生じるのかという原因を過去に遡って深く探り，課題があるならば日本の未来に向けてその根本的な障害の除去と具体的解決の方策を検討，実現していく必要がある．本書に収録されている各論考では日本における統計・データサイエンス（統計科学）の問題を巡り幾つかの考察や最近の試みについて鳥瞰している．この序章では，米国で経済学・統計学の博士課程（Ph. D.）を修了後に米国の大学と日本の大学で教員を務めている経験，約 2 年間だけであるが「統計検定」の実施組織である「統計検定センター長」を務めた経験などに基づき，日本と米国における高等教育の仕組みや社会におけるデータや統計科学分野のこれまでの経緯などを踏まえた人材育成の課題の今後を展望してみたい．

3. 米国の統計学科と統計科学

統計科学やデータ科学分野での現代における図抜けた超大国は米国である．数年前に東京大学の大森裕浩教授らが Web 情報などから調べた数字であるが，米国における統計学科（Department of Statistics）の数は 69，英国 24 となっていた．ちなみにその時の調査では近年に増加が著しい韓国 54，中国 110 であったが，これらはなお増加傾向にある．米国の統計学科の教員数はといえば，例えばカリフォルニア大学バークレー（Berkeley）校は 42 名，スタンフォード（Stanford）大学 23 名，ウィスコンシン（Wisconsin）大学マディソン（Madison）校 30 名であった．学部・学科・大学院の意味

は日本で一般に流布している常識的理解とは必ずしも同一ではないが，Ph. D. の院生は少なく見積もって1校当たり1学年10名とすると，毎年690名が進学，したがって毎年かなりの規模の統計学 Ph. D. が誕生しているはずである．大学院統計学科で統計学修士を専攻して進学する院生数は Ph. D. 院生よりかなり多いので，毎年少なくとも数千名の統計学修士（Statistics in MA）が養成されているのが米国の高等教育における統計科学分野の市場規模である．こうした統計学の高等教育の規模になってから既にかなりの年月が経過して今日に至っているのが米国の統計学・統計学科の事情ではあるが，他の多くの科学・技術分野と同様に，元々は近代的な統計学の発祥の地，英国と比較すると，かなりの後進国であった．したがってその歴史的経緯を振り返ることからは，今日の日本の位置を考察する上で重要な歴史的な教訓が得られるので，以下その一端を垣間見てよう[2]．

例えば今でも全米の統計科学分野では特に有力な組織である，バークレー校の統計学科（Department of Statistics）の歴史を振り返ってみよう．バークレーの統計学科は統計学分野の最先端大学であった英国のロンドン大学（UCL: University College London）よりポーランド出身のネイマン（Jerzey Neyman，当時44歳）を1938年に数学科（Department of Mathematics）に招聘して出発した．UCL の応用統計学科（Department of Applied Statistics）といえば，当時の英国においてダーウィンから始まる先端科学であった生物進化論の実証問題を背景として，遺伝データを研究している中から回帰（Regression）という言葉を発明したゴールトン（Francis Galton）やカール・ピアソン（Karl Pearson）などを中心に設立され，後にはエゴン・ピアソン（Egon Pearson），ネイマン，フィッシャー（Sir Ronald Aylmer Fisher）など，統計学の展開上では一流と見なされている統計学者が在籍していたという統計科学のメッカであった．しかし米国で招かれた先は数学科であり，普通の数学者の中に応用に関心のある統計学者が

---

[2] 歴史的には日本の主要大学における統計学講座は，ドイツの大学制度における影響の下でまず多くの経済学部に設置された経緯などがある．本章では統計学を巡る日本の大学教育における歴史的経緯の考察までは議論しないが，日本統計学会や日本の統計学の歴史については例えば日本統計学会（1983）が詳しい．また，http://www.jss.gr.jp/society/history/ からたどることができる．

所属することで知的な意味で様々な軋轢があったことが想像される．実際にもその後の紆余曲折の後，しばらくしてネイマンを中心に 1955 年に単独の統計学科として独立している．当時の米国の数学科の事情に詳しいわけではないが，招聘した大学では統計学が数学における新しい潮流，と理解されていた可能性が高い．

別の著名な例として，時期的に相前後しているが，コロンビア（Columbia）大学の統計学科（Department of Statistics）は経済学者としても著名であったホテリング（Harold Hoteling）やルーマニア・ウィーン出身の数理経済学者・統計学者のワルド（Abraham Wald）により，1946 年に政治経済学部（Faculty of Political Science）内の経済学科（Department of Economics）から独立して独自の研究教育組織となったことにも言及しておこう．実は後にノーベル経済学賞を 51 歳という最年少で受賞したスタンフォード大学教授であったケネス・アロー（Kenneth Arrow）はコロンビア大学の出身であり，当時新進気鋭の数理統計学者であったアンダーソン（Theodore Wilbur Anderson）が後に社会的選択論（Social Choice Theory）の始まりとして有名となったアローの論文の Ph. D. 学位審査に加わっていたことを，アンダーソン教授から直接に伺ったことがあるが，それもこうした事情による．また全米に広がっている多くの統計学科はそれぞれ個性的な歴史があるが，ここではもう一つだけ地方都市の統計学科の例として，スネデッカー（George Snedecker）が活躍したアイオワ州立大学（Iowa State University）を挙げておく [3]．分散分析（analysis of variance）や F 分布などを学ぶと引用されることが多いスネデッカーを中心として，農業が最重要産業であるグレートプレーンの中心，アイオワ（Iowa）州エイムズに所在するアイオワ州立大学の中に，1947 年に応用重視の個性的な統計学

---

[3] 例えば文献 Agresti and Meng（2013）には米国の主要な統計学の組織の歴史についてかなり詳細な説明が収録されている．米国において最初に「Statistics」の名前が用いられたのは 1918 年に Johns Hopkins Department of Biometry and Vital Statistics, 続いて 1931 年に University of Pennsylvania, Department of Economic and Social Statistics との記録がある．ただし 1933 年に作られた Statistical Laboratory at Iowa State University が現代の統計学のイメージに合う最初の組織であり，2013 年時点では 99 の学科やプログラムが存在するとの説明が Agresti and Meng（2013）にある．

科が作られている．

　以上，統計学科の設立にかかわる幾つかの逸話と中心となった統計家について言及したが，登場人物たちは，いずれも統計学分野の基礎を勉強すると主要な話題に関係して言及される人物ばかりであり，そのこと自体が興味深い．1940 年代後半から数えると 70 年後の現時点では既に米国において統計学科が設立された頃の正確な経緯を直接的に知る関係者は皆無であり，既に歴史的なエピソードになり詳しい事情を知ることは米国においてもかなり困難になっている．限られた範囲で調べてみると，概して数学科に所属していた個性的な統計学者・統計家が中心となり独立して統計学科を設立した事例が多い．現在の日本における数学科でも事情は似たりよったりと思われるが，数学には長い歴史があり，数学分野の高等教育は，その長い歴史を踏まえさらに発展させる為に長い時間をかけて育まれてきた．伝統的な数学教育では純粋数学が重視され，一定の成果を挙げている半面，応用的な数学教育が軽視されている．近年では日本の中学・高校の数学教育の改革が図られているが，その妥当性については議論がまきおこるなど簡単な評価が難しい問題である．一つだけ重要な論点を述べると，日本の教育の中では米国などと比べると早期から学生は文系・理系と分類され，その方向から後戻りが困難となって大学の学部教育・大学院教育，ひいては就職活動につながっていることであり，この仕組みの功罪については今後の日本社会を考える上で重要であろう．こうした日本の基礎教育・高等教育に特徴的な仕組みについては，別の機会により本格的に議論すべき多くの重要な問題があることは間違いないが，少なくとも米国の大学・大学院では文系・理系の垣根は低く，相互参入はかなり容易であり，実際にこれまで文理融合分野で顕著な成果を挙げていることは事実である．

　欧米の主要大学における大学院教育を経験していない多くの方々にも多少は実感できると思われるので，筆者が相対的意味ではよく知っていると思われる経済学に関係する統計学分野，計量経済学（econometrics）における一例を述べてみよう．ノーベル経済学賞といえばノーベル賞の中でも何かと物議をかもすことがあるが，その議論はさておき，フリッシュ（Ragnar Frisch），ティンバーゲン（Jan Tinbergen），クープマンス（Tjalling

Charles Koopmans) などをはじめ，クライン（Lawrence Klein），ヘックマン（James Heckman），マクファーデン（Daniel McFadden），グレンジャー（Clive Granger），エンゲル（Robert Engle）などなど，とその受賞者を並べ，授賞理由となった研究内容を見ると，ヨーロッパで活躍した最初の3人に対し，他は米国の経済学研究科に所属していたが，いずれも統計家と見なしても遜色のないケースである．実はこれまで統計家がノーベル経済学賞受賞者のかなりのシェアを占めている，というと経済学の門外漢にも分かりやすいのではなかろうか．既にだいぶ以前から，米国やヨーロッパの経済学者を養成している主要大学の大学院の経済学科 Ph. D. プログラムでは，中級以上の統計学・計量経済学の科目はミクロ経済学，マクロ経済学に続く大学院教育の3本柱の一角を担う必修科目となっているが，それが近年では欧米における経済学研究の主流となっている応用経済学における膨大な実証分析を支える主要な分析力へとつながっている．経済学分野では，近年に出版されているよく知られた欧米の著名な国際的学術誌に掲載されている多数の学術論文を一読すると，こうした潮流は一目瞭然である．むろん筆者は他の学問分野については詳しいわけではないが，社会科学，自然科学，医学・薬学，教育学や人文科学をはじめとして，最近では側聞するところによると宇宙物理学などにおける科学研究・学術研究においても，データ分析の潮流はますます大きくなっているのである．

　ここで指摘すべき重要な論点は，統計科学の興隆や日本の社会やビジネス界などの一部でようやく大きな話題となっているビッグデータブームの背景には，米国社会における歴史的経緯，近年での主要な関心事や大学・大学院といった高等研究教育機関の対応の要素を無視することはできないことである．表面的に単に IT（Information Technology）や IoT（Internet of Things）を中心とした最近になって顕著に目立っている現象のみに注目することでは，将来に向けた日本社会における問題や課題を大きく見誤る可能性がある．2018年という時代において，将来の日本社会における高等教育や科学技術政策の構想を考える上では，これまでの教訓を十分に生かす必要がある．

4. 日本の現状

　先ほど述べた科学技術戦略2015は実は「統計科学の教育の遅れのため，ビッグデータを扱う人材が不足している」という日本の実務界・ビジネス界で流布している話題から引用したと思われるが，その言葉は統計学科や生物統計学科が数多く存在し，長年にわたり既に統計科学やデータサイエンスの人材育成に力を入れているはずの米国社会で既にしばらく前から議論されている標語から来ていることを忘れてはならない．日本の科学技術戦略2015に書かれている事項は，実は米国を中心として世界的に起きているビッグデータブームの"一周遅れの後追い解説"と見ることが妥当な評価なのである．

　さて設立されてから既に70年ほどが経過した米国社会における統計学科，データサイエンス分野の高等教育の評価はどうだろうか？ここでは一つの象徴的な事例として雑誌『Forbes』に掲載された記事「The Best and Worst Masters' Degrees for Jobs In 2016」や雑誌『FORTUNE』の記事を紹介した．さらにここ数年ではミシガン大学のように情報工学との協力の中で大学院におけるデータサイエンス（Data Science）学科，学部レベルでのデータサイエンス・プログラムを立ち上げる動きが活発である．ここで重要な事実として考慮すべき事項は，日本でもよく知られている米国での主要な私立大学，公立大学の多くは既にだいぶ前から大学院大学化されているので，統計学科は大学院の一つの人気のある部局だということである．これに対して日本では国立大学はしばらく前に大学院部局化の動きがあったが，高等教育において大きな比重を占めている私立大学は相変わらず学部中心の教育であり，このギャップを含め日本における高等教育を正しく認識した上でないと，日本社会の現状把握と将来展望を大きく誤りかねないだろう．

　既に統計学科や生物統計学科が数多く存在し，長年にわたり統計科学やデータサイエンスの人材育成に力を入れているはずの米国社会において，「ビッグデータを扱う人材が不足している」との危機感が述べられていることの意味，これが米国における科学技術政策にまつわるコメントであることを十分に理解すべきである．ちなみに近年の日本と米国のアカデミックな世界の

スケールを見ると，米国統計学会（1839 年設立）の会員数の約 18,000 人，近代的な統計学の発祥の地である英国統計学会（1834 年設立）の同じく 7,200 人に対して，日本統計学会（1931 年設立，国内では最古で最大）の会員数が約 1,500 人で米国の 10 分の 1 以下である．むろん人的スケールだけが問題なのではないが，米国経済が日本の経済よりかなり大きいことを考慮しても，トップクラスの先進国として生き残る為には，日本における次の世代の為にかなりの数のデータサイエンスの専門家が必要なはずである．

ここで社会のイノベーション戦略で指摘されている「ビッグデータ先進国への道」への方策が，なぜ日本で必要なのであろうか．「統計科学教育の後進国」として何が問題なのだろうか．例えば米国など先進諸国の大学に普通に存在する学科としては，統計学科以外に何か無いだろうか．ノーベル経済学賞の例にとどまらず，他の学問分野で統計学に関連する事情を調べてみると，統計科学と社会・経済とのつながりがある幾つかの応用分野に関して，国際的に見て「日本における研究教育組織の脆弱性」が顕著，という幾つかの深刻な事例を合理的に理解することができる．学問分野で見ても近年では DNA 解析や宇宙物理学などをはじめとする自然科学の様々な分野，医薬品や生物統計，経営とマーケティングなどのビジネス分野を含め統計科学と社会・経済とのかかわりは大きさを増している．ここでは筆者が身近に経験しているが，一般にはあまりおなじみでない日本の社会・経済にとって重要と考えられる例を挙げてみよう[4]．

直接の関係者には必ずしも心地よい話題とは言えないが，多少の誤解を覚悟で日本社会やビジネスに直結している分野の実例を挙げると，人口学（Population Study, Demography）といえば，そもそも統計学の発祥の一つの分野であるが，日本には人口学を専門とする高等教育組織は一つも存在しないようである．これに比較すると，米国では例えばプリンストン大学の OPR（Office of Population Research, Princeton University），ペンシルベニア大学の Population Studies Center（PSC），コロンビア大学の Columbia Population Research Center（CPRC），カリフォルニア大学バークレ

---

[4] ここでは言及しない他の幾つかの学問研究分野における最近の統計学からの展開については，例えば国友・山本（2008a, 2008b, 2008c）などが参考となろう．

ー（Berkeley）の人口プログラム，などが著名であり，むろん Ph. D. 学生を養成している．さらに人口統計と密接に関係する分野として保険学を挙げてみると，米国・英国ではかなりの数の保険数理学科（アクチュアリー学科）や統計学科内にアクチュアリープログラムが存在し，修士レベルの保険数理人（アクチュアリー）を含め実務家・研究者を養成している．例えば保険科学（Actuarial Science, Columbia University），ペンシルベニア大学ワートンスクール（Actuarial Science Program, Statistics Department, Wharton School, Pennsylvania University）などが目につく．なおこれまで皆無であった日本でも，ようやく最近になり日本アクチュアリー会の支援のもとで幾つかのプログラムが立ち上がりつつある．しかし国際的に見ると保険，数学，経済学（Insurance, Mathematics and Economics）などの学術雑誌が複数存在する中で，日本人の研究者の存在感は薄く，独自の貢献は保険大国としては甚だお寒い状況のように見える．

　こうした分野をわざわざとりあげたのは，日本の社会における人口問題の理解と解決に際して，時々マスコミをにぎわす「日本の将来推計人口」[5]が予測しているような，人口減少への対応という最重要な課題の一つに関係しているからである．なお人口学では全米人口学会（Population Association of America）は会員数3,000名程度，日本人口学会は会員数301名（2016年）となっている．むろん先ほども言及したように学会の会員数などだけで学問領域の発展度合いを計ることは適切ではないが，日本における統計関連諸科学の層の薄さを反映していることは確かである．

　人口問題や社会保障問題と関連して生命保険，損害保険，年金などの分野の健全な発展は現代の日本社会における課題の解決と直結しているのである．人口統計や保険の歴史は統計学の源泉と表裏一体であることはよく知られているが，人口の増減についてのデータ分析は統計学・人口学の成立の一つの重要な契機であり，生命表の作成は生命保険という経済活動の発展というビジネスや金融リスク管理の統計学の典型例といってもよかろう．また2011年に発生した東日本大震災など多くの自然災害を経験している日本において，

---

[5] 国立社会保障・人口問題研究所が5年ごとに公表するもので，最新の将来推計値は2017年4月10日に公表されている．

損害保険の役割は以前にもまして重要である．さらに日本が世界で最も先進的な高齢化社会となっている今，社会における公的年金・私的年金の役割の重要性を疑う人はあまりいないであろう．近年では金融リスク管理にも密接にかかわるようになっているが，元々は生命保険，損害保険，年金などの金融商品を適切に扱う専門家集団である日本アクチュアリー会の正会員数は1,579名（2017年1月現在）であり，欧米に比べるとはるかに少ない．ここで言及した3つの例から指摘できる根本的問題は，様々な不確実性やリスクが内在する中で発展している日本社会・経済にとって，重要な課題に対処する為にはその基礎データから専門的に検討できる実務家や研究者の基盤が極めて脆弱なことである．このことは統計学・統計科学の高等教育組織の後進性と表裏一体の問題と考えられる．

なお国際的には統計学・統計科学を専門とする高等教育機関が普通に存在する中で，日本には統計科学を体系的に学べる学部・学科は2016年時点においては存在せず，2017年4月に滋賀大学でデータサイエンス学部がようやく設立され（2019年4月に同大学院の設立が予定），2018年4月には横浜市立大学で2例目が誕生したのみである．また大学院も同様で，日本では1944年に設立された統計数理研究所が参画している総合研究大学院大学の統計科学専攻が目につくが，定員は年間に何と5名である[6]．

こうした日本の現状が意味することは，日本のほとんどの大学では長年にわたりデータ科学（サイエンス）について十分に評価・活用できない社会人を輩出してきているということに他ならない．このような状況は日本社会にとり大きな問題であり，日本の高等教育政策や科学技術政策の一環として，今後，中長期的に展望が持てる学生・社会人に対する統計教育の構想の具体化が必要である．

[6) ここでは統計学に関する通常の意味での学部・学科以上の単位とみなした例を述べたのであり，例えば慶應義塾大学理工学部数理科学科統計学専攻，東京大学大学院経済学研究科経済専攻統計コースなどは除いた．

5. おわりに――失われた50年から未来の展望へ

　これまでの日本における科学技術政策，大学改革の何が問題だったのだろうか．2015年のイノベーション戦略の中で指摘された課題から，さらに「ビッグデータ先進国への道」への方策として，どのような具体的な諸策が必要なのであろうか．データベースの構築や計算能力の向上も重要なのは間違いないが，それ以上に根本的に重要な施策はないのだろうか．ビッグデータを計算機の中に投げ入れて計算すれば，何が有益な情報やビジネスチャンスが転がり込んでくるのであろうか．例えば近年の教育やビジネスの現場では計算機を利用したデータ分析が盛んに行われるようになりつつあるが，ともするとブラックボックスとして集めたデータに計算機のボタンをクリックして処理できる技術，が好まれる傾向がある．しかし，日本社会では何のためにデータを集めて何を計算し，結果をどのように利用するのであろうか．むろん日本にも質の高い統計学の高等教育を巡り，危機感を共有する関係者や研究者は皆無ではない．

　日本における統計学・統計科学分野の立ち遅れが指摘されてから久しいが，実はその後既に多くの年月が経過しているものの，「日本における統計学の高等教育の必要性」について，熱意をこめて問いかけた国際的に優れた業績を持っていた統計学者が小川潤次郎であった[7]．

　1966年，今から50年以上も前に，日本大学生産工学部に統計学科が一時的に存在していたことがあるが，その事実は今や日本の統計学者の大部分も忘却しかかっている．統計数理研究所，大阪大学，ノースカロライナ大学という経歴を経た数理統計学の先駆者の一人である小川潤次郎教授を中心にして，短い期間ではあったが統計学科が運営されていたのである．日本におけ

---

[7] 例えば Ikeda *et al.* (1976) に収録されている Sadao Ikeda（池田貞雄）による "Professor Junjiro Ogawa: A Pioneering Statistician in Japan", Ikeda (1987) に収録されている小川潤次郎「組織的統計教育確立の急務」『統計数理研究所彙報』第8巻第2号，153–158頁，1961年 (http://www.ism.ac.jp/editsec/toukei/ihou.html)，小川潤次郎「独立統計学科の必要性」『統計教育』第72号，2–9頁，1961年などが参考となる．

る私立大学工学部の枠内で本章の冒頭での話題，"統計的品質管理分野"を重視した統計学についての4年間の学部教育が構想され，実践されようとしたのである．ところが残念ながら，その後の日大統計学科事件と呼ばれているような事態を生じさせた時代の流れの中で，統計学科は廃止，小川はカルガリー大学統計学科に職を求めた．しかしその後，日本統計学会長を務めた塩谷実教授など関係者の努力により，小川を記念して日本統計学会に小川賞が1987年に創設されている．小川賞は2017年度には第31回になったが，小川の薫陶を受けた受賞者たちは統計学会の会長になるなど，細々ではあるが先駆者である小川の遺志はまだ生きている．こうした小川ら先駆者によって指摘された日本の「統計学・統計科学分野での高等教育の立ち遅れ」の議論が行われてから長い年月が経過しており，「日本経済の失われた二十年」ではなく日本社会における「統計科学の失われた五十年」と感じている統計家もいるのである．

　こうした日本における過去の経緯に鑑み，将来に向けて何が考えられるであろうか．ここでは一例として，統計学の高等教育の推進と統計学の質保証を念頭に，日本統計学会の理事会を中心に企画立案され，2011年11月から開始された統計・統計学に関する基礎的能力を測る資格試験である「統計検定」を挙げておこう．開始から既に7年以上が経過している「統計検定」は他の多くの検定と異なり，統計学・統計科学という学問分野において日本では最大の学術団体である日本統計学会が大きく関与して資格認定を行っているという特徴がある．元々，日本統計学会は統計・統計学・統計科学分野の研究者，統計家が集まる集団であるが，現代の日本社会では国民の誰もが必要とする基礎的な能力の一つが「統計・統計学」であり，統計・統計学の高等教育の推進が今後の日本の発展に大きく関係すると判断し，社会的貢献の一環として行っているのが統計検定であり，民間の単なる営利事業ではない．統計検定ホームページ（http://www.toukei-kentei.jp）の説明によると，「日本統計学会は，中高生・大学生・職業人を対象に，各レベルに応じて体系的で国際通用性のある統計活用能力評価システムを研究開発し，統計検定として資格認定」していると説明されている．実際，毎年行われている統計検定の企画，運営，出題，出版などには約100名程度の同会員が関与し，国

際級 (RSS) は統計学の発祥の地,英国統計学会 (Royal Statistical Society) と連携して統計分野で国際的に活躍できるレベルの認定まで行ってきている.高等教育・社会人教育が活発に行われている海外の動向と比較するとささやかな試みとはいえるが,本書に収録されている第6章の中西論文が説明しているように,こうした質の高い高等教育活動は国際的に活躍している日本の研究者が関与することで可能となっている.

　高等教育の体制が整っていない日本では近年特に統計・統計学・統計科学や応用分野において,営利目的で活動しているものの実は国際的には統計・統計学分野の専門家とはみなし難い(つまり統計学分野での学位などに象徴される基礎知識・専門知識を持たない)人々が関与している統計・統計学にかかわる活動の事例,社会人の為の解説書などもかなり氾濫気味のようである.あえて述べれば,自動車運転免許を持っているからといって誤った判断をすることなく事故にあわないとは断言できないが,だからと言って社会では免許制度を廃止して無免許運転で良い,自動車教習所がなくてもよいという議論にはならないだろう.より良い社会を構築するには社会的な教育というインフラの整備が重要なのである.実際,本書第1章の柳川論文を一読すると,誤った統計教育により日本で起こった悲惨な結果の一端を垣間見ることができる.日本社会をとりまく環境の中では例えば「統計検定」は社会における統計教育として有意な試みといえよう.既に強調して述べたように,世界的には主要な民間企業をはじめ,国際的な金融政策,金融リスク管理,公共政策を担っている国際公務員(例えば世界銀行 World Bank, International Monetary Fund (IMF), Bank for International Settlements (BIS) etc.)や,米国やEUのセンサス局などでは統計学の高等教育を受けた人材が普通に活躍している.本書の第Ⅲ部で言及されるような公共部門の統計の質を今後さらに向上していくためにも,国際的常識と日本社会の現実との大きなギャップ,弊害をなくす努力が喫緊に重要なのである.

　さて長い年月を経て,ようやく数年前から日本の社会でも統計科学・データサイエンスの高等教育を巡る議論が活発化し,将来に向けて前向きの動きも見られる.多少の繰り返しになるものの,ここで限られた範囲であるが筆者により気がついた事例を幾つかまとめておこう.(i) 2010年日本学術会

議「統計学分野の大学教育分野別質保証について」の勧告，(ii) 日本統計学会 (JSS) が英国王立統計学会 (RSS) との間で連携した統計検定試験を開始，(iii) 2012 年から文科省大学間連携共同教育推進事業「データに基づく課題解決型人材育成に資する統計教育質保証 JINSE」の実施，(iv) 2015 年インターネットによる統計教育 (GACCO) が開始，(v) 2016 年 12 月文部科学省により「数理及びデータサイエンスの 6 拠点」が選定，(vi) 2017 年 4 月日本で初めて 1 学年 100 名規模でのデータサイエンス学部（滋賀大学）が開設 (2019 年 4 月に大学院が開設される予定)，2018 年 4 月に横浜市立大学に日本で 2 番目のデータサイエンス学部が発足，などの動きが特筆される．こうした動向の多くについては，本書の第 II 部に掲載した各章や竹村 (2018) がより詳細に説明しているのでそちらに譲ることにするが，総じて見るとややゆっくりではあるものの，日本社会にとり着実に前向きの動きが始まっているのである．この際，ビジネス界や高等教育や公的機関にかかわる方々を含め，多くの人々が近い将来の日本社会のあるべき姿を踏まえた「ビッグデータ時代の統計科学分野の人材育成」に関心を持ち，より具体的な案を企画・実行することを期待したい．

　1911 年にカール・ピアソンが中心となり英国の UCL において応用数学科 (Department of Applied Mathematics) から独立して，統計学分野の単独組織である応用統計学科 (Department of Applied Statistics) が世界で初めて設立された．それから既に 106 年ほどが経過し，米国の主要な統計学科の設立から約 70 年，そして 1967 年頃には一時的に存在していた日本初の統計学科から 50 年が経過した後，2017 年 4 月に日本で初めて本格的に滋賀大学データサイエンス学部 (Faculty of Data Science) が設立された．長い間，世界中の主要大学には数多くの統計学科 (Department of Statistics) が既に存在し，近年では生物統計学科 (Department of Biostatistics) や UCL に計算統計・機械学習センター (The Centre for Computational Statistics and Machine Learning: CSML) などの新しい組織も登場，学部教育における統計学専攻 (Major in Statistics) やデータサイエンス専攻 (Major in Data Science) などの高等教育もかなりの広がりを見せ，着々と成果を挙げつつある．日本における統計科学・データサイエンス分野を巡るこれからの

高等教育の改革の道は短くはない．

〈謝辞〉
　本章の内容はすべて著者の責任であるが，中西寛子氏（成蹊大学名誉教授），雨宮健氏（スタンフォード大学名誉教授），山本拓氏（一橋大学名誉教授），金子隆一氏（元国立社会保障人口問題研究所副所長）との会話および草稿へのコメントが参考になった．これらの方々に感謝する．

参考文献

国友直人・山本拓監修・編（2008a）『21世紀の統計科学 I――社会・経済の統計科学』東京大学出版会．（I～III 巻の増補 HP 版を http://www.cirje.e.u-tokyo.ac.jp/research/reports/R15ab.html からダウンロード可能．2013 年）

国友直人・山本拓監修，小西貞則・国友直人編（2008b）『21世紀の統計科学 II――自然・生物・健康の統計科学』東京大学出版会．

国友直人・山本拓監修，北川源四郎・竹村彰通編（2008c）『21世紀の統計科学 III――数理・計算の統計科学』東京大学出版会．

竹村彰通（2018）『データサイエンス入門』岩波書店．

日本統計学会編（1983）『日本の統計学五十年』東京大学出版会．（http://www.jss.gr.jp/book/books からダウンロード可能）

Agresti, A. and X.-L. Meng eds. (2013), *Strength in Numbers: The Rising of Academic Statistics Departments in the U.S.*, New York: Springer.

Ikeda, S. ed. (1987), *Contributions to Statistics: Selected Papers of Junjiro Ogawa*, 統計学奨励小川基金会．

Ikeda, S., T. Hayakawa, H. Hudimoto, M. Siotani and S. Yamamoto eds. (1976), *Essays in Probability and Statistics: A Volume in Honor of Professor Junjiro Ogawa*, Tokyo: Editorial Committee for Publication of Essays in Probability and Statistics: Distributed by Shinko Tsusho.

第Ⅰ部

日本社会における統計科学の展開

第1章 バイオ統計学
——ライフサイエンス研究の新潮流

柳川 堯

1. はじめに

医学に関連した統計学は，臨床統計学，医薬統計学，医用統計学，生物統計学など様々な用語でよばれている．用語が統一されていないことは，この分野が急激に発展中の新興分野であること，対象分野が広範であること，学問としてのイメージが未だ醸成されていないことを表している．本章では，この新しい学問分野を「ライフサイエンスの研究対象全般を網羅する数理学的研究」と位置付け「バイオ統計学」とよぶことにする．

医学における統計学は，疫学研究の計画・解析に関わる中で西洋医学の中で発展してきた．疫学データの多くは観察データである．観察データは，一般に選択バイアス[1]や交絡によるバイアス[2]の影響を受けやすい．近年，衛生環境が整備され，わが国では感染症などの急性疾患からがんなどの慢性疾患，生活習慣病の予防やリスク評価に社会の関心が移った．その結果，医

---

[1] 簡単な例で選択バイアスを説明する．ある平日の午後，デパートの入り口で政権の支持率について質問紙調査（アンケート調査）をしたとする．このとき，得られた支持率は日本全国民の政権の支持率からずれている，つまり平日の午後デパートに買い物に来ることができるという，比較的裕福な主婦に偏った支持率でしかない．対象の選択によるこのような偏りのことを選択バイアスという．

[2] 交絡によるバイアスの説明を，柳川（2016）から引用する．表1-Aは，ある病院

表1-A 併用療法の方が単独療法より改善率が低い

治療法	改善	非改善	計
単独療法	116（58%）	84（42%）	200
併用療法	84（42%）	116（58%）	200

療データが複雑，多岐になり，その研究計画や解析には医学者の枠を超えた，バイオ統計学の専門教育を受けたバイオ統計家の活躍が求められている．

　他方，医学では1990年頃から根拠に基づく医学（Evidence based medicine: EBM）が重視され，EBM推進ツールの一つとしてバイオ統計学が活躍している．EBMとは，治療効果・副作用・予後の臨床結果に関して，疫学的観察や統計学による客観的な治療結果の比較に根拠を求めながら治療を行う医療のことである．患者に提供される処方が有効で安全であるという客観的証拠を示すための一つの典型的な方法は，比較臨床試験である．この試験では，患者をランダムに2群に分類し，一方の群の患者を処方Aで一定期間治療，他方の群の患者は処方A以外の治療法で同じ期間治療して，両群の治療効果と副作用の出現状況を比較して処方Aの効果と安全性が示される．ヒトは気まぐれである．試験期間の途中で気が変わり，あるいは副作用のために試験参加を中止したり，薬剤を定められたとおりに服用しなかっ

で過去5年間のカルテを精査し，疾患Dに対して提供された治療法の成績をまとめた表である．治療法は，外科的治療単独の場合と外科的治療に内科的治療を併用した場合に大きく分けてある．表より単独療法の改善率は58%，併用療法の改善率は42%で，単独療法の改善率の方が併用療法の改善率よりも高い．医学的に不可解な結果である．

　他方，表1-Bは同じ調査から得られたデータを，患者の重症度を考慮してまとめなおした表である．表より，例えば治療開始時に軽度と判定された患者の改善率は，単独療法が5%，併用療法が10%で，併用療法の方が高い．同様に，中症度，重症度のいずれのカテゴリーに属する患者も併用療法の改善率の方が単独療法の改善率よりも高い．表1-Aの結果とは逆転している．これは，表から明らかなように，重症度が高い患者ほど併用療法を受けた患者が多いこと，および重症度と改善率には関連性があることから生じたものである．このような時，治療法を無視して表1-Bから改善率を算出すれば，誤った結果（見せかけの結果）が得られる．この見せかけの結果を交絡によるバイアスといい，重症度を交絡因子という．

表1-B　併用療法の方が単独療法よりも改善率が高い

患者の重症度	治療法	改善	非改善	計
重症	単独療法 併用療法	2　(5%) 10　(10%)	38　(95%) 90　(90%)	40 100
中症	単独療法 併用療法	24　(40%) 36　(60%)	36　(60%) 24　(40%)	60 60
軽症	単独療法 併用療法	90　(90%) 38　(95%)	10　(10%) 2　(5%)	100 40

たりなど，工業製品の比較試験のようにランダム化さえしておけば万全とはいえない場面が頻繁に出てくる．さらに人体実験は許されないという制約もある．安全性を保った上で，比較可能性の確保や比較結果の再現性を保証するために，様々な新しい考え方や手法が提案されている．質が高い臨床試験の計画・解析に不可欠な人材として，専門教育を受けたバイオ統計家の活躍が求められている．

さらに医学では，2016年に米国のオバマ大統領が導入したPrecision Medicine Initiativeに見られるように，患者一人ひとりの遺伝子・タンパク質などの情報や，生活環境，ライフスタイルの違いを考慮して疾病予防や治療を目的とする新しい医療の開発が，ホットな研究テーマとなっている．ヒトのDNA配列はA，C，G，Tという4文字からなっており，その文字列の長さは30億個で，この配列の中に約3万個の遺伝子が埋もれており，さらに特定の疾患に関連した遺伝子は，疾患にもよるが，せいぜい30個程度といわれている．Precision Medicineを実現するには，機械学習やAIを駆使して，DNA配列，タンパク質，生活環境，ライフスタイル等に関わる多種多様なビッグデータの中から疾患に係る要因を選択し，特定しなければならない．臨床応用への道を切り開くには，その上で，特定された要因に基づく治療法の開発，および開発した治療法の効果と安全性の評価も不可欠である．Precision Medicineは，データの統合による層別・個別予見医療と訳されているが，これを実現するには複数のビッグデータを統合・分析して疾患に係る要因を特定することができ，さらに臨床試験の計画・解析をすることもできる能力をもった人材が必要不可欠である．Precision Medicineは日本の医学が向かう方向でもある．しかしながら，この新時代の新しい医学的課題に挑戦することができる人材は，いま圧倒的に不足しており，人材を育成することが急務である．人材の育成はバイオ統計学の枠内でしかできない．次世代の医学・医療を切り開く旗手として，バイオ統計学に熱い期待が寄せられている．

これら3つの柱以外にも，環境問題の柱，看護・福祉・リハビリの柱など，現代のバイオ統計学は様々な柱で構成されている．わが国は，いま人類未経験の超高齢化社会に突き進んでいることから，いずれの柱においても解決を

必要とする医学的／医療的諸課題が山積しており，これらの課題を解決するツールとしてバイオ統計学に大きな期待が寄せられている．

一方，わが国におけるバイオ統計家の体系的な人材育成システムは貧弱で，需要の割には供給が少ない．そのために様々な問題が生じている．本章では，これらの課題に焦点を合わせてバイオ統計学の現状と課題を俯瞰したい．

2. 前史

バイオ統計学は，明治時代に西洋医学の導入にともなってわが国に導入された．本節では，明治時代の人々にとって深刻な疾病であった脚気を激減させたバイオ統計学の貢献を紹介したい．

2.1 脚気と麦飯

明治時代の中頃のことである．英国留学から帰国した高木兼寛（慈恵医大の創設者）は，脚気の原因が食事にあると考え，376 名の乗組員中 169 名が脚気にかかり 25 名が死亡していた海軍の軍艦「龍驤」を比較対象にして，ほぼ同様な条件で遠洋航海を行う「筑波」の乗組員の白米には麦を混ぜ，さらに肉を増やした食事を提供する比較対照試験を海軍当局に提案した．

高木兼寛の提案を採用・実施した結果，「筑波」では脚気が 333 名中 14 名に激減し，死亡者もゼロであった（表 1-1 参照）．わが国で脚気が激減したのは，高木兼寛がイギリスで学んだバイオ統計学の方法を適用して実施されたこの比較対照試験の結果から生まれたものである．その後，C. Eijkman が脚気の原因はビタミン B1 の不足であることを証明してノーベル賞（1929 年，医学・生理学）を受賞したが，高木兼寛の功績は，Eijkman に先立って，疾患の原因物質を特定しなくても患者の発生を激減できるという教訓を当時の人々に与えたことにある．これに対して森鷗外は，原因物質を特定しなければ麦飯と脚気との因果関係は解明できないという立場から高木兼寛を批判している（島村 2009）．森鷗外の論点は，後述のサリドマイド薬害事件の裁判や公害の因果関係をめぐる裁判の中でくり返し現れるが，薬害や公害などの問題では森鷗外の主張に従って厳密な科学的因果関係が解明されるま

表1-1 高木兼寛・脚気の原因は米飯（1884）

Year	Frigate	Navigation length	#crews	#cases	#death
1882	Ryuzyo	9 months	376	169	25
1884	Tsukuba	11 months	333	14	0

出所：Sugiyama and Seita（2013）.

で待つことはできない．その間に被害者（患者）が多発する恐れがあるからである．患者・被害者の多発をすばやく阻止するためには，疫学的因果関係の解明で十分なのである．この教訓を残したという点で，わが国初のバイオ統計学の画期的な貢献であった．

3. 薬害・公害に立ち向かった

　第二次世界大戦後に高度成長を遂げたわが国では，そのあおりを受け1960年代後半から1970年代にかけて公害が多発した．被害者は企業を訴え，訴えられた企業は関連データを統計解析して示した上で関係がないと主張し，裁判で因果関係が争われることが多かった．このような中で吉村功は岩波書店発行の『科学』誌に，イタイイタイ病，新潟水俣病などのデータ解析に適用された統計解析のでたらめや，企業のデータ隠匿・改ざんを暴いた「統計手法の誤用」シリーズを掲載して社会に大きなインパクトを与え，被害者救済や公害抑制への道を開いた（吉村 1971）．また，このシリーズで示された統計学の社会的有用性は，研究者に大きな影響を与え，若い研究者がバイオ統計学を志すきっかけを与えた．さらに，同年代はサリドマイド薬害事件（1958～1964年），キノホルム事件（1955～1970年），筋拘縮小事件（1960～1974年），アンプル入り風邪薬事件（1961年），クロロキン事件（1961～1964年），コラルジル事件（1961～1964年）等の薬害が多発した．増山元三郎，高橋晄正，佐久間昭などのバイオ統計家たちが医薬品評価の在り方について声を上げ「医薬品臨床試験評価体制に関する勧告」（日本学術会議，1972年）を引き出す原動力となった．

3.1 サリドマイド薬害事件

とりわけ社会に注目されたのは，サリドマイド薬害事件の裁判であった．社会的に大きなインパクトを与えたバイオ統計学のエピソードとして，特にこの薬害事件をとり上げて紹介したい．

サリドマイド薬害裁判には，大阪大学の杉山博教授が統計家の立場で被告企業を支援した．サリドマイド剤服用が奇形児出産の原因であることは，西ドイツの小児科医であるレンツ博士（Widukind Lenz）らが奇形児出産した母親112名，健常児出産母親188名に対してサリドマイド服用状況を調査した研究によって明らかにされ（表1-2参照），西ドイツではサリドマイド剤の製造販売が中止となった．杉山教授は，サリドマイド剤服用が原因であることを明らかにするには，サリドマイド剤服用群と非服用群の母親の中での奇形児発生状況を比較（前向き研究）することが必要である，にもかかわらずレンツ医師らの研究は結果から原因を調査した（後向き）研究であって因果関係を明らかにする科学的方法ではないとしてレンツ博士らの研究を批判した．しかも，このような後向き研究では（1）現時点で生存している奇形児群と健常児群だけを調査対象にしている，（2）母親の記憶に頼っている，（3）研究者が「サ剤が奇形の原因」と確信してデータを集めているためバイアスが入り比較可能性が満たされない，ことなどを列挙し，レンツ博士らの調査を否定した（杉山 1969）．後向き研究は，今日，症例-対照研究とよばれ疾患の原因を特定する科学的方法として医学研究に定着しているが，当時日本では「うさんくさい方法」としてしか認識されておらず，医学界の多くの医師にとって杉山教授の主張は「当然のこと」であった．

これに対して，増山元三郎，吉村功や，新進気鋭の柳本武美，山添史郎，山本英二らの統計家たちが立ち上がり，レンツらの後向き研究が，原因-結果の関連性を解明する正当な科学的方法であること，調査もバイアスが入らないように細心の配慮が行われていることなどを明らかにして原告勝利を導いた．この裁判がきっかけとなり，症例-対照研究の有効性・妥当性がわが国の医学界で共有されるところとなった．厳密な科学的因果関係は杉山教授が主張したように，前向き研究によって解明するのが王道である．しかし，

表1-2 レンツらのサリドマイド剤服用と奇形児発生に関するデータ

	奇形	非奇形	計
服用	90	2	92
非服用	22	186	208
計	112	188	300

出所:杉山(1969).

前向き研究で統計的に原因を解明するためには,相当多くのサンプルが必要である,言い替えれば患者(被害者)が多数出るまで時間をかけて待たなければならないということであり,倫理的に決して許されるものではない.杉山教授は,原因物質を特定しなくても疾患を激減できる,という上述の高木兼寛の教訓を学ぶべきであった.バイオ統計家による症例-対照研究などの方法論の開発は,疾患に悩む多くの患者に隠れたところで貢献し続けているバイオ統計学の大きな社会的貢献の一つである.

4. 日本計量生物学会

上述した症例-対照研究に妥当性を与える方法論の研究は,米国の国立がん研究所の研究者たちが着手し,1959年にはすでに有名なMantel-Haenszel法(Mantel and Haenszel 1959)も公表されていた.さらに分割表解析にパラメータを入れて解析するロジスティックモデルによる解析法(Bartlett 1935)や,1972年にはD. R. Coxが比例ハザードモデルによる生存データ解析法を提案する(Cox 1972)など,海外ではバイオ統計の方法が飛躍的に発展し医学・医療に貢献していた.しかし残念なことにこれらバイオ統計学の新しい方法は,わが国ではほとんど知られていなかった.公害・薬害に立ち向かったバイオ統計家たちはこのことに気づき,先進国との交流を深める中でわが国のバイオ統計学の健全な研究や実践レベルを向上させたいという機運が高まった.この機運が「医薬安全性研究会」(1979年発足)に結実し,さらに日本計量生物学会の改編をもたらした(1980年9月).

当時,英米欧の名だたるバイオ統計家は,R. A. Fisherらが音頭を取って1948年に発足した国際計量生物学会(International Biometric Society)に

所属し，活発な研究・実践活動を行っていた．日本計量生物学会は，国際計量生物学会の重鎮 Peter Armitage と親交があった奥野忠一（日本計量生物学会第 2 代会長）の尽力で，国際計量生物学会の日本支部（Japanese Region）を兼ねるという形態で再編・再発足した．これによってわが国のバイオ統計学の国際化が，一気に進んだ．1984 年に東京で第 12 回国際計量生物学会，2012 年には神戸で第 26 回国際計量生物学会を主宰し，国内外の研究者に発表の機会を与えるとともに，海外の研究者たちとわが国の研究者との間に密接な研究交流の場が生まれた．海外研究者の招きによる招待講演や海外関連学会での研究発表，および海外研究者による国内講演などの研究・実践活動の交流が日常化した．会員数も増加した（2017 年 5 月現在で約 650 名）．会員は，製薬企業関係，アカデミック，その他が，ほぼ 3 分の 1 の割合である．以下に，学会に所属するバイオ統計家の社会に対する貢献を 2 つ紹介したい．

4.1 ICH 統計ガイドラインの作成

ICH は，International Council for Harmonization of Technical Requirements for Pharmaceuticals for Human Use（医薬品規制調和国際会議）の略称である．薬剤の製造・販売に関しては日米欧の当局によって異なった規制が行われており，例えば，日本で開発された薬剤を欧州で販売するには欧州の規制をパスするため臨床試験のやり直しなどが要求され，開発された薬剤が患者に届くまで長期間にわたる手間と時間が必要であった．ICH は，この壁を打ち破るため「安全で良く効く薬を素早く患者に」をスローガンに掲げ，日米欧の 3 局で薬剤の製造・販売の規制を調和・統一することを目的として開催された．臨床試験で適用される統計解析法の調和・統一化，すなわち統計ガイドラインの作成がその中で大きな目玉の一つであった．

各国および各ステークホルダー間の利害をどのように調整するか，会議は毎回紛糾したが，日本計量生物学会に所属する専門家で構成された小委員会で煮詰めた案をもとに，佐久間昭（日本計量生物学会第 3 代会長），吉村功（同第 5 代会長），佐藤俊哉（同 8 代会長）が国際舞台に立ち「科学的方法としての統計的方法」を強く前面にうち出して会議をリードして，ICH 統計

ガイドラインを結実させた．このガイドラインは現在も厳守され「安全で良く効く薬を素早く」病気に悩む患者の手元に届けることに貢献している．

4.2 個人特定

ヒトの指紋のパターンが個人特定に使用できることを世界で初めて明らかにしたのはバイオ統計学のパイオニアの一人である Francis Galton であった（1888年）．以後，個人を特定する種々の方法が開発され，犯罪の被疑者特定に適用されてきた．

図1-1は，ある殺人事件における現場に残された毛髪（a）と，被疑者から採取された毛髪（b）の，毛髪中のカルシューム（Ca），カリウム（K）および硫黄（S）の量をマイクロアナライザーで解析した結果である．裁判に提出された検察側鑑定書から直接コピーしたので鮮明でないが，図より，被疑者の毛髪中，左から2番目と5番目の毛髪の Ca，K，S のピークパタンは現場に残された2本の毛髪のピークパタンとそっくりである．現場の毛髪は被疑者のものに違いない，という理由で被疑者は一審で無期懲役と判決された．

控訴審で弁護側証人に立った柳川堯（日本計量生物学会第6代会長）は，AとBの一致性を明らかにするには，第三者（対照）Cを調べてBとCの非類似性を明らかにすることが科学の基本であることを指摘し，AとBの類似性だけで犯人の特定を行ってきた法曹界に一石を投じた．実際，弁護側は第三者の毛髪中にもAと同様なピークパタンをもつ人がいることを明ら

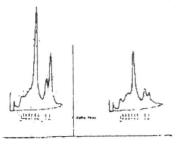

(a) 鑑定毛（2本）   (b) 被疑者の毛髪（5本）

図1-1 毛髪中の化学物質：アナライザー分析結果

かにした．よく似た食生活をしている日本人が多いことからすれば当然である．そこでこれらの毛髪は，当時日本に導入されたばかりで「血液型と組み合わせれば100万人の中から1人を識別できる」（『朝日新聞』1994年9月24日）などと高い精度が喧伝されていたDNA鑑定に提供された．しかしながら，当時現場はDNA鑑定に稚拙で，高度なDNA鑑定法に習熟しておらず，鑑定結果に様々な矛盾があることが指摘され，結局，被疑者は無罪放免となった．

この一件は，「犯人特定の決め手」と喧伝されるDNA鑑定ではあっても，ノイズが多い屋外の犯罪現場の試料に適用されるときには鑑定結果の安易な盲信は禁物である，という教訓を法曹界およびマスメディアに与え，DNA鑑定法の見直し・標準化のきっかけとなった．（天笠・三浦 1996）．

5. 人材の育成

5.1 ディオバンの臨床研究不正事件

ディオバンは，2000年に製造・販売が承認された高血圧の治療薬（降圧剤）である．2002年以降に5つの大学（京都府立医科大学，東京慈恵医科大学，滋賀医科大学，千葉大学，名古屋大学）でディオバンと既存の降圧剤を比較する臨床比較試験が行われ，ディオバンは既存の降圧剤より脳卒中，狭心症，心不全の予防に効果がある（東京慈恵医科大学），既存の降圧剤と比べて降圧効果に有意な差異はないが，脳卒中や狭心症などのリスクを半減させる（京都府立医科大学）などの結果が発表され，製造・販売元のノバルティス社は，これらの結果をディオバン販売のプロモーションとして活用し，年間1000億円を超える利益を得た．

ところが，当初からこれら臨床比較試験結果の疑わしさが指摘され，そのうちこの5つの大学のすべての臨床試験の統計解析者をノバルティス社の子会社であるノバルティスファーマ社の社員が身分を秘匿して務めていることが明らかとなり，利益相反，およびデータの改ざん（意図的なデータ操作）で逮捕され，また『ランセット』や『サーキュレーションジャーナル』など

に発表された臨床試験主論文の撤回が相次ぎ，社会的に大問題となった．逮捕された統計解析担当者に対して「症例の水増しなど意図的なデータの改ざんがあった」，「同社から研究者側に多額の寄付金が提供され被告がさまざまな改ざんを重ねて薬の有用性を示す論文発表に大きく関与した」と東京地裁の判決の中で認定されている．

統計解析を担当した N 社の社員は，バイオ統計学の専門教育を受けた人物でもなく，日本計量生物学会の会員でもなかった．

5.2 AMED による臨床統計家専門職大学院コースの設置

なぜこのような人物が統計解析を担当したのか，が問われる中で，臨床試験に係る臨床統計家の圧倒的不足が明るみに出た．これに対して，生命科学研究の統合的推進を旗印にして設立された国立日本医療開発機構（AMED）は直ちに反応し，日本製薬工業協会の支援を得て臨床試験に関わる臨床統計家育成支援事業を発足させ，京都大学大学院，東京大学大学院を拠点機関に選定した．前者は京大附属病院，国立循環器センターと連携，後者は東大附属病院，国立がんセンターと連携して，2018 年度より，それぞれ年間 10 人以上の臨床統計家を育成することになっている．

5.3 統計家の行動基準，試験統計家の認定制度

日本計量生物学会もディオバンの臨床不正事件に鋭く反応した．大橋靖雄（日本計量生物学会第 9 代会長）は，佐藤恵子等を中心とするグループと手良向聡等を中心とするグループを結成し，前者にバイオ統計家のあるべき倫理について，後者に試験統計家認定制度の創設を委託し，健全化に尽力した．作成された「統計家の行動基準」および「試験統計家認定制度」は，日本計量生物学会のホームページに掲載されている．なお，試験統計家認定制度は 2018 年より実施されている．

5.4 バイオ統計家のあるべき人材育成

AMED による生物統計家育成支援事業は，臨床試験に係る臨床統計家の育成支援事業に特化されているが，本章「はじめに」で述べたように，現代

32　第Ⅰ部　日本社会における統計科学の展開

のバイオ統計学は多様な柱で構成されている．多様な柱の下で活躍できるバイオ統計学の組織的・系統的な人材育成システムがなければ，超高齢化を抱えるわが国医療の諸問題に対応できないばかりか，臨床試験の海外流出やデータの統合による層別・個別予見医療等の遅れなど，国民の健康・福祉，および国家の財政上などの面で大きな国家的損失が生じることは明らかである．最後に，バイオ統計学の人材育成システムについて問題点を指摘しておきたい．

5.5　従来の講座制では対応できない

表1-3に久留米大学大学院医学研究科修士課程バイオ統計学専攻で実施している授業科目と授業内容を列挙した．多様な授業科目に驚く読者が多いと思うが，医学・医療現場でバイオ統計学の実践を担える人材育成には，表に挙げた程度の授業科目が最低限必要である．このような多種多様な授業を実施するには，教授，准教授各1人，助教1人という従来の大学の講座制では対応できないことは明らかである．久留米大学では，常勤5名，ポストドクター3名，非常勤18名（うち外国人5名）からなるバイオ統計センターを新設し，センターから大学院へ講義に出かけるという形態で表1-3の授業科目を分担した．文部科学省の平成15年度科学技術振興調整費による振興分野人材養成プログラムに採択され，このような修士課程の発足が，わが国で初めて可能となった．平成16年度には博士課程も設置された．

6.　明日を切り開く研究

6.1　超高齢化社会

日本は，これまで人類が経験したことがない超高齢化社会を迎えつつある．急激な高齢化によって国が負担している医療費が41.5兆円（日本の国家予算の4割）に達しており，パンク寸前である．医療を見直し医療の提供を効率的に行うことができる体制を早急に構築することが強く求められている．

表 1-3　久留米大学大学院医学研究科修士課程バイオ統計学専攻で実施している授業科目と授業内容（平成 16 年文部科学省提出人材養成計画書より抜粋）

[1 年開講科目]

授業科目	授業内容
臨床試験の基礎とデータ解析〈2 単位〉	「臨床試験における FDA 統計ガイドライン」を中心にして，2 群並行試験，クロスオーバ試験などを含む種々の臨床試験デザインの組み方や特徴をはじめ各デザインの解析に要求される統計手法について学習する．
離散データ解析〈2 単位〉	分割表の解析，リスク差，リスク比，オッズ比などの評価指数とその推定，信頼区間，検定，マンテル・ヘンセル法，ロジスティックモデル，対数線型モデルについて学習する．
数理統計学〈2 単位〉	データと確率変数，確率分布，期待値，条件付き期待値，最小自乗法，最尤法，統計的検定，推定，信頼区間について学習する．
線型モデル〈2 単位〉	この講義では，正規分布を仮定した単回帰モデル，重回帰モデル，回帰係数の推定と検定，分散分析法について学習する．
コンピュータサイエンス〈2 単位〉	コンピュータ統計ソフト SAS, JMP, S-plus, マットラボのプログラミング，データファイルの作成やデータ変換，アウトプットの解釈について学習する．
コンピュータ演習〈2 単位〉	コンピュータ統計ソフト SAS, JMP, S-plus, マットラボの習熟を目的とするデータ解析のコンピュータ演習を行う．
線形代数〈2 単位〉	ベクトル，行列と行列式，逆行列，固有値，固有ベクトル，内積など線形モデルの基礎となる線形代数について学習する．
確率論〈2 単位〉	事象と確率，条件付確率，ベイズの公式とその応用，期待値，チェビチェフの定理，大数の法則，中心極限定理．
疫学統計〈2 単位〉	疫学の歴史，疾病の自然史，疾病マップ，インタベンションスタディを含む臨床疫学，環境疫学における統計的方法．
ゲノムサイエンス概論〈2 単位〉	DNA，たんぱく質，遺伝子，遺伝の法則，ハーディワインバーグ均衡等，ゲノムサイエンスの基礎知識について学習する．
臨床試験の基礎とそのデータ解析特論〈1 単位〉	「臨床試験における FDA 統計ガイドライン」を中心にして，特に生存時間をエンドポイントとする臨床試験のプロトコル作成について学習する．
遺伝子データ解析特論 I〈1 単位〉	ゲノム配列のアラインメント，タンパク質の分類と構造予測，遺伝子予測．

授業科目	授業内容
応用回帰分析 I 〈2 単位〉	用量・反応モデル，傾向性の検定，至適用量の決定，実質安全用量の決定について学習する．
応用回帰分析 II 〈2 単位〉	コホートデータの解析，ケース・コントロールデータの解析，背景因子の調整に重点をおく応用回帰分析について学習する．
ノンパラメトリック手法を用いたデータ解析 〈2 単位〉	並べ替え検定，ウィルコクスン検定，クラスカルワリス検定等のノンパラメトリック手法を用いた前臨床データと臨床データの統計解析法について学習する．
経時データの解析 〈2 単位〉	混合モデルを中心にした経時データの解析について学習する．
マルコフ連鎖 〈2 単位〉	独立でないデータのモデルとしてマルコフ連鎖の初歩および隠れマルコフモデルによる遺伝子の分類について学習する．
薬物動態・薬力学データの解析 〈2 単位〉	コンパートメントモデル等による薬物の吸収・代謝のモデル化と薬理データの解析，及びそのブリッジングスタディへの応用．
生存分析とその応用 〈2 単位〉	ハザード比と生存分布，生存曲線の推定と検定，比例ハザードモデルについて学習する．
応用回帰分析特論 I 〈1 単位〉	欠損値がある場合の回帰分析について学習する．
経時データの解析特論 〈1 単位〉	推定方程式・一般化推定方程式を用いる経時データの解析法について，データ解析的側面について学習する．
疫学統計特論 I 〈1 単位〉	疫学におけるソフトデータの解析法，特にプロペンシティスコア解析法について学習する．

[2 年開講科目]

授業科目	授業内容
プロトコール作成と研究デザイン（演習）〈2 単位〉	トランスレーショナルリサーチセンターで実施される治験を教材として，実践的なプロトコール作成と研究デザインについて演習を行う．
医学・生物学における確率過程 〈2 単位〉	出生・死滅過程などのカウンティングプロセス．
一般化線型モデル 〈2 単位〉	リンク関数を用いる一般化線型モデルの考え方，コンピュータソフトの使用法や結果の解釈について学習する．
応用回帰分析特論 II 〈1 単位〉	個体差のモデル化，変量模型，臨床データへの回帰分析の応用とその解釈について，データ解析的側面を重視して学習する．

授業科目	授業内容
疫学統計特論II〈1単位〉	因果推論におけるバイアスと交絡因子，交絡因子の調整法，バイアス補正，標準化等の概念について，近年脚光を浴びているグラフィカルモデリングに重点をおき学習する．
臨床試験の基礎とそのデータ解析特論II〈1単位〉	非劣性試験のプロトコール作成や，2群並行試験，クロスオーバ試験等さまざまな非劣性試験から生じるデータの統計的解析法について学習する．
遺伝子データ解析特論II〈4単位〉	マイクロアレイデータに基づく遺伝子の関連性の分析法について，ベイジアンネットワークに重点をおいて学習する．
遺伝子データ解析特論III〈1単位〉	マイクロアレイデータに基づく疾病関連遺伝子の探索を含むゲノム解析の方法論について学習する．
生命倫理II〈2単位〉	サンプル収集の倫理的問題，試料提供者のプライバシーの保護，匿名化，データセキュリティの技術，ヘルシンキ宣言や「ヒトゲノム・遺伝子解析に関する倫理指針」について学習する．
薬剤開発のためのバイオ統計学特論〈1単位〉	薬剤開発の現場で行われている各ステージに必要な研究の計画，データの整理，解析法について学習する．
プロテオーム概論〈1単位〉	プロテオームとは何かという初歩から，その解析の概要や解析に必要なバイオ統計学について学習する．

[1～2年開講科目]

授業科目	授業内容
バイオ統計セミナーI〈3単位〉	臨床試験におけるバイオ統計現場でのチュートリアルと，その過程で生じた問題に関する個別指導や討論，レポートの発表を中心とする課題学習型，および問題解決型学習を行う．
バイオインフォマティックスセミナーI〈3単位〉	バイオインフォマティックス現場でのチュートリアルと，その過程で生じた問題に関する個別指導や討論，レポートの発表を中心とする課題学習型，および問題解決型学習を行う．
バイオ統計セミナーII〈4単位〉	臨床試験におけるバイオ統計現場でのチュートリアルと，その過程で生じた問題に関する個別指導や討論，レポートの発表を中心とする課題学習型，および問題解決型学習を行う．
バイオインフォマティックスセミナーII〈4単位〉	バイオインフォマティックス現場でのチュートリアルと，その過程で生じた問題に関する個別指導や討論，レポートの発表を中心とする課題学習型，および問題解決型学習を行う．

6.2 Precision Medicine

オバマ前大統領が提唱した Precision Medicine Initiative は，米国のトップクラスの医学者が国家が負担する医療費的側面も考慮して将来の医療の在り方に対して叡智を集めて出した未来医療の方向性で，オバマ前政権はその線上にある研究や研究者に傾斜的に予算をつけ実現を加速することを狙っていた．政権の交代で後者については事情が変わったようであるが，Precision Medicine は，未来医療の方向性として正しく，日本においても医療の見直し・効率的医療の提供のための拠り所になると考えられている．

Precision Medicine は，本章の冒頭で紹介したように，データの統合による層別・個別予見医療のことで，遺伝子データや複数の医療ビッグデータを統合・分析して生かすことによって，従来とは比べようがないほど高い精度の医療を，しかも，患者を層別化することによって各層の患者に安価に提供することを目的としている．従来も，疾患や副作用に関連した遺伝子情報を利用して患者一人ひとりに最適化医療を提供する医療（Personal Medicine）の開発が重視されてきたが，オバマ前大統領は，国民皆保険制度がない米国ならではの事情もあって，それを「高額医療を買うことができる少数の金持ちのための医療」と位置付け，それに対し Precision Medicine を「富裕でない大多数の国民に提供する精度が高い医療」と位置付けている．

日本でも，医療機関を受診した際に，医療機関から保険者に対して発行されるレセプト（診療報酬明細書）と，40歳以上を対象に行われている特定健診・保健指導の結果からなるデータを約10年前から網羅的に収集した「レセプト情報・特定健診等情報データベース（NDB データベース）」や，急性期医療を中心とする全国約 2,000 の病院が参加する DPC（Diagnosis Procedure Combination）とよばれる診療情報データベース（DPC データベース）などが作成されており，これらの医療ビッグデータを「精度が高く安価」な医療提供のために利活用して Precision Medicine を実現したいという機運が高まっている．

この機運を実現していくには，バイオ統計家の存在が不可欠である．その理由を，具体的に例を挙げて説明する．各医療機関で提供された疾患ごとの

入院日数と提供された医療は，医療機関の間で異なっている．特に標準的でない症状を示す患者に対する治療はそうである．DPC データベースを利用すると，医療機関間の比較が可能となり，効率的な医療の提供や無駄な医療の提供を明らかにすることができる．しかし，この比較には細心の統計学的配慮が不可欠である．入院日数や提供された医療は，入院時の患者の重症度や医療機関の規模に依存するからである．たとえば，重症患者が多い病院の入院日数や提供された医療は，軽症患者が多い病院のそれとは異なるのが明らかである．したがって，入院日数や提供された医療の病院間比較を行うとき，入院患者の重症度や医療機関の規模をそろえた上での比較でなければ正しい比較はできない．また，表面には出にくいが，日本では，同じ疾患でも診断名や治療法が，大学病院の系列ごとに微妙に食い違っていたりすることもあるからである．

以上の例から分かるように，医療のビッグデータはコンビニなどのビッグデータの解析とは異なった特有の難しさがある．比較可能性や再現性をいかにして確保すればよいのか，について克服すべき大きな課題がいくつもある．医療ビッグデータ解析の方法論の開発，さらに得られた知見を層別・統合して個別予見にいかにつなげていくかに係る研究は，いまバイオ統計学に期待されている大きなチャレンジである．

7. おわりに

医療現場は，IT などの情報機器の発展，タンパク質，生活環境，ライフスタイル等を統合化する個別最適化医療の提供，EBM の普及など多くの面で急激に発展・進化している．他方，超高齢化社会にともなう医療費の急激な増加が財政を圧迫し，国家の財政はパンク寸前に達している．これらの問題に対応し解決の道を切り開くには，NDB データベースや DPC データベースなど医療の様々なビッグデータを利活用することが必要不可欠であって，それができる中核的人材としてバイオ統計家に対する期待と需要は爆発的に増加している．これに対してバイオ統計家は，決定的に不足している．人材育成には時間がかかる．1～2 年の短期間のコース，あるいは 5 年間の人材

育成事業で対応できるものではない．現在および将来の需要，その重要さを熟慮すると，久留米大学なみの育成機関が，わが国に少なくとも5カ所は必要であろう．

参考文献

天笠啓祐・三浦英明（1996）『DNA 鑑定——科学の名による冤罪』緑風出版．

島村史郎（2009）『日本統計史群像』日本統計協会，第 10 章．

杉山博（1969）「いわゆるサリドマイド問題に関する統計的考察」『日本医事新報』第 2351 号，29-31 頁．

柳川堯（2016）『観察データの多変量解析——疫学データの因果分析』近代科学社，12-13 頁．

吉村功（1971）「統計手法の誤用（1）——イタイイタイ病事件の例」『科学』第 41 巻第 8 号，418-425 頁．

Bartlett, M. S. (1935), "Contingency Table Interactions," *Supplement to the Journal of the Royal Statistical Society*, Vol. 2 (2), pp. 248–252.

Cox, D. R. (1972), "Regression Models and Life-Tables," *Journal of the Royal Statistical Society. Series B (Methodological)*, Vol. 34 (2), pp. 187–220.

Mantel, N. and W. Haenszel (1959), "Statistical Aspects of the Analysis of Data From Retrospective Studies of Disease," *Journal of the National Cancer Institute*, Vol. 22 (4), pp. 719–748.

Sugiyama, Y. and A. Seita (2013), "Kanehiro Takaki and the control of beriberi in the Japanese Navy," *Journal of the Royal Society of Medicine*, Vol. 106 (8), pp. 332–334.

第 2 章　日本的品質管理活動と統計科学

椿　広計

1. はじめに——日本的品質管理の前史

1.1　趣旨

本章は，川崎・椿（2014），椿（2010, 2016, 2017）などを基に，品質管理と統計についての歴史的経緯の概要を示す．特に，日本の品質管理，統計的品質管理に独創的貢献を与えた先人の活動を重点的に紹介する．第二次世界大戦後の日本の品質管理活動が，日本の産業競争力獲得に大きな影響力を与えたこと，さらに世界の品質マネジメント活動に大きな影響を与えたことは，産学一体となった独創的活動が原因と考えられる．本章では，日本的品質管理と呼ぶべき方法論を作った先人の貢献を，筆者の限られた知見ではあるが紹介したい．なおこれら先人の貢献については，Koyanagi (1951)，石川馨先生追想録編集委員会（1993）や三田（2010）が貴重な資料となっており，本章もそれらを参考にしている．

1.2　統計的品質管理学創生に関わる統計科学の創成

品質管理に影響を与えた統計科学全般の活動としては，まずは統計に基づく社会改善活動を構想したケトレー（Lambert Adolphe Jacques Quételet, 1796-1874）の考え方から始めるのが本来は良いであろう．しかし，ケトレーと品質管理活動との直接的繋がりを想像することはできない．唯一，ケトレーの思想とその統計的方法が，英国のナイチンゲール（Florence Nightingale, 1820–1910）やその義理の従弟であるゴルトン（Sir Francis Galton, 1822–1911）に大きな影響を与えたことを指摘できるのみである．特に，ナイチンゲールはデータに基づく問題解決，すなわち改善活動を実践した先駆者と考えられる（椿 2017）．

　ゴルトンはやはり従兄であるダーウィン（Charles Robert Darwin, 1809–1882）の影響を受け，複雑な事実を簡潔に表現して合意形成のための議論を支援する方法として，統計科学の創生を呼び掛ける（Galton 1883）．これに応えたのがカール・ピアソン（Karl Pearson, 1857–1936）であり，実証科学の方法を「科学の文法」として確立するとともに，その支援技術としての近代統計的方法を開発する（Pearson 1892）．ピアソンの科学の文法は，ミクロの分析（ミクロな事実を追究することを通じた仮説生成），ミクロな事実を総合することで法則を事実の集合へ付与し検証する（必要に応じて事実を分類）といった実証的認識科学のプロセスモデルを与えた．

　ピアソンの方法を支える統計的方法が事実の観察に基づくものであったのに対して，実験によって事実を新たに作る体系である実験計画法を創生し，農業分野に適用したのがフィッシャー（Sir Ronald Aylmer Fisher, 1890–1962）である．統計的方法としては，認識ではなく設計のための有力な方法が開発されたこととなる．特に，彼の無作為割り付けは，実験データに含まれる系統誤差成分を偶然誤差として扱うことを可能とする画期的な技術であった（Fisher 1935）．後に述べるように，実験計画法を製造業界で活用する先駆的な役割を果たすのは，終戦後の日本である．

1.3　統計的品質管理活動の創世

　Shewhart（1939）によれば，産業界の統計的品質管理活動は，互換性部品が登場し精密な部品製造が必要になった 1787 年に始まるとされている．その後，部品寸法などの公差（規格，Specification）の概念が確立したのが産業革命時代の 1840 年から 1870 年とされている．つまり公差の範囲内での製品のばらつきを許容する概念が公差とともに生まれたとされ，1901 年には英国で製品・部品に関する国家標準，1917 年には IEC（International Electrotechnical Commission）による国際標準作成活動も開始される．日

本はこの5年後にはIECに参加している．

しかし，品質改善に統計的方法を活用したパイオニアとしては，1899年にギネスビールの醸造技師に指名されたゴセット（William Sealy Gosset, 1876-1937）が挙げられる．Box（1987）によれば，ギネスビールは1900年にGuinness Research Laboratoryを創設し，ビールの原材料が品質や収率に与える影響の研究を本格化した．ゴセットは，確固たる結論を測定誤差のある小標本でどのように扱うかについて，ピアソンの指導を受け，t統計量とそれが従う分布を発見した．その後，t統計量は，ビール醸造に用いる原料産地の特定など，6年間にわたり改善活動に利用される．Cox（1958）によれば，ゴセットは，優秀な農事試験場における収率予測が，地域によっては全く再現しないことを問題視し，一般化可能性（Generalizability）のある実験の必要性を提言する．これは，今日のロバストパラメータ設計に繋がる考え方であるが，直接的にはフィッシャーの実験計画法創生に影響する．

統計的品質管理活動は，その後，カール・ピアソンの息子であるエゴン・ピアソン（Egon Sharpe Pearson, 1895-1980）らによる抜取検査技術，サンプリングによって，ロットと呼ばれる製品群の合否を判断する管理技術を生成する（Pearson 1934）．この技術は，まさにネイマン・ピアソンの仮説検定論と同時期に開発されたもので，数理的には仮説検定論と同値である．同様に，ワルド（Abraham Wald, 1902-1950）の逐次検定理論が，第二次世界大戦時に逐次抜取検査技術の開発のために用いられたが，理論自体が戦後まで公表されなかった（Wald 1945）．

1.4 統計的品質管理学の創生

一方，品質管理を科学の文法に則り，社会のための学術的体系に進化させたのは，米国のシューハート（Walter Andrew Shewhart, 1891-1967）である．シューハートは，仮説生成，実験調査でのデータ収集，仮説検定といった，統計科学的認識のプロセスを大量生産工程に当てはめ，仕様の提示，生産，検査という統計的品質管理のプロセスモデルを提唱する．その後，彼はそれを一般化して，達成すべき目的の設定，目的を達成するための行動，目的が達成できたか否かの検証というプロセスモデルを提唱する（Shewhart 1939)．シューハートのこの提唱が，Plan, Do, Check といった品質マネジメントプロセスの基礎モデルとなり，デミング（William Edwards Deming, 1900-1993）に継承される．

さらにシューハートは，データのばらつきの原因を「見逃せない原因（Assignable Cause）」と「偶然原因（Chance Cause）」とに大別した．見逃せない原因を突き止め，順次管理することで，ばらつきは偶然要因だけに絞られ，生産工程は統計的管理状態に移行するという改善活動のプロセスモデルも示唆した．このために，シューハートが提案した工程管理技法である管理図は，特性値の統計量の時系列グラフであるが，不良率の高いロットを棄却する抜取検査や適応制御技術とは異なり，工程の異常を発見し，その要因を追究し管理することで，工程の変動を小さくしようという試みである．一般にデータには系統変動が含まれているが，この要因を次々に突き止め，原因系データとしてモデルに投入すれば，残差は偶然変動に近づくという信念がその背後にある．様々な独立変数を投入することで，無作為化を経ないデータの変動を統計モデルでどうして表現できるのかという疑問に，確実ではないが一定の解答を与えたこととともなる．

エゴン・ピアソンは，Shewhart (1931) に刺激を受け，訪米しシューハートと議論するとともに，1932 年シューハートを訪英させて，品質管理に関する講義を実現させる．この際，王立統計学会に "Industrial and Agricultural Research Section" を創設する．その後，英国規格協会（British Standard Institute, BSI）と共に，産業界に必要な統計的方法の調査活動を行い（Pearson 1934），これまでの産業界の統計利用が，主としてマーケティング問題が中心だったものを，今後，規格への適合性や生産性改善に利用を拡張すべきとし，ヒストグラム，管理図，基本統計量などの活用を呼び掛ける．1935 年英国規格協会から発行された BSI 600: 1935 "The application of statistical methods to industrial standardization and quality control" はエゴン・ピアソンの著作として 1947 年石田保士，北川敏夫によって邦訳される．これが日本における本格的な統計的品質管理の最初の著作と考えられる．なおエゴン・ピアソンは，第二次世界大戦後，1948 年に設置された国際標準化機構 ISO/TC69 "Applications of Statistical Methods" による統

計的品質管理技術の標準化活動なども支援する．もっとも，その後の英国の品質管理活動が規格への適合性に関わる検査重視主義で進んだことを顧みれば，工程を管理・改善するというシューハートの思想を産業界で実現したのは，日本的品質管理であったというべきであろう．

　このような欧米品質管理活動の流れの中で，シューハートの薫陶を受けたデミングが，1947 年に公的統計の改革をミッションとするライス統計使節団の一員として来日した．デミングは，標本調査論の専門家として来日した．統計数理研究所などで標本調査の講義もし，小川潤次郎らの海外論文投稿を支援する．帰国後，1949 年には国連統計委員会の創設時の標本調査報告の在りかたに関する委員会でも活躍する（United Nations. Statistical Office. 1949）．ところが，日本の専門家らがデミングの統計的品質管理に関わる造詣にも気付き（Deming 1943），日本科学技術連盟と東京大学の森口繁一の招聘により，1950 年に再来日を果たすこととなった．そして，歴史的な品質管理のセミナー（東京・日本医師会館講堂，福岡・九州大学「品質の統計的管理 8 日間コース」，箱根「経営者のための品質管理講習会 1 日コース」）を日本の産業界に対して献身的に行ったのである．このうち 8 日間コースは，デミングが 1942 年に米国で実施したものを基にしている．デミングは，1951 年にも来日し，東京と大阪とで講義を行った．

2. 日本的品質管理の創生とその意義

2.1　第二次世界大戦後の日本における統計的品質管理運動創生

　第二次世界大戦終戦直後から，復興を目指し，1945 年に日本規格協会（Japanese Standard Association, 以下 JSA），1946 年には日本科学技術連盟（Japanese Union of Scientists and Engineers, 以下 JUSE）が活動を開始した．

　JUSE の Koyanagi（1951）によれば，連合国最高司令官が統計的標本調査の利用を促したため，日本政府と民間に統計的手法とその応用に関心が高まったとのことである．JUSE には 1948 年，統計的品質管理調査委員会が

設立され，その委員会メンバーの一部が，SQC リサーチグループ（朝香鐵一，石川馨，河田龍夫，茅野健，西堀榮三郎，増山元三郎，水野滋，三浦新ら）として活動を開始した．これとともに，JUSE は今日まで続くベーシックコースという品質管理のセミナーを設置し，産業界の統計的品質管理教育を開始する．JSA も 1949 年品質管理の講習（QS セミナー）を開始し，今日に至っている．これらのセミナーは，産業界の人材の育成だけでなく，大学院生などを講義録作成のための書記として配置することで，品質管理の基礎を熟知するアカデミアの後継者育成にも寄与した．このようにデミングの歴史的講義の前に既に，日本での統計的品質管理活動が開始されていたことは，特筆に値する．このことは，次のデミングの「経営者のための品質管理講習会 1 日コース」の記録でも確認できる（Deming 1950b）．

「近代日本では，多くの技術者，数学者，統計家が製品の統計的品質管理を研究している．これらの人々が，製品の統計的品質管理において優れた功績を挙げていることが既に明らかだということを私は来日以来知ったのである．（中略）日本人が統計学を応用する知能は重要な国の資源であり，水力・森林・鉄道と同じように重要である」（筆者訳）．

JUSE の機関誌は月刊誌『品質管理』（1950 年創刊，当時は *Statistical Quality Control*）であり，初代編集幹事長は，内閣府統計委員会審査課長の後藤正夫（1913-2000）であった．『品質管理』誌は，その後『クオリティマネジメント』に改称，2011 年に雑誌からウェブジャーナル化，2017 年 3 月に終了した．JUSE は 1951 年から 1993 年まで，英文雑誌 *Reports of Statistical Application Research* も発刊し，オリジナルな論文とともに，日本の SQC に関わる論文の翻訳なども紹介していた．

JSA の機関誌は，1946 年に発刊された月刊誌『標準化と品質管理』（発刊当時は，『規格と管理』）であり，JSA が独自で編集を行っている．JSA は，1951 年以降，日本工業規格の原案作成事業，いわゆる国家標準の起案の一部も行うようになるが，この中には抜取検査，管理図，統計的推論，精度管理，乱数生成など統計的品質管理に関する規格も多い．JSA，JUSE は

統計数値表や推論のための確率紙（推計紙，二項確率紙，ワイブル確率紙）などの基盤整備などにも尽力した．ちなみに，日本規格協会の統計数値表（統計数値表 JSA-1972 編集委員会 1972）は，統計的品質管理活動に必要な様々な統計量の確率分布を高精度で計算した世界最大規模の数値表であり，後述する日経品質管理文献賞を受賞している．

前述した1950年のデミングのわが国における品質管理の講義録（Deming 1950a, 1952）の印税等を元手に，デミング賞が設置され，個人の品質管理に対する活動を表彰するデミング賞本賞，企業活動を表彰する実施賞，文献を表彰する日経品質管理文献賞が1951年に設立される．デミング賞の審査を行うデミング賞委員会の名誉委員長はデミングであり，初代委員長は経団連初代会長の石川一郎（1885-1970），幹事長は後藤正夫が務め，事務局が JUSE に置かれた．ちなみに1954年に設置された日経文献賞委員会の初代委員長は当時統計局長だった美濃部亮吉（1904-1984）である．統計的標本調査を民主化の基本的手段の一つと考えていた連合国最高司令部の統治下の日本にあって，統計的品質管理活動を公的統計関係者が支援していたことは興味深い．なお，デミング博士来日とデミング賞創設については，三田（2010）を参照されたい．また，デミングと JUSE との協働活動については，統計学の国際コミュニティでもよく知られていることであり，Salzburg（2001）の一節にも取り上げられている．

ちなみに，1951年の第1回のデミング賞本賞受賞者は増山元三郎（1912-2015）である．増山はわが国の統計的品質管理黎明期にあって，本格的な数理統計・実験計画の考え方を JUSE などで講義するとともに，JUSE 実験計画法理論部会（通称 M^2 部会）の責任者として，日本の工業実験計画法研究を推進し，品質管理第一世代のみならず多くの統計的品質管理専門家を育成した．1953年の第3回のデミング賞本賞は北川敏男（1909-1993）に与えられており，産業界復興期における統計科学指導には品質管理専門家のみならず，統計学専門家が深く関わっていたことが偲ばれる．

2.2 マネジメントと問題解決の標準プロセスモデル

日本の品質管理活動は1951年以降，現場や企業内で PDCA すなわち

Plan, Do, Check, Action を回せと言い続けてきた．PDCA モデルは前述したシューハートの Plan-Do-Check のサイクルに Action を付加したモデルであり，管理やマネジメントの標準プロセスを示したものである．実際，今日シューハート・デミングのマネジメントのサイクルと呼ばれているのは，PDCA サイクルないしは SDCA サイクル（S は標準化，Standardization）であり，通説ではこれはデミングが 1950 年の講義で，日本に伝えたものとされている．

しかし，デミングの講義録には，マネジメントプロセスの基本としての PDCA モデルは存在しない．一方，石川馨（1915–1989）は「日本にはアクションが必要」との言を遺している．これらのことから PDCA サイクルは，デミングの講義を SQC リサーチグループが解釈した中で提案されたのではないかとの仮説がある（Imai 1986）．実際に，JUSE が「計画，実施，チェック，アクション」というサイクルについて品質管理のセミナーで講義を開始したのは 1951 年とされている．

一方，石川馨，朝香鐵一（1914–2012）らに代表されるわが国第一世代の品質管理創生者の最大の貢献は，まさに Check による問題発見から Action に至る問題解決行動における統計的問題解決の標準シナリオ，「問題解決型 QC ストーリー」の確立と考えられ，これが今日 Kaizen の名で世界に通用する改善活動，すなわち現場の自律的問題解決能力を支えている統計的問題解決の根幹プロセスである．

1) テーマの選定と取り上げた理由
2) 現状把握と目標の設定
3) 要因分析
4) 対策立案と実施
5) 効果の確認
6) 歯止め（標準化と水平展開）

自律的問題解決能力を日本の産業界の現場が具備していることに対して，米国の現場がそれを持っていないことに対する危惧を示し，必要なスキルセ

ットの育成を学校教育に要請したのが，米国労働省の Secretary's Commission on Achieving Necessary Skills（1991）である．

なお，池澤（2010）によれば，池澤が石川馨から QC ストーリーという言葉を初めて聞いたのは 1961 年で，小松製作所の川崎工場での指導であったとされている．この産学の活動の中で今日改善の標準シナリオと呼ばれるものが創生されたとのことである．これは当初改善活動プレゼンテーションの標準化の中で創生されたが，次第に問題解決活動プロセス自体の標準となり，1960 年代後半には QC 的プロジェクトの進め方として確立していたようである（水野 1969）．これが故に，PDCA サイクルはこの改善の標準シナリオまで含めて，デミング・石川の PDCA サイクルと呼ばれることもある．2015 年の第 60 回国際統計協会（ISI, International Statistical Institute）世界統計会議リオデジャネイロ大会では，当時国際統計協会会長でミシガン大学のネア（Vijay Nair）が，デミング・石川の哲学こそ，産業界に対して最大の貢献を行った統計であるという趣旨の発言を会長講演の中で行った．まさに統計的方法が如何にして価値創生に繋がるかの標準プロセスモデルを提示し，産業界の改善活動を活性化し，その意義を世界に示したのが，わが国の品質管理第一世代であったといえよう．

さらに，QC ストーリーにおける現状把握に必要なチェックシートやパレート図，要因分析に必要な特性要因図，現状把握，要因分析，効果確認を通じて有用なグラフ，層別など最も簡単な統計的方法を「品質管理 7 つ道具（Q7）」として，QC ストーリーとともに現場での改善活動に根付かせたのである．筆者は，1980 年代に武蔵工業大学の今泉益正教授から，現場の改善に用いられる統計的方法を統計的に分析して，現場の問題の 90% を解決できる有用なツール群として Q7 を導いたと伺ったことがある．

以上の日本の品質管理活動自体の独創性については，やはり石川（1989）が，重要な基本文献である．

なお，QC ストーリーには，1980 年代後半に「課題達成型 QC ストーリー」が新たに付け加わった．

1）テーマの選定

2）課題の明確化と目標設定

3）方策の立案・選定

4）成功シナリオの追究と実施

5）効果の確認

6）歯止め

これは，京浜地区の QC サークル活動の中で提案されたが，いくつかの課題達成の可能性のある対策の効果を比較し，選択するという接近法で，統計的には，実験計画法による技術選択アプローチに整合的である．

JSA，JUSE が実施し，日本品質管理学会（以下，JSQC）が認定する品質管理検定（1 級から 4 級）は 2005 年に開始され，2017 年現在，毎年 13 万名が受検する．問題全体の 50% が統計的方法，50% が管理実施法に配分されているが，管理実施法においても 3 級までには問題解決型・課題達成型 QC ストーリーという問題解決行動の基本が身についていることが要求されている．QC ストーリーについては，池澤（2010）も参照されたい．

QC ストーリーによる改善活動を参考にして，海外ではモトローラや GE が推進したシックス・シグマ活動として普及している．そこでは，問題解決型 QC ストーリーは，DMAIC (Define, Measure, Analyze, Improve, Control) のプロセスに変容している．ISO TC 69/SC7 では，2015 年中国と英国が中心となって，改善活動を行う統計的力量を持つ要員と組織の認証を行う国際規格 ISO 18404:2015 Quantitative methods in process improvement — Six Sigma — Competencies for key personnel and their organizations in relation to Six Sigma and Lean implementation を発行させた．この国際規格を用いて 2016 年から英国王立統計学会（RSS）の主導で，国際的な統計的問題解決要員認証活動と組織認証活動が開始されている．

2.3 マネジメント分野での日本の品質管理活動のその他の貢献

この他，日本の品質管理活動が，学術界，世界の産業界に大きな影響を与えた重要な貢献として，4 点を指摘する．

第 1 は，日本の品質管理活動が，世界に発信した経営技法として，「方針

管理」がある．これは，小松製作所が1964年デミング賞実施賞受賞に際し有名にした「旗管理」に由来し，原因系管理項目（点検項目）と結果系管理項目を峻別し，目標管理ではなく，目標と方策とをセットとして全社的品質管理活動（TQC）を推進する方法論である．詳しくは納谷（1982），赤尾（1988），荒井（2012）等を参照されたい．

方針の全社展開と実施は，経営学分野，特に経営戦略論，コストマネジメントなどにおける Balanced Scorecard（Kaplan and Norton 1996）生成に強い影響を与えた．統計的方法というよりはマネジメントの基本的方法であるが，原因系管理項目と結果系管理項目との因果関係を強く意識して，原因系管理項目が改善したのではなく，外部要因で結果として結果系管理項目が改善した場合を管理の失敗ととらえるなど，チェック段階で統計的方法が使われることも多い．Balanced Scorecard では，その種の管理項目は KPI（Key Performance Indicator）と呼ばれる．米国産業界における共分散構造分析利用は，KPI 間の定量的因果構造の同定に充てられることが多い．

第2は，赤尾洋二（1928-2016）らによる品質機能展開（Quality Function Deployment）である．顧客の声を如何に製品の機能に変換して実現するかを体系化したものである（水野・赤尾 1978）．この変換は行列で表現されるので，日本の品質管理分野ではマトリックス法として新QC7つ道具に組み込まれている．マーケティングにおける顧客調査によって顧客要求が明確になった段階で，商品開発の狙いとする技術パラメータをどこにするか，つまり製品機能の何を最適化して要求を実現するかを管理工学的に導出する基盤的方法であり，商品・技術開発で統計的方法をどのような目的で使うかを明確にするものでもある．

QFD は世界の産業界で用いられており，ICQFD（International Council for QFD）という品質機能展開をテーマにする国際学会も設立されており，米国では赤尾賞も制定されている．また，QFD については，2003年に日本工業規格 JIS Q9025:2003「マネジメントシステムのパフォーマンス改善—品質機能展開の指針」が発行されている．これを発展させて，ISO TC69/SC8 により，2017年に発行した ISO 16355-5:2017 "Applications of statistical and related methods to new technology and product development process — Part 5: Solution strategy"も発行した．ISO 16355-5 の一部は，JIS Q9025 を引用したものであるが，ドイツなどで発展した QFD の考え方も採用されている．

　第 3 は，狩野紀昭（1940–）による品質論の形成であり，品質自体「無関心」，「魅力的品質」，「線形品質」から「当たり前品質」に至るまでのライフサイクルがあることを明確にしたことである（狩野ほか 1984）．これも Kano Model として国際的に著名であり，顧客満足度調査設計における基本的理念として常識化しているほど，本質的コンセプトとして成長している．

　第 4 は，石川馨らにより，1962 年に全国的に組織された QC サークル活動である．QC サークル活動は，企業トップの方針とは独立した，現場での自律的活動としての小集団改善活動である．QC サークルは，現場で統計的問題解決型 QC ストーリーを実践する母体となったものである．2017 年 11 月現在，全国に 53,695 サークル，493,168 名が JUSE が運営する QC サークル本部に登録されている（https://juse-qcch.juse.or.jp/qc/Company/XX_X_DownloadTotalBeforeLogin.aspx）．

3. 日本的品質管理が世界に発信した統計的方法

3.1　統計的推論と抜取検査

　わが国の品質管理活動黎明期に，何らかの変動の異常性（偶然ではないことが起こっていること）を検知するために，シューハート流の管理図とともに使われていた統計的推論が，二項検定，特に符号検定（メジアン検定）であった．二項検定表が工場の現場に張られ（JUSE のポケット手帳には通常の数表以外に二項検定表が記載されていた），工程に潜む問題や因果性を発見していた．2 変量時系列データの関連性には，各時系列データのメジアンより大きければ＋，そうでなければ－，という符号化が行われたり，前期から増大すれば＋，減少すれば－，という符号化が行われたりし，その符号の一致性を検定することが行われた．前者は「大波の相関」，後者は「小波の相関」と呼ばれた．重要なのは，このチェックは統計学者が行うのではなく，

現場の誰もが行い，電卓や計算機のなかった時代でも，現場の問題を監視・分析できるようにしていたことである．むしろ，t 検定のような計算を行わなくても，現場の人間が，現場の問題を自律的に発見し，結論を出せるツールが当時なりに工夫されていたのである．当時の計数データ分析の利活用技術については，西堀 (1955), 森口 (1989) などを参照されたい．

二項確率の比較なども 1950 年代から頻繁に行われていたが，どのように計数値の推論を行ったかといえば，フィッシャーの発案による平方根紙，日本では JUSE が二項確率紙，JSA が推計紙と呼んだ方眼紙上での作図法であった．増山 (1956) にはこの種の確率紙に基づく独創的な推論技法が提案されている．

計数抜取検査 JIS Z9001 は，1953 年に発行したわが国最初の品質管理の JIS 規格である．わが国の抜取検査規格は「規準型」と呼ばれる独自のもので，合格すべき品質と不合格にすべき品質を明確に定め，検定でいう第 1 種の過誤と第 2 種の過誤（検出力）を適切に管理する方式であった．つまり，統計的仮説検定の使いかたとしては最も正統的なものであった．その後，1990 年代に抜取検査の国際標準（ISO）が発行した段階で，JIS の規準型抜取検査は全て廃止させられ，ISO の第 1 種の過誤重視型の方法に切り替えられた．しかし 2015 年以降，ISO において規準型抜取検査方式の再評価が進んでいるとも聞く．

計数値の抜取検査での大きな業績は，赤尾 (1958) の「圧縮限界」であり，1959, 1960 年度の日経品質管理文献賞を受賞している．計量値に依拠する計数抜取検査においては，製品の仕様に関わる合格限界ではなく，検出力観点からの最適な限界を設定できるという考え方である．この考え方を，いわゆる海外統計学者が査読付き文献として公表するのは 2000 年頃である．赤尾は，計数値の変動における群内変動（二項確率としての変動）と群間変動（ベータ分布で記述）の分離についても，工程管理を中心に示唆に富む実装研究を指導した（赤尾・野田 1969）．これは，階層型ベイズモデルの初期の実装研究ということができる．

3.2 工程管理と工程能力解析

わが国の品質管理活動の特長として，不良と異常との峻別があり，製品不良を直接的に検出する検査ではなく，製品を製造する工程の管理・改善を通じて，不適合状態を減らすというシューハート流の考え方の積極採用が挙げられる．アウトプットの質ではなく，プロセスの質を重視したということである．石川馨は，「品質管理は管理図にはじまり管理図におわる」，第1回南極越冬隊長としても著名な西堀栄三郎（1903–1989）は，「検査を無くすことが品質管理の目的」と述べたが，このための工程管理活動が独自に展開された．海外の品質管理活動が，不良品に繋がる工程変動異常のみに注目していたのに対し，わが国は不良率低減をもたらす工程変動異常にも注目せよという教育を行っていたことは，わが国の製品が急速に改善されたことの要因と考えられる．

一方，統計的方法として，わが国の品質管理活動が創生したのが，工程能力（Process Capability）分析であり，工程能力指数（Process Capability Index）はそのために開発された．

デミングとともに日本の品質管理活動に大きな貢献を果たしたジュラン（Joseph Moses Juran, 1904–2008）は，1954年に来日し，パレートの原則などその後QCストーリーで活用される品質管理の基礎概念の講義を行ったとされている（Juran 1951）．ジュランが，工程能力に着目していたことは事実だが，これを工程能力指数

$Cp = ($規格上限$-$規格下限$)/6\sigma$
（σは注目特性の工程での標準偏差）

という統計量に置き換えたのはOsuga（1964）であると，海外研究者は引用している（James 1970）．一方，デンソーの社史を参照したと考えられる今枝（2009）によれば，「創立10周年を迎える1959年の年頭に，当時社長の林虎雄は，品質管理の強化・徹底を図るため，2年後のデミング賞への挑戦を宣言しました．（中略）その結果，経験や勘に頼った仕事からルールと

データを重視する仕事への転換，(中略) 世界に先駆けて当社独自の初期流動管理方式や工程能力調査方法を生み出す事に結びついたのです」となっており，工程能力指数はデンソーが開発したというのが通説である．

工程能力指数 Cp は 1 以上が，工程能力が良好な状態とされる．わが国の品質管理活動全盛期には，工場に行けば随所で工程能力調査が行われ，工場内で工程能力が低い工程を改善するということが徹底していた．

ちなみに，工程能力指数の分母に使われた 6σ が現在国際的な統計的品質改善活動であるシックス・シグマ活動に繋がったものと考えられる．なお，片側工程能力指数 Cpk について，永田靖は，k は日本語の「片側」ないしは「かたより」を略したものが，世界に流布したということを筆者に語ったことがある．工程能力指数は海外産業界のみならず，その分布論については，海外数理統計研究者にも注目されたが (Kots and Johnson 1993)，永田・棟近 (2011) が極めて高い水準の研究成果を示している．日本が先導した工程能力解析については，ISO/TC69 では，SC4 "Applications of statistical methods in product and process management" が，ISO 22514 シリーズ "Statistical methods in process management — Process capability and performance" として一連の国際規格を策定している．

3.3 工業実験計画法と品質工学との創生

第 1 回日経品質管理文献賞は，1954 年，田口玄一 (1924-2012) に与えられた．田口が，月刊誌『品質管理』に連載を行い，工業実験計画法という分野の開発に着手したことが高く評価されたのである (田口玄一 1951-54)．田口は，増山元三郎とともに森永製薬におけるペニシリン生産の効率向上にフィッシャー流の実験計画法を活用したのだが，増山 (1972) が指摘するように全くオリジナルな実験計画法を創生したのである．その初期の研究の成果は，田口玄一 (1957/58) として取りまとめられる．田口の初期の研究で，極めて独創的なのは因子の分類である．因子を制御因子，標示因子，ブロック因子，補助因子 (共変量)，実験誤差に分類し，実験計画とその分析結果をどのように解釈するかの指針を与えたことは，実験計画法活用の戦略に対する最大の貢献であり，田口が 1990 年代フィッシャーの後継者として米国

で処遇されるようになった（1990 年代の Microsoft の百科事典 Bookshelf の米国版における実験計画法の記述での文章）ことも故あることである．なお，欧米においての工業実験計画法のパイオニアは，エゴン・ピアソンの弟子であり，英国 ICI（Imperial Chemical Industry）の統計家としてキャリアをスタートさせたフィッシャーの娘婿のボックス（George Edward Pelham Box, 1919–2013）である．ボックスは，応答曲面法（Response Surface Design）や逐次実験計画技術（EVOP, Evolutionary Operation）を現場感覚で開発した．特に，Box, Hunter, and Hunter（1978）は，欧米を代表する工業実験計画法のテキストとなっている．

この他にも，直交配列表（Orthogonal Array）とその割り付けのための線点図（Linear Graph）は，田口のあるいは日本の産業界の実験計画を特徴づける戦術として世界に流布した．直交実験自体は田口のオリジナルではないが，提唱されていた方法は極めて数理的なものであり，工場現場の活用などは考えられなかったからである．品質管理では，原材料条件とその加工条件は時間軸上，上流条件と下流条件になるが，原材料条件を固定した上で，加工条件の水準を設定するとなると，必然的に分割法実験を用いなければならず，実験誤差についても 1 次誤差，2 次誤差という階層的誤差構造の考え方を重視しなければならず，フィッシャーが想定した農事試験とは，根本的に重点が異なるものとなっている．その体系をほぼ独自に 1950 年代に創生したのが田口である．

田口は，独自の実験計画法を用いて電電公社のリレーの改善，伊奈製陶でのタイルの改善などで着々と実績を上げる．実験計画法を工学を横断する工業技術として産業界との共同事業として 20 年間磨き上げ，様々な計画技術とともに田口玄一（1976/77）で工業実験計画法は完成することとなる．この連携活動の司令塔となったのが，毎月田口の下で研究会を開催していた JSA の品質研究グループ（QRG）であり，これが今日の一般社団法人品質工学会に繋がっている．統計学的に見ても，田口の実験計画法第 3 版までに，QRG などの活動の中で開発された方法は大きく，数理統計学で開発されつつあった技術と今日，その対応を確認することもできる．第 3 版の章との対応で簡単に網羅すれば，次のようになる：因果推論的ランダマイズド計画

(34章確率対応法と殆直交法), EMアルゴリズム (30章欠測値の処理法), 縮小推定 (割引係数法, 19章検定と推定), 樹形モデル (31章逐次分類法), ブースティング (実験的回帰分析), 比例オッズモデル (3章累積法と度数法), 分布型によらない一般化線形モデル (32章精密累積法). もちろん, 田口の実験計画法は, 計算機が未発達であることを前提とした簡易な計算手続きと, その適用事例を示すという独自のスタイルで書かれており, その背後にある時代を大きく先取りした発想は読者が推察するだけである.

こうして田口が直接米国のベル研究所等の指導に乗り出す1980年までには, 既に直交表による多因子工業実験計画はわが国の産業界がその活用を独占していた. 1953年には伊奈製陶のタイル焼成実験で, 田口は制御因子と標示因子との交互作用を全て検討する直積実験を生み出していた (田口玄一 1993).

しかし, 1980〜1981年のベル研究所での活動の中で, 田口は, 今日ロバストパラメータ設計として著名な方法に転身する. すなわち, フィッシャー流の無作為化による実験誤差を排し, 実験誤差を技術者自らが実験計画に誤差因子 (ノイズ因子) として組み込む, 新たな方法論の原理をほぼ完成していた. 確率モデルをデータに当てはめる既存の統計的方法とは一線を画したこの技法は, ボックスらとの大きな論争を *Technometrics* 誌上で巻き起こすことになる (Nair *et al.* 1992). 田口の一連の工業実験計画法については, 国内でも奥野忠一, 芳賀敏郎をはじめとして, より精密な統計学的方法が妥当という批判が1960年代からあり, 竹内啓, 広津千尋, 後藤昌司らが累積法を累積カイ二乗法に精密化するなどの研究も始まっていた. それが, Hirotsu (2017) にまとめられたような日本独自の分散分析技術の急伸にも繋がった. 一方, 日本で1950年代から20年間行われていた田口らの論争が, 国際的にも再燃したような時代が1980年代後半から生じた. わが国では, 田口の方法やその改良に関する議論が英文として海外発信されたものは, JUSE Reports of Statistical Applications Research に翻訳されただけでわずかであった. 1988年, 筆者がマサチューセッツ工科大学 (MIT) のクロウジング (Don Clausing) の研究室を田口の紹介で訪れたとき, 彼は, 「JUSE『品質管理』誌やJSA『標準化と品質管理』誌, JSQC学会誌『品

質』など日本の品質管理に関わる文献を MIT はほぼ全て英訳している」と話した．「他にも重要なジャーナルは無いか」と尋ねられた．そこで，テクノメトリックス的論文としては応用統計学会誌があると回答した．実際，彼は当時，日本の産業界の強みを組織的に研究し，Dertouzos, Lester, and Solow（1989）をまとめた MIT 委員会のメンバーでもあった．

　それより少し前，1987 年にボックスを団長とし，若き日のネアーやウー（Jeff Wu）ら，ベル研究所などの研究員が参画した視察団が来日した．その際，田口玄一，竹内啓，久米均，広津千尋，矢野宏らと討論会を JSA で行っており，米国は全力で日本の統計的品質管理活動を学習していた．しかし，わが国の品質管理方法論は，タグチメソッドのみならず PDCA サイクルですら，学術論文として提唱されたものではなく，産学連携活動の中で定着したものである．それらの一部は，海外研究者が学術論文化することで，海外発の方法となってしまったという歴史的事実もある．統計学者がまとめたタグチメソッドに関する非常に水準の高い著書として，宮川（2000），Wu and Hamada（2000）を挙げておく．設計科学としての田口のロバストパラメータ設計の独創性については，椿・河村（2008）も参照されたい．なお，田口のロバストパラメータ設計については，2014 年 ISO/TC69 が起案した ISO 16336:2014 "Applications of statistical and related methodology to new technology and product development process — Robust Parameter Design（RPD）" が発行された．

　この他，工業実験計画法については，実験計画法分野の実効自由度の計算公式である伊奈の公式に今日名を遺している INAX 元役員の伊奈正夫が，1961 年の日経品質管理文献賞を受賞している（伊奈 1959）．また，1989 年，日経品質管理文献賞を受賞した富士ゼロックス QC 研究会（1989）も世界に類例を見ないわが国の工業実験計画法実践の独創性を示したものである．

　なお，田口は品質に関わる方法論に統計的決定理論，すなわち損失関数を導入し，品質を製品がもたらす社会損失概念として定義し，生産工程を最適化するオンライン品質工学を導入したこともユニークな貢献であり，これに関わる Taguchi, Elsayed, and Hsiang（1989）は 1990 年米国の Book of the Year 賞を獲得している．また，この考え方は 1996 年日本工業規格

JIS Z 8403-1996「製品の品質特性―規格値の決め方通則」としても採用された.

3.4 その他の貢献

わが国の統計的品質管理活動の推進については，JUSE 研究会を中軸とした奥野ほか（1971）の多変量解析法，塩見（1967）の統計的信頼性解析法，日本科学技術連盟官能検査委員会（1962）の官能検査法など，当時なりに先端的な統計的方法の産業界への投入なども重要である．

また，奥野ほか（1986）は，トヨタグループにおける多変量解析実践の戦略を紹介したもので，これも重要な貢献である．20 世紀まで JUSE，JSA が，産学連携の統計研究活動を支える研究会（JUSE 多変量解析研究会，奥野忠一委員長（後に吉沢正委員長），JSA データ解析研究会，広津千尋委員長）などを運営しており，産業界における重要な統計応用のケースが日本全体に共有されていた時代であった（吉沢・芳賀 1992, 1997）．2000 年以降，知的財産権問題などもあり，開かれた産学連携研究活動の中で，実データに基づく改善活動を論じる機会は激減した．これが，日本の管理技術展開の速度にブレーキをかけていることも否めない．

4. 統計的品質管理学への様々な貢献

4.1 日本品質管理学会員の貢献

JSQC は，日本の品質管理活動が成熟期に入る 1971 年に設立された．2017 年現在，約 2,000 名の会員を擁している．通常の学会と異なり，会員の 3 分の 2 以上が産業界の会員である．学術研究活動とともに，JSA などの標準化活動を支援したり，産業界の統計的改善活動を支援したりするミッションも会員は果たしている．統計的方法の国際標準化活動でも，石川馨，奥野忠一，尾島善一は，前述した ISO TC69 における統計的方法の適用に関わる標準化を支える JSA 国内対策委員長として，大きな国際貢献を果たしている．現在，日本は TC69 国際委員会において，SC6 "Measurement methods and results"（議長：鈴木知道）と SC8 "Application of statistical and related methodology for new technology and product development"（議長：椿広計）の議長国を務めている．SC6 は，計測結果・分析結果の精度を定めるための工業実験計画法を規定する ISO 5725 "Accuracy of measurement methods and results" シリーズや，検出限界の定め方を規定する ISO 11843 "Capability Detection" シリーズの起案改訂にあたっている．SC6 は TC69 最大の委員会である．SC8 は，技術開発の標準プロセス（Tsubaki, Nishina, and Yamada 2008）としてわが国の品質管理活動が創生した，QFD やタグチメソッド等を国際標準として位置づけようという活動で，ISO 16355 "Application of statistical and related methodology for new technology and product development process" シリーズを作成中である．JSQC では，独自に標準化活動，JSQC 規格作成活動を行い，この中で JIS 規格になったものもある．ここでは統計に関連する学会規格のうち，公的統計調査のプロセスの品質保証に関わる標準として，日本品質管理学会（2016）も存在することだけを指摘しておこう．

　JSQC の統計的活動として代表的なものとして，発足当時からの「統計手法研究会」による多重比較法や縮小推定，パラメータ設計研究会によるタグチメソッドの研究がある．25 年前に，宮川雅巳を中心として，統計手法研究会などを発展統合させた「テクノメトリックス計画研究会」が設立された．この研究会では，グラフィカルモデリングや統計的因果推論の研究などが精力的に行われた（日本品質管理学会テクノメトリックス研究会 1999）．産業界会員からは，ビッグデータや IoT への品質管理活動における対処方針を議論すべきという意見も近年強く，それらに対応する活動も設計しなければならない．2017 年には，機械学習などをテーマとする「製造業におけるビッグデータ解析研究会」を人工知能学会から小野田崇（青山学院大学）を迎えて産学で立ち上げた．

　この他にも 2005 年以降，永田靖，仁科健，荒木孝治ら日本の統計的品質管理を代表する研究者が，Q の確保という産学連携研究を品質管理学会中部支部とともに展開し，最新の統計的技術の産業界への注入に尽力している（日本品質管理学会中部支部産学連携研究会 2010, 2015）．また，2017 年 9

月から 2018 年 2 月にかけては，総務省行政評価局が主催した「データに基づく問題解決」に関わる，中央研修並びに地方自治体研修を全国 9 地区で実施した．

これらの活動は，統計的方法を社会において実効化させる活動であり，今後も他学会と連携しつつ，JSQC として積極的に続けるべき活動と考えている．

4.2 大学研究室の貢献

戦後統計的品質管理を支えた研究室は，東京大学工学部反応科学科の石川馨（1952 年デミング賞本賞）が拓き，久米均（1989 年デミング賞本賞）・飯塚悦功（2006 年デミング賞本賞）・水流聡子と続いた旧石川研が，最も多くの品質管理専門の研究者を輩出した．出身者としては，狩野紀昭（東京理科大学，1997 年デミング賞本賞），藤森利美（長崎大学），尾島善一（東京理科大学），中條武志（中央大学，2017 年デミング賞本賞），棟近雅彦（早稲田大学），兼子毅（東京都市大学），鈴木知道（東京理科大学）など多数を上げることができる．

東京工業大学は，水野滋（1952 年デミング賞本賞），木暮正夫（1952 年デミング賞本賞）が品質管理拠点講座を拓いて以来，真壁肇（1979 年デミング賞本賞），圓川隆夫（2010 年デミング賞本賞），長田洋（2009 年デミング賞本賞），宮川雅巳といった品質管理，信頼性工学，生産工学の講座が歴代存在した．出身研究者も赤尾洋二（山梨大学，玉川大学，1978 年デミング賞本賞），布留川靖（広島大学，1977 年デミング賞本賞），大場興一（東京理科大学，1973 年デミング賞本賞），宮村鐵夫（中央大学），鈴木和幸（電気通信大学，2014 年デミング賞本賞），鎌倉稔成（中央大学），田中健次（電気通信大学），鈴木秀男（慶應義塾大学）らが品質管理・信頼性工学，生産性工学分野で中心的に活躍している．

名古屋工業大学も草場郁郎（1962 年デミング賞本賞）を神尾信，仁科健が引き継ぎ，工程管理に関わる品質管理学の重要な拠点である．

東京大学工学部計数工学科の朝香鐵一（1952 年デミング賞本賞）が拓いた研究室は応用統計学の教室であるが，奥野忠一（1969 年デミング賞本賞），

広津千尋に続き，柴田義貞（長崎大学），藤野和建（東京大学），三輪哲久（農業環境技術研究者）や筆者のように品質管理分野とも交流があった研究者も多かった．この他にも計数工学科の森口繁一（1955年デミング賞本賞）は，山内二郎（1957年デミング賞本賞），近藤次郎（1967年デミング賞本賞）らとともに初期の統計的品質管理分野にも大きな貢献を行い，森口研究室の吉沢正（筑波大学，2003年デミング賞本賞）は品質マネジメント，環境マネジメントでも活躍した．

早稲田大学理工学部で池澤辰夫（1984年デミング賞本賞）が拓いた拠点も，永田靖，棟近雅彦らに引き継がれ大きな拠点となっている．池澤研究室出身の高橋武則（慶應義塾大学）も，実験計画法，産業統計教育で活躍している．

慶應義塾大学理工学部管理工学科は統計的品質管理，生産管理分野の大きな拠点である．特に鷲尾泰俊（1993年デミング賞本賞）が拓いた統計的品質管理に関わる研究室は，篠崎信雄，竹内寿一郎，飯田孝久の後を山田秀が引き継いでおり，鈴木秀夫とともに着実な活動を行っている．鷲尾研究室出身の山本渉（電気通信大学）らも統計的品質管理分野で活躍している．

電気通信大学は，狩野紀昭の着任以来それを引き継ぎ，統計科学分野でもアメリカ統計学会ウィルコクソン賞をテクノメトリックス分野で受賞した鈴木和幸の活躍で，国内品質管理，信頼性工学の最大規模の拠点となっている．現在も田中健次，椿美智子，横川慎二，金路，山本渉が研究室を構えている．

大阪大学の丘本正研究室は，統計科学の研究室であるが，米虫節夫（近畿大学），猪原正守（大阪電気通信大学），荒木孝治（関西大学），永田靖（早稲田大学），稲葉太一（神戸大学）など，統計的品質管理学分野を主導する人材を輩出している．

統計科学的にもマネジメントサイエンス的にも，工学部教育の基礎として品質管理教育の必要性は現在も揺らいでいない．『岩波講座現代工学の基礎（5）品質管理』は，既に国内工学系大学で品質管理教育を実施できる人材が枯渇し始めていた2000年においても品質管理を情報系の基礎的教育に位置づけていた（久米 2000）．

京都大学では近藤良夫（1971年デミング賞本賞），安藤貞一（1971年デミ

ング賞本賞），名古屋大学では清水祥一（1971年デミング賞本賞），東北大学では外島忍（1968年デミング賞本賞）といった工学部長クラスの教授が，統計的品質管理の産業界における意義を熟知した上で，1990年代までは品質管理教育に携わっていた．しかし，品質管理，統計的品質管理分野を教育できる人材の急速な枯渇に伴い，この15年理工学分野における統計科学応用の基本理念を構成する統計的品質管理教育が経営工学，管理工学分野に限定されている現状は由々しきことである．近年勃興しつつある工学部におけるデータサイエンス教育には，手法や理論の習得ではなく，統計的に技術開発や生産管理に必要となる基本的なものの見方を提供しなければならず，品質管理教育のエッセンス部分，特に統計的問題解決の標準シナリオなどを注入することが必須と考える．

4.3 産業界統計家の貢献

本章では主として文献に残るアカデミアの業績を記述した．

しかし実際には，コニカ・ミノルタホールディングスの会長を務めた米山高範（1930-2014，1994年デミング賞本賞）は，石川・米山（1967）にも見られるように，統計的品質管理の初期の啓発にも大きな足跡を残すとともに，「米山モデル」とも称されるべき，新商品開発の統計的プロセスモデルを示唆する（狩野・薗田 2015）．

田口の1953年のタイル実験を実施し，実験計画法伊奈の公式を導いた伊奈正夫（伊奈製陶，1923-2009）については既に紹介したが，多変量解析，実験計画法，信頼性解析などあらゆる分野でリーダーシップを果たし，芳賀（1984）で対話型データ解析を提唱し，JUSEの多変量データ解析ソフトウェア開発にも影響を与えた芳賀敏郎（山陽国策パルプ）も，膨大な統計的品質管理実務と，芳賀の検定，ソーンダイク・芳賀曲線など，品質管理活動に資する応用統計学に対する貢献がある．1980年代後半，JSAデータ解析研究会をけん引した中村恒夫（三菱電機，中村（1987）），黒岩学而（竹中工務店，黒岩（1985）），精度管理のJIS規格，ISO規格に貢献した宮津隆（日本鋼管，宮津・尾島（1992））など，1970年代までに統計的品質管理活動をけん引した先達がいたことは間違いない．特に電電公社の西堀栄三郎（1954

年デミング賞本賞）特別研究室に集った，坂本平八，茅野健（1958年デミング賞本賞），田口玄一（1960年デミング賞本賞）らの日本の品質管理活動黎明期に果たした組織的役割には関心がある．細谷克也（1998年デミング賞本賞）もNTT出身で活躍する品質管理専門家である．残念ながら，筆者にはこれら黎明期の産業界における統計的品質管理活動の全貌を明らかにすることは困難である．

筆者が直接その活動を1980年以降認識できているのは，トヨタグループを中心としたSQCルネッサンス活動の重要性である．この活動については，1990年代にこれを高橋朗，山田雄愛の下でけん引した天坂格郎の文献（Amasaka 2004）を参照するのが良い．

また，産業界の多変量解析活用活動を奥野忠一，芳賀敏郎らと支えJUSE多変量解析研究会等でも活躍した入倉則夫（デンソー，入倉（1987）），野中英和（TDK，野中（2004）），廣野元久（リコー，廣野（2017）），小代禎彦（TOTO，小代（2008））ら，ISO抜取検査規格を長年支えた加藤洋一（NTT，加藤（2000）），官能検査の多変量データ解析を指導した池山豊（コーセー，池山・川田（1999）），田口の品質工学と統計科学とを繋いだ立林和夫（富士ゼロックス，立林（2004）），田口伸（American Supplier Institute，田口（2016）），データマイニングやビッグデータ分析を産業界で活用した，牛田一雄・高井勉（いずれもニコン，牛田・高井・木暮（2003）），吉野睦（デンソー，吉野・仁科（2005））らの活動も重要である．

これ以外にも，QCストーリーなどの正しい活用方法を国内のみならず海外にも伝えた，安藤之裕（安藤技術事務所，安藤（2012））の活動も特筆すべきであろう．

このように日本的品質管理を支えた産業界の統計家の活動こそが日本の産業競争力を支えた具体的な活動であり，これらの一端はJUSEの品質管理誌の品質管理大会報文集に垣間見ることができ，後世にも残すべきものではないかと考える．繰り返すが，筆者が直接認知した活動はそのほんの一部に過ぎないし，1980年より以前の活動については直接知る術もない．

5. おわりに

　2017年に品質データの改ざん，あるいは品質管理プロセスを標準通りに行わない問題がわが国の産業界で多発した．日本の品質管理活動は，終戦後，石川らが「データを見たら嘘と思え」，「標準を見たらいい加減と思え」と言い続けた劣悪な状況からスタートしている．第一世代が実際に現場に赴き，正しいデータに基づく統計的品質管理，品質改善をけん引し「安かろう，悪かろう」のMade in Japanのイメージを払しょくし，30年をかけて日本の品質競争力を世界トップにまで変えた歴史を考えると，その後30年を経て，あたかも終戦直後のような企業文化に戻ってしまったことは，先人の教えを受けたものとしては悔しいことである．日本の産学の統計家が，まさにデミングが1950年に期待したように，再度日本の品質競争力に寄与しなければならない．幸いにして，この種の不祥事にもかかわらず，JSA，JUSEが実施し，JSQCが認定する品質管理検定受検者数は，2018年3月現在も単調に増加を続け，年間13万名以上の受検者を数えるに至っており，社会の品質管理活動に関する期待は依然として高いと考える．

　最後に，世界をリードした日本の産学連携型品質管理活動を統計的観点からまとめることは，筆者には荷が重い．本章は，筆者自身が先達から伺った伝承情報を，記憶を基に記載している部分も多く，誤りも多々あるとすれば全て筆者の責任である．今後，JUSEやJSAに残されている一次文献に基づき，より厳密な文献史的研究を歴史家に期待したい．

　また，改めて，技術立国日本の発展を支えた多くの先達に深甚の謝意を表したい．本章で，そのような日本の品質管理活動を創生し，献身的に支え，発展させた先達を敬称無しで記載していることは筆者にとっては心苦しいことであったことも述べておきたい．

参考文献

赤尾洋二（1958）「圧縮限界を利用した計数規準型1回抜取検査」『品質管理誌報文集』第9号，99-101頁．

赤尾洋二編（1988）『方針管理活用の実際』日本規格協会．

赤尾洋二・野田悌一郎（1969）「仮想粒子モデルによる混合度に関する研究——粗粒－微粒系混合度：微粒が多い場合」『化学工学』第33巻第6号，582–587頁．

荒井秀明（2012）「コマツの方針管理」『品質』第42巻第1号，14–18頁．

安藤之裕（2012）「企業における問題解決法」渡辺美智子・椿広計編『問題解決学としての統計学——すべての人に統計リテラシーを』日科技連出版社，49–101頁．

池澤辰夫（2010）「(3) 要素技術系　③ QCストーリー（QC Story）」『品質』第40巻第1号，68–72頁．

池山豊・川田典子（1999）「香り設計のための官能評価」『日本化粧品技術者会誌』第33巻第1号，3–15頁．

石川馨（1989）『品質管理入門〔第3版〕』日科技連出版社．

石川馨・米山高範（1967）『分散分析法入門』日本科学技術連盟．

石川馨先生追想録編纂委員会編（1993）『人間石川馨と品質管理』私家版．http://www.juse.jp/ishikawa/ningen/

伊奈正夫（1959）「$L_{27}(3^{13})$型におけるデータ解析のための補助表作成手続」『品質管理』第10巻第6号，1–5頁．

今枝誠（2009）「デンソースピリットと私の技術者魂——モチベーションとイノベーション」ソフトウェアテストシンポジウム東海2009特別講演．http://www.jasst.jp/archives/jasst09n/pdf/S4.pdf．

入倉則夫（1987）「工業における多変量データの解析」『油圧と空気圧』第18巻第5号，370–377頁．

牛田一雄・高井勉・木暮大輔（2003）『SPSSクレメンタインによるデータマイニング』東京図書．

奥野忠一・片山善三郎・上郡長昭・伊東哲二・入倉則夫・藤原信夫（1986）『工業における多変量データの解析』日科技連出版社．

奥野忠一・久米均・芳賀敏郎・吉沢正（1971）『多変量解析法』日科技連出版社．

加藤洋一（2000）『サンプリングと抜取検査』日本規格協会．

狩野紀昭・瀬楽信彦・高橋文夫・辻新一（1984）「魅力的品質と当たり前品質」『品質』第14巻第2号，147–156頁．

狩野紀昭・薗田俊江編（2015）『追想録　ミスターQC　米山高範』私家版．https://www.juse.or.jp/resource/

川崎茂・椿広計（2014）「応用統計学の地平」『横幹』第8巻第1号，22–27頁．

久米均（2000）『岩波講座現代工学の基礎5　品質管理』岩波書店．

黒岩学而（1985）「竹中工務店における品質管理教育の現状と課題」『品質』第15巻第1号，70–74頁．

塩見弘（1967）『信頼性工学入門』丸善．

小代禎彦（2008）「個人差を考慮した浴室の好みの評価」『感性工学』第8巻第1号, 53-60頁.

田口玄一（1951-54）「実験計画法ノート（1）～（14）」『品質管理』第2巻第6号～第5巻第5号.

田口玄一（1957/58）『実験計画法（上）（下）』丸善.

田口玄一（1976/77）『実験計画法（上）（下）〔第3版〕』丸善.

田口玄一（1993）「品質工学の歩みと現状」『品質工学』第1巻第1号, 8-14頁.

田口伸（2016）『タグチメソッド入門——技術情報を創造するためのデータ解析法』日本規格協会.

立林和夫（2004）『入門タグチメソッド』日科技連出版社.

椿広計（2010）「統計科学の産業界での役割——その歴史的展望」『数学セミナー』第49巻第7号, 37-43頁.

椿広計（2016）「品質マネジメント活動における統計的方法の役割」『統計』第67巻第1号, 23-28頁.

椿広計（2017）「誰が最初にPDCAサイクルを回したのか——Nightingaleの改善活動」横断型基幹科学技術研究団体連合ニュースレター, No. 48. http://www.trafst.jp/nl/048/

椿広計・河村敏彦（2008）『設計科学におけるタグチメソッド——パラメータ設計の体系化と新たなSN比解析』日科技連出版社.

統計数値表JSA-1972編集委員会編（1972）『統計数値表　JSA-1972』日本規格協会.

永田靖・棟近正彦（2011）『工程能力指数——実践方法とその理論』日本規格協会.

中村恒夫（1987）「統計的手法の問題点——QCの立場から」『品質』第17巻第4号, 71-73頁.

納谷嘉信（1982）「TQC推進のための方針管理——新QC七つ道具を活用して」日科技連出版社.

西堀栄三郎（1955）『品質管理実施法』日本科学技術連盟.

日本科学技術連盟官能検査委員会編（1962）『工業における官能検査ハンドブック』日本科学技術連盟.

日本品質管理学会（2016）『公的統計調査のプロセス——指針と要求事項 JSQC-Std 89-001:2016』日本品質管理学会.

日本品質管理学会中部支部産学連携研究会編（2010）『開発・設計における"Qの確保"——より高いモノづくり品質をめざして』日本規格協会.

日本品質管理学会中部支部産学連携研究会編（2015）『開発・設計に必要な統計的品質管理——トヨタグループの実践事例を中心に』日本規格協会.

日本品質管理学会テクノメトリックス研究会編（1999）『グラフィカルモデリングの

実際』日科技連出版社.
野中英和（2004）「TDK における品質管理教育」『品質』第 24 巻第 1 号，7-13 頁.
芳賀敏郎（1984）「対話型データ解析システム」『応用統計学』第 13 巻第 3 号，125-138 頁.
廣野元久（2017）『目からウロコの統計学──データの溢れる世界を生き抜く 15 の処方箋』日科技連出版社.
富士ゼロックス QC 研究会編（1989）『疑問に答える実験計画法問答集』日本規格協会.
増山元三郎（1956）『推計紙の使い方──調査研究の計画と結果の解析に役立つ図計算法〔改訂増補版〕』日本規格協会.
増山元三郎（1972）『実験計画法〔第 2 版〕』岩波書店.
水野滋編（1969）『品質月間テキスト（40）　事務部門の品質管理』品質月間委員会.
水野滋・赤尾洋二編（1978）『品質機能展開──全社的品質管理へのアプローチ』日科技連出版社.
三田征史（2010）「デミング博士の来日とデミング賞創設の歴史」『品質』第 40 巻第 1 号，45-48 頁.
宮川雅巳（2000）『品質を獲得する技術──タグチメソッドがもたらしたもの』日科技連出版社.
宮津隆・尾島善一（1992）「ISO/TC69/SC6（測定方法と測定値）の活動について」『品質』第 22 巻第 3 号，276-282 頁.
森口繁一（1989）『新編統計的方法〔改訂版〕』日本規格協会.
吉沢正・芳賀敏郎編（1992）『多変量解析事例集（1）』日科技連出版社.
吉沢正・芳賀敏郎編（1997）『多変量解析事例集（2）』日科技連出版社.
吉野睦・仁科健（2005）「SQC とデジタルエンジニアリング──設計パラメータ最適化の技術動向と今日的課題」『デンソーテクニカルレビュー』第 10 巻第 1 号，106-114 頁.
Amasaka, K. (2004), *Science SQC, New Quality Control Principle: The Quality Strategy of Toyota*, Tokyo: Springer.
Box, J. F. (1987), "Guinness, Gosset, Fisher, and Small Samples," *Statistical Science*, Vol. 2 (1), pp. 45–52.
Box, G. E. P., W. G. Hunter, and J. S. Hunter (1978), *Statistics for Experimenters: An Introduction to Design, Data Analysis, and Model Building*, New York: Wiley.
Cox, D. R. (1958), *Planning of experiments*, New York: Wiley.
Deming, W. E. (1943), "Opportunities in Mathematical Statistics, with Special Reference to Sampling and Quality Control," *Science*, Vol. 97 (2514), pp. 209-

214.

Deming, W. E. (1950a), *Dr. W. E. Deming's Lectures on Statistical Control of Quality*, Union of Japanese Scientists and Engineers.（邦訳『デミング博士品質管理講義録』小柳賢一編，日本科学技術連盟）

Deming, W. E. (1950b), Speech by W. Edwards Deming to Japanese Leader in 1950. https://curiouscat.com/management/deming/deming-1950-japan-speech-mt-hakone

Deming, W. E. (1952), *Elementary Principles of the Statistical Quality Control: A Series of Lectures*, Union of Japanese Scientists and Engineers.（邦訳『デミング博士講義録　統計的品質管理の基礎理論と応用』日本科学技術連盟編）

Dertouzos, M. L., R. K. Lester, and R. M. Solow (1989), *Made in America: Regaining the Productive Edge*, Cambridge, Mass.: MIT Press.（依田直也訳『Made in America——アメリカ再生のための米日欧産業比較』草思社，1990年）

Fisher, Sir R. A. (1935), *The Design of Experiments*, London: Oliver & Boyd.

Galton, Sir F. R. S. (1883), *Inquiries into Human Faculty and its Development*, London: Macmillan and Co.

Hirotsu, C. (2017), *Advanced Analysis of Variance*, Hoboken, NJ.: John Wiley & Sons.

Imai, M. (1986), *Kaizen: The Key to Japan's Competitive Success*, New York: Random House.

James, R. E. (1970), "Statistical Process Controls and Acceptance Sampling Methods to Control the Distribution of Combined Output Characteristics," Department of Statistics Division of Mathematical Sciences Mimeograph Series 226, Purdue University.

Juran, J. M. (1951), *Quality Control Handbook*, New York: McGraw-Hill.

Kaplan, R. S. and D. P. Norton (1996), *The Balanced Scorecard: Translating Strategy into Action*, Boston: Harvard Business School Press.

Kotz, S. and N. L. Johnson (1993), *Process Capability Indices*, London: Chapman and Hall.

Koyanagi, S. (1951), "Statistical Quality Control in Japan," *American Statistician*, Vol. 5 (5), pp. 8–9.

Nair, V. N., B. Abraham, J. MacKay, G. Box, R. N. Kacker, T. J. Lorenzen, J. M. Lucas, R. H. Myers, G. G. Vining, J. A. Nelder, M. S. Phadke, J. Sacks, W. J. Welch, A. C. Shoemaker, K. L. Tsui, S. Taguchi, and C. F. J. Wu (1992), "Taguchi's Parameter Design: A Panel Discussion," *Technometrics*,

Vol. 34 (2), pp. 127-161.

Osuga, Y. (1964), "Process Capability Studies in Cutting Processes," *Union of Japanese Scientists and Engineers*, Vol. 11 (1), pp. 23-25.（大須賀豊「切剛機械工程の工程能力調査について」『品質管理』第 12 巻第 10 号，1961 年の翻訳）

Pearson, E. S. (1933), "A Survey of the Uses of Statistical Method in the Control and Standardization of the Quality of Manufactured Products," *Journal of the Royal Statistical Society*, Vol. 96 (1), pp. 21-75.

Pearson, E. S. (1934), "Sampling Problems in Industry," *Supplement to the Journal of the Royal Statistical Society*, Vol. 1 (2), pp. 107-151.

Pearson, K. (1892), *The Grammar of Science*, London: Walter Scott.

Salzburg, D. (2001), *The Lady Tasting Tea: How Statistics Revolutionized Science in the Twentieth Century*, New York: W. H. Freeman.（竹内惠行・熊谷悦生訳『統計学を切り拓いた異才たち──経験則から科学へ進展した一世紀』日本経済新聞社，2006 年）

Shewhart, W. A. (1931), *Economic Control of Quality of Manufactured Product*, Princeton: D. Van Nostrand Company.

Shewhart, W. A. (1939), *Statistical Method from Viewpoint of Quality Control*, Washington: The Graduate School, The Department of Agriculture.

Taguchi, G., E. A. Elsayed, and T. C. Hsiang (1989), *Quality Engineering in Production Systems*, New York: McGraw-Hill.

The Secretary's Commission on Achieving Necessary Skills (1991), "WHAT WORK REQUIRES OF SCHOOLS, A SCANS REPORT FOR AMERICA 2000," U.S. DEPARTMENT OF LABOR. https://wdr.doleta.gov/scans/whatwork/whatwork.pdf

Tsubaki, H., Nishina, K. and Yamada, S. (eds.) (2008), *The Grammar of Technology Development*, Tokyo: Springer.

United Nations. Statistical Office. (The members: G. Darmots, W. E. Deming, P. C. Mahalanobis, F. Yates, and R. A. Fisher) (1949), *The Preparation of Sampling Survey Reports*, Statistical Papers, Series C. No.1, Lake Success, N.Y.: Statistical Office of the United Nations.

Wald, A. (1945), "Sequential Method of Sampling for Deciding between Two Courses of Action," *Journal of the American Statistical Association*, Vol. 40 (231), pp. 277-306.

Wu, C. F. J. and M. S. Hamada (2009), *Experiments: Planning, Analysis and Optimization*, New York: Wiley.

第3章 マーケティング・リサーチにおける統計学の役割

鈴木 督久

1. はじめに

　第二次世界大戦（太平洋戦争）の敗戦からの経済復興の過程で，マーケティング・リサーチという「科学的手法」が米国からもたらされた．日本の戦後70年間に企業の経営活動に組み込まれ，調査という産業も成立した．統計学は初期の段階からマーケティング・リサーチに影響を与えてきた理論的支柱であった．

　本章ではマーケティング・リサーチの成立初期を，残されている先輩諸氏の記録などから振り返りつつ，統計学との関係を整理することから始める．マーケティング・リサーチは産業社会・消費社会の変化に対応しながら変わってきた．これは世論調査，社会調査，公的統計調査など，政治，政策，学術にかかわる調査がほとんど変化しなかった事態に比べて，著しく対照的であった．もっとも，市場にかかわる調査が変化に敏感であることは，競争原理からみれば当然であったともいえる．

　変化の過程の全貌を示すことはできないが，発生の初期を再確認した上で，現在直面しているビッグデータと人工知能という状況に対する「マーケティング・リサーチ産業ビジョン」を置くことで，日本社会の70年間を振り返る一端にしたい．

　働けば働くほど報われた，あるいは報われると信じることのできた時代から，長い時間が経過した．1960年の政治意識，1970年の社会意識，1980年の関係意識と日本人（社会）の意識も変化した．当然そのことで，消費者・

生活者の意識は不易と流行に影響され，マーケティング・リサーチは変化を追いかけた．働けば働くほど報われない時代に突入したのか．働くこと，生産すること，消費することの変化と随伴したのがマーケティング・リサーチであった．

2. マーケティング・リサーチの中の統計学

　産業としてのマーケティング・リサーチの成立は，戦後の復興とほぼ同一歩調であった．商売の源流を求めれば江戸時代にまで遡ることは容易だが，「民主化」と「科学的」というキーワードとともに，米国あるいは直接的にはGHQ（General Headquarters）による占領政策の影響を受けた社会的機能として調査業界が成立したのは戦後である．

　統計学を「データ以前」と「データ以後」とに分けて整理したい．別の一般的な言い方をすれば「データ収集法」と「データ解析法」にほぼ相当する．両者は不可分だが，何もないところでデータを発生させるまでの仕事と，データが所与のもとで数理的性質を調べる，あるいは結果を利用する仕事とは，しばしば性質が異なる．

　「データ以前」で統計学が果たした役割は，標本抽出理論の適用である．その際，実験計画法の影響を受けることは相対的に少なかった．「データ以後」とは多種多様な解析手法であり，これはマーケティング・リサーチに限らず，統計学がすべての分野に対して恩恵を与えた．

　調査の文脈からみたとき，統計学の役割が希薄ないし熱心でない分野もある．「データ以前」では測定法である．標本抽出理論は「誰を選ぶか」を決めるが，どのように測定するかを教えない．質問方法，調査票設計，実査方法などは調査プロジェクトの重要なプロセスだが，そこは統計学ではなく心理学や社会学などが，その役割の一部を担った．

　「データ以後」では，調査結果の解釈のプロセスにおける統計学の貢献が薄い．統計量の意味は示せるが，調査の最終目的は調査実施とデータ解析をすることではなく，その先にある．形式的な判定（仮説検定など）は示すが，具体的なマーケティング戦略を統計学は直接には導いてくれない．

3. 調査産業の成立小史

3.1 源流と支流

　1957（昭和32）年に，日本マーケティング協会が設立された．1945（昭和20）年の太平洋戦争終結からおよそ10年間の昭和20年代が，マーケティング・リサーチ（当時は市場調査と呼んでいた）という産業が成立していく時期である．その中でも源流は朝鮮戦争（1950年），サンフランシスコ条約（1951年）までの前半数年のうちに湧き出ていた．

　GHQによる占領政策は，日本で4つの支流を形成した．第1にESS（Economic and Science Section）による経済政策を背景とした公的統計調査の整備．第2・第3はCIE（Civil Information and Educational Section）による民主化教育政策を背景に，世論・社会調査班（Public Opinion and Sociological Research Unit）が指導した世論調査と社会調査．そして第4は市場調査であるが，GHQからの組織的な指令は市場調査に関しては，必ずしも多くがみられない．デミングが1951年8月に日本科学技術連盟で「市場調査セミナー」を開催したが，既に翌9月はサンフランシスコ条約調印という時期であった．

　支流は別々の担い手によって，ほぼ独自に70年間を歩んだ．統計調査は主に政府の各府省において，世論調査は新聞社など報道機関を中心に，社会調査は研究機関や大学における社会（学）研究法として，市場調査は企業の経営活動に組み込まれた．

　市場調査という支流では，報道機関，広告代理店，事業会社の3つの担い手が相互に混流して進んだ．第1にGHQの指導・影響下で始まった報道機関による世論調査から，市場調査が派生し独立・分離したという流れがある．第2は広告代理店の活動で，特に電通では吉田秀雄が社長に就任した1947（昭和22）年には調査部が始動している．安藤（1990）によれば，これ以降の電通では「市場調査活用による広告の合理的開拓」の方針が強力に展開され，それが調査業界の拡大にも大きな影響を与えた．第3は経済復興

に邁進する企業が，自社のマーケティング活動として実施した市場調査である．やがて市場調査の実査部分を調査会社に発注する形で，調査業界が成立していく．

3.2　先駆者たち

先輩諸氏が残した記録等を参考にしながら，昭和20年代を点描しておこう．終戦の1945（昭和20）年に内閣審議室につくられた世論調査部は，1949（昭和24）年に国立世論調査所として独立・強化されたが，1946（昭和21）年に時事通信社に設置された調査局と，1954（昭和29）年に合流して，民間調査機関としての中央調査社となる．一方，農林省は1946（昭和21）年には輿論科学協会を設立させた．これらの民間の専門調査機関は，世論調査だけではなく，経済復興と並走して必然的に市場調査を事業化していく．これがやがて多くの調査機関を創立させる源流となった．

日本で最初の実践的な市場調査のテキストは，民間企業に勤務する会社員によって出版された．濱野毅・上岡一嘉著『経営政策と市場調査』（1952年）である．統計学，標本抽出理論も含む充実した内容である．市場調査にかかわる人は誰でもこの本を読んだ，と先輩諸氏が語っている．執筆時の濱野は，東芝の市場調査課長であった．東芝は自社で市場調査を実施していた．当時の市場調査は「最新の」「科学的な」経営ツールであった．東芝は戦後経済の復興を，最先端で牽引したトップランナーであった．濱野は1972年に取締役となり，専務を経て1976年に副社長に就任した．すなわち単なる調査屋に終わらず経営者となった．そして調査のための調査ではなく，経営のための市場調査とマーケティングを体現した．

GHQは企業に対しても，市場調査による証拠提出を求めた．五老（1990）によれば，森永製菓が1947（昭和22）年，キャラメル製造のために米軍倉庫で処分されている期限超過物資の放出を嘆願した際，GHQから市場調査の結果を提出するように求められたという．

昭和20年代の青年は，ほぼ大正生まれの世代であり，戦地からの復員兵なども含め様々な背景を抱えた人々であったが，企業に戻ると文字通り寝る間も惜しんで勉強した．先述したようにデミングの講習会なども始まるが，

市場調査を含むマーケティング分野の文献は少なかった．そんな中で共通して語られる経験は，CIE の図書館の利用である．日比谷にあった日東紅茶（三井農林）の建物を GHQ が接収した場所にあり，カードに記入すれば誰にでも無料で本を貸し出したという．ここにあった充実した文献で，米国における市場調査を当時の青年たちは勉強した．

先述の濱野・上岡（1952）の序文は 9 月に書かれているのだが（10 月発行），出版社からの依頼は 5 月だったという．3～4 カ月で 411 頁の本の原稿を書きあげた計算になる．信じがたい集中力で書いたことになるが，当時の人々の回想録などから窺える勉強ぶりを考えると，あり得ることだと思われる．

3.3 戦後初の市場調査

市場調査における統計学の役割は，ランダム・サンプリングによる標本調査の実施と，調査結果に関する誤差の計算などであった．戦後の最初の市場調査はどれか，という議論は諸説あるようだが，ほとんど戦後ただちに市場調査が実施されている．

上田（1990）によれば，時事通信社が実施した初期の市場調査としては，

「新聞に関する世論調査」新聞紙割当委員会（昭和 22 年）
「ズルファミン剤の市場調査」武田薬品工業（昭和 23 年）

などがある．調査名に「世論」とあるが，当時は現在の世論調査よりも広義に使われており，内容は市場調査であった．

電通も同時期の 1948（昭和 23）年には，

「映画調査」
「ラジオの世論調査と株式購買層調査」
「産児制限に関する調査」
「化粧品調査」

などを実施したことを，安藤 (1990) が報告している．

岡本 (1990) によれば，朝日新聞社では広告に関連する本格的な市場調査を 1952（昭和 27）年にスタートした．一般の事業会社が独自に実施する市場調査は外部に公表されないために，知られることが少ないが，例えば東芝は「蛍光灯に関する市場調査」を 1951（昭和 26）年に実施し，濱野・上岡 (1952) の一部にもなったようだ．当時の市場調査は実態を正しく把握することを目的とし，ランダム・サンプリングを適用することが重視されていた．

3.4　実験計画法

市場調査において標本抽出理論は中心的な役割を果たしたが，実験計画法の適用も米国での実績にならって導入された．広告，製品，デザインなどの市場実験であるが，日本では成功例が少ない．米国では特定の州に限定した比較的長期の実験例もあったが，日本では情報が制御できず，すぐに特定の県での実験の情報が伝わり失敗に終わる，ということが原因らしい．農場の作物，WEB サイトの画面，薬品の効果，食品の官能評価などとは異なって市場そのものを実験フィールドにすることが難しい．もちろん，市場調査の分野でも実験計画法が利用されていないわけではない．食品業界における官能評価だけではなく，広告実験は会場テストで実施された．コンジョイント分析は，実験計画法の発想で企画された調査手法である．

4.　世論調査と市場調査

世論調査は戦後 70 年間にわたり変化は少なかった．一方，市場調査は戦後社会の変化に応じて柔軟に多様化し，現在はビッグデータに直面している．世論調査と市場調査は担い手も異なり，新聞社でいえば編集局と広告局ほどの開きがあった．

世論調査は有権者を調査対象として，政策等に関する意見分布を把握する「狭い」目的で実施される．ほぼ月次で定例的に実施している組織は，内閣府と報道機関である．報道機関では政策だけでなく，内閣・政党支持が重要な調査事項である．

市場調査は消費者を対象として，経営・マーケティング活動に関するあらゆる内容を調査する．実施主体は多数の事業会社であり，調査を実施する専門機関も存在して数千億円の調査産業を形成している．世論調査が内閣府と報道機関にほぼ限定されている状況とは対照的である．

調査方法において，世論調査が有権者からの無作為抽出標本の調査であることを重視してきたことが，変化の少なかった理由である．市場調査は様々なセグメンテーション戦略もあり，調査対象者の選定方法も目的によって個別的に異なる．消費者全体を母集団とするような標本調査もあるが，そういった調査は 1980 年代以降はむしろ例外的であり，戦後から大量生産・大量消費の高度成長期までに終わったといえる．つまり，そこにおいてマーケット・リサーチ（市場の実態調査）から，マーケティング・リサーチ（市場の創造・顧客の理解）に転換（あるいは拡大）したのである．「市場調査」という日本語が使われなくなった背景には，このような事情がある．調査業界では，市場調査とはマーケット・リサーチの訳語であって，それと区別して「マーケティング・リサーチ」という用語が定義されている．

産業社会・生産社会から脱工業化社会・消費社会，高度情報化・デジタル化社会，知識化社会に移行するにつれて，市場調査は敏感に変化した．世論調査は保守的であったし，保守的であることに積極的な意味があった．また，市場調査では質的調査もよく利用されており，統計的な量的調査では明らかにできない消費者の「インサイト」を探ることは，マーケティングの重要なテーマである．

4.1 選挙予測調査

世論調査と類似した文脈で報道される選挙予測調査は，鈴木（2016）が指摘するように世論調査「ではない」．ただ，世論調査と同じ形式でデータ収集されてきた歴史がある．選挙予測を成功させることで，調査の適切性を検証するために利用された側面もある．

米大統領選予測に関しては有名な昔話がいくつかある．日本における選挙予測とは異なる点も多いが，簡単にレビューしてみよう．

- 1936 年にルーズベルト当選の予測を成功させた Gallup 社は，有権者をよく代表するような割当法による 3,000 人程度の標本調査が，200 万人以上の代表性のない大規模調査よりも有効であることを示した．
- 1948 年のトルーマン当選の予測では，Gallup 社など各社が従来の調査方法を使って失敗し，統計学者の Wilks を座長とする検討委員会（the Committee on Analysis of Pre-Election Polls and Forecasts of the Social Science Research Council）のレポートは，失敗の一因として標本抽出法（割当標本より確率標本を推奨）を指摘した．
- 2000 年の米大統領選で，ブッシュとゴアの得票率がタイであることを予測した唯一の調査機関である Harris Interactive 社は，propensity score（傾向スコア）でパネル標本に対する WEB 調査のバイアスを修正したと発表した．
- 2016 年の大統領選では，主要な報道機関がトランプ当選を予測できなかった．

　上記の"エピソード"のうち，前半はデータ〈以前〉の課題である．標本は無計画より計画的に作る方が優れていて，さらに人為的であるより確率的に選択する方が望ましい，という歴史を示している．後半はデータ〈以後〉である．得られるデータはバイアスの意味で悪化してきた．調査環境の悪化は米国では特に深刻であり，回収率の低下が著しい．そこで入手可能なデータにバイアス（無回答という欠測）がある前提で，これを統計解析的な分析手法によってカバーすることを考えた．その際に，傾向スコアを含む欠測データ解析の方法など，統計学が貢献した．

　相田（2017）によれば，2016 年における米国での選挙予測調査の回収率は 1～5% だという．これは事実上「統計学的な標本調査は不可能」な米国社会になっている，ということを示している．Gallup 社などの調査専門機関は，大統領選予測から既に撤退している．全米を統一的に調査する組織はなく，各州で異なる主体が，異なる方法（調査とは限らない）で，異なる時期に，様々な予測結果を発表している．これらをまとめる WEB サイトもある．彼らは aggregator あるいは poll aggregator と呼ばれている．日本と

は異なり，米国メディアはそれらを報道する立場であるに過ぎない．

Converse（1987）によれば，Gallup氏は市場調査をビジネスとして営業を開始し，大統領選予測を成功させることで自社の調査サービスの「よさ」を宣伝することを考えた．米国でも世論調査は調査ビジネスの中心ではないが，後で結果の判明する選挙予測は格好の宣伝機会である．その予測成功を果たすことにより，同じ手法で市場調査を実施している自社の「方法の適切性」を目の当たりに提示できるからである．しかし時代は変わった．調査で予測できない，あるいは予測に失敗するようでは，宣伝効果はないどころか逆効果であるから，調査専門機関が米大統領選予測から撤退した，といわれている．

2016年のトランプ当選の"大方の予測失敗"を受けて，一部の成功譚が「後出し」として伝えられた．マクロ的情報による予測，SNSなどWEB上の情報による予測，またビッグデータや人工知能による予測などに期待する声も出た．いまのところ安定的な予測手法として評価する証拠は十分ではないが，母集団と標本——というような統計科学のパラダイムの変換が迫られる可能性もあり，世論調査や選挙予測もマーケティング・リサーチが既に対応してきたような状況になるかもしれない．

5.「データ以後」の時代

1960年代以降は「データ以後」の時代に入った．データ収集法は多様化していくものの，統計学の寄与である実験計画法と標本抽出法の理論に変更が生じるわけではない．標本調査としての市場調査は，戦後数年で早くも完成してしまった．むしろデータ収集の方法としては，完成度の高い調査を維持することの難しさが顕在化する．

データ解析や計量的方法の発展に関しては，マーケティングという学問分野も成立したことで，研究対象としての成果を加えれば，あらゆる試みが実行されたともいえる．消費者行動モデル，市場参入モデル，広告効果モデル，媒体選択モデル，購買選択モデルなどの計量的方法が開発された．それらの多くは因果関係の説明よりも，予測に関心がある．統計モデルによって売上

が予測できるのではないか，との期待が背景にある．選挙における投票行動・議席予測モデルなども，統計的データ解析の方法が採用された．

多くの計量的方法の開発は，研究者による論文の成果として発表されたものだが，実用的な利用にまで定着した手法もある．それは市場分析の常套手段「STP の実行」である．調査データの分析法としても相性がよい．STP とは，Segmentation（セグメンテーション），Targeting（ターゲティング），Positioning（ポジショニング）である．

セグメンテーションとは，市場を消費者ニーズ・選好などに応じて互いに類似したグループに分類する方法であり，まさに一連のクラスター分析に関連する手法が利用される．ターゲティングとは，セグメントと企業との相性，利益の可能性やサイズ，競争状態を考慮して標的とするセグメントを決めることである．選んだターゲット，セグメントの中で，自社の位置を知るのがポジショニングであり，競合者は誰か，自社と差別化されているか等の分析をする．

ここでよく利用されるのが知覚マップだが，統計的データ解析の方法としては一連の次元縮小の手法が使われる．コレスポンデンス分析，多次元尺度法，正準判別分析，主成分分析（因子分析）などである．現在の WEB マーケティングのセグメンテーションは，「個人」にまで細分化されている．

企業あるいは企業ブランドの評価モデルとしては，構造方程式モデリングも利用された．日本経済新聞社の多角的企業評価モデル「PRISM」は，それ以前に利用されていた主成分分析（因子分析）と重回帰分析（判別分析）による企業評価モデルを踏まえて，バブル経済崩壊後の企業を評価するために，潜在変数を導入した評価モデルを提案したものである．

6. 再び「データ」の時代

良質のデータを丁寧に調査して集めることが忘れ去られたかのような，データ「分析」の繁栄の次に，新しいデータの時代が来た．最初の端緒は，1980 年以降に実用化された POS（Point of Sales）データである．ほとんどの商品にバーコードが付与される社会になり，購入者がレジを通過する際に

スキャンする業務の結果として，消費行動がデジタル化されたデータとして蓄積される時代になった．標本調査を計画して積極的にデータを収集することなく消費行動を把握できるという，代替手段の出現であった．

「データ」は，質が高く，強い結論を示すことができる順に，

1. 実験データ（実験計画法）
2. 調査データ（無作為抽出標本調査）
3. 業務データ（業務記録）

であった．

POS データは統制もされず，無作為抽出もされない．しかし業務過程の全数が記録されるのであれば，標本調査が不要である．それが新しい事態であった．「データマイニング」の流行も，POS データの実用化に対応していた．

現在のビッグデータの時代は，さらに高いレベルで，多くの分野で全数データがリアルタイムに記録され，分析可能になった環境変化のときである．マーケティングやマーケティング・リサーチも，不可避的に環境変化にさらされた．統計学の役割も変化する．全数が記録されるのなら，標本抽出理論の応用は必要なくなる分野が増加するだろう．

データは高頻度に取得され，安価に，すべて蓄積される．データの列は多様化，行は長期化する．分析は統計専門家だけでなく，皆がやる．WEB サイトでは，観察と実験はいつでも繰り返し実行可能である．

いまのところ，データは分析にとって必ずしも最適な形では準備されないため，欠損値問題などを応用する場面では統計学的手法の存在価値がある．データ収集の段階が安価になれば，逆に分析作業の過程が重くなる．時間とコストをかけた実験データであれば，データ取得後は分散分析をするだけである．ビッグデータ時代において統計学は「データ以後」での活躍が求められることになるだろうが，多様なデータの出現によって，実験や調査とは異なる「周辺分野とのつきあい」が増えることは間違いない．

7. マーケティング・リサーチの産業ビジョン

　実は，ビッグデータの時代を迎えて，マーケティング・リサーチは必ずしも優勢だとはいえない．データを集める事業にとって，データはセンサーで自動的に集まるようになってしまうのだから，事業が成立しなくなる，というわけである．戦後の復興期には「最先端」の武器であった「市場調査」と統計学も，ランダム・サンプリングによって科学的に母集団の推定ができる標本の重要性を訴えるだけでは頼りない，というのが正直なところである．

　そこで，日本マーケティング・リサーチ協会では 2017 年，このような背景を受けて「JMRA マーケティング・リサーチ産業ビジョン」を策定した．今後，マーケティング・リサーチが産業として成長していくためのビジョンを示そうというものである．ここではその骨子を紹介したい．これらは今後とも，統計学がマーケティング・リサーチを支える柱として生き残ることができるかという認識とも関係する．

　まず産業ビジョンのコンセプトを「イノベーションのエンジン」と位置付けた．これからのマーケティング・リサーチ産業は，市場の計測者から「イノベーションのエンジン」へと変わる．「情報の力でくらしとビジネスを変革し続ける」とし〈これまで〉と〈これから〉を対比する（表 3-1）．

　そこではビジョンを実現した時の姿として，次の 4 点を掲げている．

(1) 生活者を最も理解した代弁者になる

　生活者の味方＝「代弁者」であることを，もっと強く自覚してその力を磨き，もっと直接的に生活者に向けて伝えていくために，例えば以下のようなことが考えられる．

- 協力者への直接的働きかけ／リサーチのエンターテイメント化と B to C 化
- 協力者以外を含む生活者全体への働きかけ／リサーチャーの生活者代表タレント化とフィードバック

表3-1 産業ビジョンのコンセプト

これまで	⇒	これから
市場の計測者	価値規定	イノベーションのエンジン
マーケティング STP／差別化	企業が抱える課題	イノベーション 新しい価値／機会の創造
顧客意識やニーズの把握 顧客理解の支援 マーケティング課題の抽出 アナリシス（分析・分解） 仮説検証	リサーチの役割	潜在ニーズの発見 ビジネス創造のための PDCA 支援 ビジネス研究とビジネス開発支援 シンセシス（統合・合成） 仮説推論
情報の収集解析の専門集団 調査員／インタビュアー 統計解析士	人材像	多様な専門性をもつ異才の集まり サイエンス＆エンジニアリング人材 アート＆インサイト人材 ビジネス＆戦略人材
生活意識実態の測定者	立ち位置	生活者の代弁者
主に生活者（顧客） 市場	扱う対象	生活者（人間丸ごと） ビジネス（事業丸ごと） ソーシャル（社会丸ごと）
意識データ，行動データ， オーディエンスデータ，VOC	扱うデータ	感情データ，生体データ， 位置情報，顔認識， ソーシャルデータ， 観察データ，経営事業データ， 社会データ，マクロデータ……

出所：「JMRA マーケティング・リサーチ産業ビジョン」（2017年5月26日）.

- 生活者の代弁者であるための力を磨く

(2) ビッグデータビジネスの中心的存在になり価値創出をリードする

多種・多様・多量のデータが日々生み出されている．ビッグデータの出現は大きなビジネスチャンスである．射程として強化・拡大すべきデータ領域としては，以下のようなデータが挙げられる．

- 生活者起点のデータ
- 企業起点のデータ
- モノ起点のデータ

データ領域の拡大に対応し，ビジネスチャンスを獲得していくために，以下のような取り組みを行っていく．

- ビッグデータビジネスのプレイヤーとしての基本的価値の提供
- ビッグデータ関連企業との連携や取り込みを強化
- ビッグデータの威力を極大化する「目利き」価値の提供とクライアントの経営に対する理解
- グローバルビジネスプレイヤーとの連携

(3) クライアントのビジネス的成功をドライブする存在になる

イノベーションのエンジンとして，クライアントにとってのビジネス的成功をドライブする真のパートナーとなるためには，マーケティング・リサーチ会社としての組織力を強化して対応していく必要がある．そのために必要なこととして以下のようなことが考えられる．

- ダイバーシティーを推進し，様々な専門性を持った人材が活躍できる組織構造をつくる
- オープン・イノベーションを推進し，クライアント企業と顧客体験中心の価値を共創できるしくみづくりを
- リサーチャーは新たな価値を提供できる存在に脱皮
- 日本市場で培った力をベースにグローバルでビジネス展開を

(4) 多様な専門性を持つ異才の集まりになる

これからのマーケティング・リサーチ産業には，どのようなスキルセットを持った人材が必要であろうか．社会学や統計学の知識に加えて，多様な知識，専門性をつなぎ合わせる必要がある．一人のリサーチャーが複数の領域にわたる知識，技能，方法論を習得すると同時に，多様な専門性を持つ異才がプロジェクトに応じて集まり，コラボレートする．異能が触発し合うことにより，新しい見立てや発見発明は生まれる．これまで以上にイノベーティ

ブな産業として発展するために，以下に挙げるような人材が必要と思われる．

- サイエンス＆エンジニアリング人材：Artificial Intelligence
- アート＆インサイト人材：Human Intelligence
- ビジネスアーキテクト＆戦略人材：Business Intelligence
- 情熱と冷静：passion and calm

　以上が「マーケティング・リサーチ産業ビジョン」から抜粋した骨子であるが，これまで親密であった統計学，心理学，社会学，経営学などの分野から，その他の分野への拡大と連結が不可避的だと認識されている．マーケティング・リサーチだけでなく，統計学もまた，周辺の諸科学や産業とのつながりを通じて拡大していくことが求められていると思われるのである．

8. おわりに

　統計学の広範な守備範囲には，実験や調査という方法・体系・理論によるデータのつくり方が含まれており，マーケティング・リサーチの発生段階では標本抽出理論の適用が中心課題であった．しかし，そこが大きく変化した．一面では，日本社会もまた調査に協力してくれない社会になったことである．人々が調査に協力しない社会では調査は成立しない．そこで無作為抽出した人々に強要せず，調査に応じたい人々だけを調査したり，そもそも調査などやめて，自然に集まっているデータから知見を得るという方向に進む一面も出てきた．ちょうどいいことに（？）ビッグデータの時代がやってきた．それが本当によいことか，どの程度，どの分野でよいことかは，これから判明していくだろう．

　統計学のもうひとつの守備範囲は，様々な手法による得られたデータの解析である．これは帰無仮説の検定という解析だけではなく，多変量解析などの探索的・記述的なデータ解析法も検証的な解析法も含めて，利用範囲が拡大する一方である．ニューラルネットワークなどの非線形モデル，機械学習と呼ばれている人工知能の分野も含めて，もともと統計学の守備範囲だとも

いえる．マーケティング・リサーチは，この恩恵も享受してきた．

　問題は，分析方法の発展よりも，データ収集方法のあり方にある．マーケティング・リサーチの本来の目標はデータ収集にあるのではなく，それは単なる手段であるとはいえ，大きな変化である．ビッグデータを巡る課題は，マーケティング・リサーチに限らず大きな変化である．その未来に関する解答は見いだせていないが，現在の大きなテーマであるという認識だけは各分野で共有されている．今後もマーケティングの方法は柔軟に変化する，ということだけが確かにいえることであろう．

参考文献

相田真彦（2017）「米大統領選の予測はなぜ外れたか──調査・統計・データサイエンスの実力を検証する」日本マーケティング・リサーチ協会主催シンポジウム基調講演，2017年9月8日．
安藤和雄（1990）『市場調査事始め』日本マーケティング・リサーチ協会，43-72頁．
上田八州（1990）『市場調査事始め』日本マーケティング・リサーチ協会，5-21頁．
岡本敏雄（1990）『市場調査事始め』日本マーケティング・リサーチ協会，109-135頁．
五老信吉（1990）『市場調査事始め』日本マーケティング・リサーチ協会，81-108頁．
鈴木督久（2016）「似て非なるもの　世論調査と選挙予測調査」社会調査協会，社会調査NOW（JASR online）http://www.jasr.or.jp/online/content/opinion/opinion16_201601suzuki.html
日本マーケティング・リサーチ協会（2017）「JMRAマーケティング・リサーチ産業ビジョン」2017年5月26日．http://www.jmra-net.or.jp/Portals/0/notice/sangyovisionhonbun.pdf
濱野毅・上岡一嘉（1952）『経営政策と市場調査』東洋書館．
Converse, J. M. (1987), *Survey Research in the United States: Roots and Emergence 1890–1960*, Berkeley, Calif.: University of California Press.

第4章 ビッグデータ時代のマーケティングと統計科学

山口 景子

1. はじめに

　ビッグデータという単語が2013年年末のユーキャン新語・流行語大賞候補にノミネートされてから，早5年が経過した．それ以降，巷には多くのビッグデータに関する書籍が溢れ，「我が社でもビッグデータ活用に取り組みたい」と考えるマーケティング担当者やエグゼクティブの数が増えている．しかし，一旦ここで考えてみていただきたい．ビッグデータという単語は一体何を指すものなのだろうか．

　残念ながら，ビッグデータについては万人にとっての統一的な見解が存在しないのが実情である（Gandomi and Haider 2015）．ある人はデータの量的側面とその量ゆえのデータ分析技術について言及するかもしれないし，またある人はデータのもつ複雑性やデータの希少性について言及するかもしれない．このように，あるデータが「ビッグであるか」そうでないかの定義は，そのデータを使う人の立場によって変わってくるものである．そこで本章では，マーケティングにおける「ビッグデータ」とはなにかについて，アカデミック分野およびビジネス分野における現状をそれぞれ整理することから話をはじめたい．続いて，今後マーケティング意思決定に役立つ「ビッグデータ」を準備するために企業が心がけること，そして「ビッグデータ」時代のマーケティングに必要な統計科学の素養について言及する．

2. マーケティングにおける「ビッグデータ」とはなにか

2.1 マーケティング・サイエンス研究における「ビッグデータ」

　マーケティング・サイエンスとはマーケティング研究の一分野であり，経済学，統計学，オペレーションズ・リサーチやその他隣接関連分野の知見を用いて，マーケティング現象のモデル化を試みる研究領域である（Winer and Neslin 2014）．1960 年に設立された米国 Marketing Science Institute (MSI) も，設立者である Sr. Thomas B. McCabe が「マーケティング活動への科学的手法の適用を促進する」ことをゴールとして掲げた組織である（Wind 2011）．以降今日に至るまで，実験データ，調査データ，業務データなどを用いて，表 4-1 で示される研究テーマをはじめとする様々なマーケティング現象および消費者行動に関する科学的分析が行われている．

　総務省の『情報通信白書　平成 24 年版』では，「ビッグデータは，どの程度のデータ規模かという量的側面だけでなく，どのようなデータから構成されるか，あるいはそのデータがどのように利用されるかという質的側面において，従来のシステムとは違いがあると考えられる」と述べており，さらにデータを利用する者の観点から次のように「ビッグデータ」を捉えている．

　「事業に役立つ有用な知見」とは，「個別に，即時に，多面的な検討を踏まえた付加価値提供を行いたいというユーザー企業等のニーズを満たす知見」ということができ，それを導出する観点から求められる特徴としては，「高解像（事象を構成する個々の要素に分解し，把握・対応することを可能とするデータ）」，「高頻度（リアルタイムデータ等，取得・生成頻度の時間的な解像度が高いデータ）」，「多様性（各種センサーからのデータ等，非構造なものも含む多種多様なデータ）」の 3 点を挙げることができる．これらの特徴を満たすために，結果的に「多量」のデータが必要となる．

　近年のマーケティング・サイエンスの分野では，上記「ビッグデータ」の

表4-1 マーケティング・サイエンス分野における代表的な研究テーマ

テーマ	トピック
消費者の購買行動	ブランド選択モデル 購入量・購入回数・購入タイミングモデル 消費者異質性
広告	広告の売上に対する影響とその効率性 広告の質と投下タイミング 広告の残存効果
価格	価格弾力性とその推定 Willingness-to-Pay 内的参照価格 ダイナミック・プライシング 商品ラインの価格づけ問題
セールスプロモーション（SP）	SPの売上に対する影響 SPによる消費者の購買間隔・購買量の変化 SPターゲットとタイミングの最適化 流通業者に対する販売促進活動
チャネルマネジメント	チャネル構造，チャネル協調と取引費用 チャネルと商品開発
インターネット・マーケティング	ユーザーのウェブサイト訪問・閲覧行動 広告媒体としてのインターネット（オンライン広告） 口コミ，ユーザ生成コンテンツ
イノベーション	新製品開発 コンジョイント分析 製品の普及プロセス
市場構造分析	商品の競合分析 競争および需要の非対称性
顧客関係マネジメント	RFM分析 クロスセル・アップセル，ロイヤルティ，離脱防止 顧客生涯価値の測定
ブランド	ブランド・エクイティの定義とその測定 ブランド・エクイティと市場動向（利益，株価など）

出所：Winer and Nesline（2014）より筆者抜粋．

要件を満たすデータを用いた研究が多く行われている．特にインターネット・マーケティング研究の分野では，あるeコマースサイトの顧客がウェブページをどのように閲覧し，その後どの商品を購入したのかというウェブサイト上の履歴データ（クリックストリームデータ）を用いたオンライン上の消費者行動分析にはじまり，ソーシャル・ネットワーキング・サービス（SNS）上でのユーザ同士のつながり，ユーザによって投稿された口コミやカスタマー・レビュー，ユーザ生成コンテンツの解析などがさかんに研究されている（里村 2007, Moe and Schweidel 2014）．これらの研究は，『情報通信白書』が言及する高解像度，高頻度，多様性の3つの特徴をもつデータを用いて行われており，ゆえにそのデータのサイズは「多量」である．「多量」のデータからできるだけ多くの知見を引き出すために，これらの研究では非常に高度な統計モデルが多数提案されている．

佐藤・樋口（2013）は，この「ビッグデータ」から消費者行動を理解する，すなわちマーケティング活動を高度化しうる仮説的役割を担う情報を発見するためのツールとして，ベイジアン・モデリングが大きな役割を果たすと主張している．消費者を理解する視点として，消費者異質性，時間的異質性および潜在変数・構造を挙げており，消費者異質性とは「同一日に同一商品を同一の場所で購買したとしても，人が違えば購買に至るメカニズムに差が生じること」，時間的異質性とは「同一商品を同一人物が購入したとしても，時点が違えば購買に至るメカニズムに差が生じること」，そして潜在変数・構造とは「データとして観測できるわけではないが商品購買に影響する可能性を有する要因」であり，ブランドロイヤルティ，内的参照価格，消費者の嗜好といったものが具体例として挙げられる．これら3つの視点を考慮して消費者の行動を評価できてはじめて実際のフィールドで高度に活用可能な情報を手にできる一方で，そのために必要な統計モデルは膨大な数のパラメータをもつことになる．そのため，モデリングそのものとパラメータ推定法において何らかの工夫をしなければならず，この状況に対応可能な統計技術がベイジアン・モデリングなのだと，佐藤・樋口（2013）は言及している．

そもそもマーケティング・サイエンスの分野においては，消費者異質性がホットイシューとなった1990年代から，統計モデルのパラメータ推定法に

ベイジアン・アプローチが適用されるようになり（Rossi, Allenby, and McCulloch 2005），今日ではマーケティング・サイエンス研究になくてはならない技法となっている．ある消費者異質性，例えばスーパーマーケットにおけるヨーグルトのブランド選択に割引クーポンの有無が与える影響を統計モデルで明らかにしたいとしよう．分析用に消費者の行動データを1年分収集したとしても，消費者1人当たりの平均的なスーパーマーケット利用回数やヨーグルト購買回数はさほど多くはない．このデータ量の問題から，最尤法など従来の推定法では消費者固有のパラメータを精度高く推定することができなかった．しかし，ベイジアン・アプローチの適用によって消費者固有のパラメータを推定する，すなわち消費者異質性を分析モデルに組み込むことが可能となったことで，その活用が多くのマーケティング・サイエンス研究で見られるようになった．近年では，消費者異質性を考慮した分析モデルから得られた結果の実務への応用もはじまっている．例えば，100万世帯の買物行動分析に基づくカスタマイズ・プロモーションの展開によって，カタリナマーケティングが4億ドルの利益を達成した事例（Johnson, Tellis, and Ip 2013）や，クライスラーが，車種，購入方法，インセンティブ・プログラムなどに対する反応の消費者異質性を組み込んだプライシングモデルを導入することで年間約5億ドルのコスト削減を達成した事例（Silva-Risso et al. 2008）などがある．

今日の研究における分析対象が「ビッグデータ」となり，分析に用いる全体のデータ量は大規模となった一方で，消費者異質性など特定の文脈に即した推論のためには，依然としてデータが不足している．よって，佐藤・樋口（2013）が指摘するように，ベイジアン・モデリングによる分析とその適用範囲はますます拡大し重要なものになっていくと考えられる．

最近では「ビッグデータ」のもつ高頻度の特性に着目し，消費者行動の静的な分析だけではなく消費者行動の動的な変化に着目する研究も多い．過去の経験から，値下げやプロモーションなど将来起こりうる事象を予測し，その予測を織り込んだ上で最大化された現在の効用に基づいて選択される戦略的な消費者行動（forward-looking行動）に焦点をあて，内的参照価格の形成プロセスや商品品質の学習効果（例えばErdem and Keane 1996），季節

性商品市場におけるプロモーションを見越した買い控え行動（例えば Soysal and Krishnamurthi 2012）などが研究されており，産業組織論の分野で用いられる構造推定のアプローチが多く援用されている．また，トピックモデルなど機械学習分野で研究されてきた技法の活用も進んでおり，カスタマー・レビューから消費者の経験をトピックとして抽出し，商品評価予測精度の向上を測る研究（Büschken and Allenby 2016）や，クリック履歴からインターネット利用目的をトピックとして抽出し，利用目的トピックから作成されるユーザプロファイルに応じて提示するウェブ広告を最適化する研究（Trusov, Ma, and Jamal 2016）などがある．

2.2 ビジネスの現場における「ビッグデータ」

では，全ての企業はこのトレンドに追随し，あらゆるデータをできるだけ細かい単位で収集し，高度な統計分析手法を使いこなせるデータ・サイエンティストを雇うべきだろうか．この問いに答えるために，まずは郷・濱岡（2017）の研究を紹介したい．郷・濱岡では，上場メーカーの製品開発部門長に対して行った10年間分（2007〜2014, 2016）の調査結果を基に，日本企業の「マーケティング・サイエンス志向」なる尺度の測定と「マーケティング・サイエンス行動」の分類を試みている．「マーケティング・サイエンス志向」とは，(1) 売上，シェアなどの予測は念入りに行う，(2) 売上や利益などの目標を明確に定める，(3) 商品を発売した後も，売上目標をクリアしているか追跡調査をする，といったマーケティング活動に関する科学的な学習プロセスが企業内に存在するかどうかを示す概念である．また郷・濱岡は，実務で用いられているマーケティング・リサーチ手法の種類によって，調査回答企業を5段階の「マーケティング・サイエンス行動」に分類している．分析の結果，「マーケティング・サイエンス志向」は企業の「マーケティング・サイエンス行動」のレベルに対して正の影響を与えること，そして「マーケティング・サイエンス行動」のレベルが，商品開発の革新性に正の影響を与えることを明らかにしている．この5段階の「マーケティング・サイエンス行動」のうち，もっとも科学的プロセスに基づいたマーケティング・サイエンス的な行動をとっている企業は『積極的』に分類されるが，こ

の『積極的』に分類されるのべ企業数が，10年間で10%程度ということが表4-2から読み取れる．このことから，日本企業においてはマーケティング意思決定プロセスにおいて，データ分析が十分に活用されておらず，ゆえに未だマーケティング・サイエンス志向が根付いていない可能性が示唆される．

　この状況下において，「全ての企業はこのトレンドに追随し，あらゆるデータをできるだけ細かい単位で収集し，高度な統計分析手法を使いこなせるデータ・サイエンティストを雇うべきだろうか」という問いに対する筆者の答えは「必ずしもそうではない」である．マーケティング実務においては，「多量」のデータであれ複雑な統計分析手法であれ，マーケティング・データ分析とはビジネスにおける結果・成果を得るために必要な意思決定に役立てられるべきツールにすぎない．もっとも大切なことは，マーケティング・データ分析で得られた結果を，マーケティング意思決定プロセスにおいて実際に活用することである．よって，「マーケティング・サイエンス志向」が未だ根付いていない企業においては，「多量」のデータ分析や流行のデータ収集手法・分析手法にとびつくのではなく，(1) 現在企業が保有するリソースで対応できる範囲で，マーケティング・データ分析を行い分析結果を読み解く，(2) 得られた分析結果を実際のビジネス意思決定に活用する，という2点に意識的に取り組むところからはじめる必要がある．

　網野（2013）では，絶対的なデータのボリュームだけでビッグデータか否かを断定せず，またボリュームが大きいデータにつきものの分析手法についても，その手法が高度か否かについてこだわる意味はあまりないと述べている．すなわち，事業に効果のあるデータ活用に焦点をあて，あるデータや分析手法が経営の高度化に役立つ"big outcome"をもたらすものであれば，その量や用いられる分析手法の複雑さによらず「ビッグデータ」と呼んでいる．

　現時点において「マーケティング・サイエンス志向」が組織文化として根付いておらず「マーケティング・サイエンス行動」のレベルが高くない企業でも，まずこのスタート地点に立つことで「ビッグデータ」解析をはじめることができる．一方，既に「マーケティング・サイエンス志向」が組織文化として根付いている企業でも，収集しようとしているデータのボリュームや種類，また適用しようとしている分析手法が，現在直面しているマーケティ

表4-2 マーケティング・サイエンス行動：利用しているマーケティング・リサーチによる分類

	不活性	ベンチマーク重視	顧客訪問	テストマーケティング	積極的
1 営業担当者を通じた情報収集	94%	96%	98%	98%	93%
2 お客様窓口からの情報集約	27%	0%	73%	71%	96%
3 アドホックな消費者、ユーザー定量調査	6%	4%	7%	13%	75%
4 定期的な消費者、ユーザー定量調査	13%	11%	19%	32%	91%
5 POS, パネルデータの分析	8%	8%	9%	13%	81%
6 グループ・インタビュー、デプスインタビューなどの定性調査	5%	3%	10%	10%	90%
7 競争企業、製品のベンチマーク	0%	100%	84%	77%	91%
8 顧客の利用／消費現場への訪問、観察	32%	0%	75%	75%	79%
9 オンエア前の広告テスト	0%	0%	0%	2%	18%
10 オンエア後の広告追跡調査	1%	1%	2%	4%	43%
11 パッケージやネーミングの定量的調査	0%	1%	2%	3%	60%
12 試作品の試用、モニター調査	21%	17%	18%	85%	80%
13 製品コンセプトのテスト（コンジョイント分析など）	6%	7%	6%	17%	66%
14 実験室での製品テスト（模擬購買などのプリテスト・マーケティング）	11%	18%	8%	65%	38%
15 限定地域、チャネルでのテスト・マーケティング	6%	5%	7%	18%	61%
16 ブランドエクイティの定量的評価	2%	0%	2%	3%	40%
17 企業イメージ調査	6%	2%	10%	18%	74%
18 商圏、出店調査	4%	2%	5%	9%	22%
19 媒体（視聴率など）調査	2%	2%	4%	4%	40%
20 配荷調査	2%	5%	2%	7%	36%
21 価格調査	14%	24%	21%	77%	74%
22 オンライン・コミュニティでの会話のモニター	0%	1%	1%	3%	22%
23 情報収集は行わない	0%	1%	0%	0%	1%
24 その他（具体的に：　　　）	4%	7%	5%	2%	2%
N	248	133	396	244	129

出所：郷・濱岡（2017）より転載。

ング課題の解決可能性という観点から本当に必要不可欠なものであるかを考えてみる必要があるかもしれない．高解像度，高頻度，多様である「多量」のデータを保持することも，その「多量」データを処理できるデータ・サイエンティストを雇用することにも，コストが発生する．そのコストに見合うだけのアウトカムが得られないのであれば，あるいは，より少ないコストで同等のアウトカムが得られる方法が存在するのであれば，「ビッグデータ」「ビッグデータ分析」というバズ・ワードに踊らされていないか，今一度立ち止まって考える必要がある．

よって本章でも，データのボリュームや複雑性を問わずマーケティング意思決定プロセスにおいて活用すべき "big outcome" をもたらすデータも，マーケティング分野においては「ビッグデータ」に含まれると定義して論を進めたい．

3. マーケティング意思決定に役立つ「ビッグデータ」を準備するためには

ここでは，一定程度「マーケティング・サイエンス志向」が根付いている企業が，マーケティング・データ分析に向けた「ビッグデータ」を社内で準備するために，どのようなデータを取得し，誰と協働し，どのようなことを心がければよいかについて考えていきたい．

3.1 マーケティング施策データのデータベースを構築する

商品の出荷データ，小売店 POS データ，ウェブサイトの閲覧履歴データやeコマースサイトでの購買履歴データなど，売上や消費者の行動を捕捉するデータの整備が進んでいる企業は多いと推測される．これらのデータを用いて自社の顧客セグメントや店舗内行動を把握し，事業計画を立案するために過去のデータに基づく売上予測を行っている企業もあるだろう．一方で，出稿したテレビ広告のスケジュール，キャンペーンをタイアップした雑誌名とその発売日，販売促進プロモーションの実施期間とその種類といったマーケティング施策データは，社内でどの程度整備され活用されているだろうか．

筆者は約10年間にわたりマーケティング・データ分析の実務，特にテレビ広告や販売促進プロモーションなどマーケティング施策の売上に対する費用対効果（マーケティングROI）を測定する分析業務に従事し，国内外における様々な業界のクライアントと仕事をする機会に恵まれた．この実務経験から，企業がどのようなマーケティング施策を実行したかに関するデータ，すなわち広告出稿データや値引き，陳列，ノベルティの有無など消費者にとって購買の原因となる施策に関するデータ（コーザル・データ）が，データベースとして蓄積・整備され，社内で幅広く活用されている企業は未だ多く存在しないと推測される．その理由として，広告出稿データは宣伝部，販売促進プロモーション実施データは営業部といったように，社内でデータを管理する組織が異なること，そしてこれらのデータが紙やWordファイル，Excelの図形内コメントなど，マーケティング・データ分析で取り扱うためには何らかの事前処理が必要な形式で管理されていることなどが挙げられる．特に，広告出稿データやコーザル・データが紙のような物理媒体で保存されている場合には，情報を電子化するための工数がかかるため，作業をどの部署が担当するのか，あるいは電子化作業を外注するのであればどの部署が費用を負担するのか，といった課題や部門間意思決定が発生することがあり，これらマーケティング施策データのデータベース化はなかなか進まない．

　しかし，マーケティング・データ分析を行う上では，このマーケティング施策データを分析に組み込めるかどうかによって，得られるインプリケーションの幅が大きく広がる．売上データや消費者の行動履歴データを分析することでは，「何が起きたのか」しか把握することができない．しかし，結果や行動の把握に加えてマーケティング施策データを分析に組み込むことにより，「何がドライバーとなってその結果・行動が起きたのか」を単純なクロス集計や仮説検定により把握することができるようになる．さらに，マーケティング・ミックス・モデルをはじめとする複雑な統計モデルを用いることで，特定のマーケティング施策が売上に与える効果を把握することができ，各施策の投資対効果を計算することで，次期に実施するマーケティング施策の優先順位付けや各施策への予算配分の改善案をファクト・ベースで議論することもできる．

マーケティング意思決定プロセスにおいては,「何が起きたのか」に加えて,「何がドライバーとなってその結果・行動が起きたのか」を把握することが重要である．同時に郷・濱岡の提唱する「マーケティング・サイエンス志向」を醸成させていく上でも,売上や特定の消費者行動を引き起こすドライバーの種類とその効果を把握し,次の計画に活かす学習プロセスを実行することが必要である．よって,社内に存在するマーケティング施策データをデータベース化し,マーケティング・データ分析に活用できる環境を整えることが,「ビッグデータ」構築の第一歩といえる．

3.2 分析用マスタデータを整備する

自社の保有する売上データや消費者行動データを"big outcome"につながる「ビッグデータ」へ転換させるために重要な役割を担うと考えられるのが,商品特性,その商品を配荷する店舗の特徴,その店舗を利用し商品を購入する消費者属性に関する情報といった,いわゆる商品,店舗,消費者属性マスタデータである．地道で根気のいる作業が必要とされるマスタデータ整備であるが,販売データや消費者行動データと組み合わせて用いることで,より深みのある分析が可能になる．

問題となるのは,これらマスタデータ類がどこまで精緻に作成されており,マーケティング・データ分析で用いるための準備がなされているかどうかである．実は広告出稿データやコーザル・データと同様に,マスタデータ類もマーケティング・データ分析で取り扱うためには何らかの事前処理が必要な形式で蓄積されていることが多い．さらにマスタデータ類を管理している部署が必要としているマスタデータ項目と,分析側が必要とするものが合致しないこともある．この場合,社内に「マーケティング・サイエンス志向」が根付いているかどうかが,マーケティング・データ分析にも利用可能なマスタデータ類を整備する業務の推進速度に大きな影響を与えることになる．よって,保有データを「ビッグデータ」に転換するためには,社内における「マーケティング・サイエンス志向」の醸成が必要となってくるのである．

また中村・寺本・矢野（2009）は,売上データや消費者行動データに商品・消費者属性マスタデータを組み合わせて行う従来のセグメンテーション

分析の欠点を克服すべく，消費者視点の「商品DNA」によるセグメンテーションを提案している．これにより，ある商品を購入する消費者の生活価値観や，その商品を選択する気持ちを類推することが可能になり，マーケティングの効率を飛躍的に高めることができると考えられている．中村らは「商品DNA」の活用方法として，店頭での売場づくりやクロス・マーチャンダイジング企画の立案，ターゲット・プロモーションへの活用を想定している．この「商品DNA」は独自のデータベースを開発することもできるが，株式会社インテージの『Genometrics』や大日本印刷株式会社の『生活者DNA・商品DNA』など，既存のデータベースを利用することもできる．分析の目的やその分析に割当てられる人的リソースやコストなどの制約を考慮し，最適な方法を選択すればよい．

さらに消費者視点の「商品DNA」という考え方を応用し，消費者視点の「店舗DNA」を構築することもできるだろう．これは，どのような価値観・購買目的をもった消費者によって各店舗が利用されているのかを把握するための，店舗マスタデータである．マーケティング効果を最大化するためにはどの小売店に商品を配荷するか，どの小売企業とタイアップ・キャンペーンを行うか，といった課題に関するビジネス・インプリケーションが得られるであろう．

3.3　システム部門に任せきりにしない

前述のように，「ビッグデータ」のパーツとなるデータはそれぞれ異なる部署によって管理・蓄積されている企業がほとんどである．よって，社内でマーケティング・データ分析に向けた「ビッグデータ」を準備するためには，組織横断的な活動に積極的に取り組むことが必要になってくる．社内の「マーケティング・サイエンス志向」の醸成が前提条件として必要であることはいうまでもないが，各種データを管理・蓄積している部署だけではなく，インフラ部門，特に企業内の情報システム部門と目的意識を共有して連携を取り，「ビッグデータ」の質を向上させていくことが重要である．マーケティング・データ分析を行う上で，分析者がシームレスにデータベースにアクセスできる環境を構築することが望ましい．

また，ウェブアクセスログ，ユーザーからのコメントなど，データの量やその収集頻度が増えれば増えるほど，マーケティング・データ分析担当者と情報システム部門との連携強化が求められるだろう．データは無尽蔵に蓄積できるものではなく，その保管や管理に費用が発生する．よって，情報システム管理部門は与えられた物理的・費用制約下において，できうる範囲の情報を管理・蓄積する．彼らは情報システムのプロフェッショナルであるが，マーケティング・データ分析のスペシャリストではない．当然ながら，「処理が重くなる」「それだけの情報を蓄積するだけのストレージがない」「導入しているシステムではそのような情報を収集することができない」というシステム側の理由でマーケティング・データ分析上有用なデータが収集されないことがあり，事実そのような事例が散見される．

何故そのデータを収集する必要があるのか，そのデータを分析に用いることで何が分かるようになり，その結果どのような利益が企業全体にもたらされるのか，といった情報収集・活用の目的意識を情報システム部門と共有し，マーケティング・データ分析に必要なデータを集めていくことで，多量かつ高頻度のデータをより価値のある「ビッグデータ」に転換することができる．部門間協働に向けた社内全体での「マーケティング・サイエンス志向」醸成の成果が現れるまでには，少し時間が必要かもしれない．しかし，今から少しずつでも行動を起こさなければ，数年後には競合他社との間に埋められない情報量の溝ができてしまう恐れがある．

4.「ビッグデータ」時代のマーケティングに必要な統計科学の素養

「ビッグデータ」を用いたマーケティング・データ分析から，企業の戦略意思決定プロセスに役立てられる "big outcome" を導き出すためには，マーケティング・データ分析担当者にどのような統計科学の素養が必要となるのかについて，最後に触れておきたい．

マーケティング・サイエンス研究の世界と同様に，マーケティングの実務においても，今後ますます増加する高解像度，高頻度，多様性の特性をもつ

データをいかに活用するかが課題になってくるであろう．また，消費者の嗜好が多様化し，時間と共に変化していく今日においては，よりマイクロな視点での市場分析が重要な役割を果たすと考えられる．よって前述のように，今後マーケティング実務の世界においてベイジアン・モデリングが果たす役割は大きいと予想される．また，販売促進プロモーションに関する現場担当者の肌感覚，マーケティング・データ分析前任者の経験に基づく分析結果に対する違和感，第三者機関による市場調査の結果など，分析担当者の手元にあるデータから得られる情報以外の知見を分析モデルに組み込むことで，そのモデル精度が改善されることがある．ベイジアン・モデリングを用いる場合，事前情報という形でこれらの知見を簡単に組み込んで活用することができる．例えば，新しい販売促進キャンペーンや，出稿頻度の低い広告などが売上に与える影響度合いを推定することは，そのデータサンプル数の観点から非常に困難である．影響度を推定できたとしても，その結果の解釈がままならない場合も多く存在する．妥当な事前情報を組み込んだベイジアン・モデリングによって，この小データサンプル問題に対処できるだけでなく，誤ったマーケティング意思決定に至らしめてしまうような分析結果を基にマーケティング戦略を議論するような事態を避けることができる．ベイジアン・モデリングの技術は，マーケティング・データ分析とそれに基づくマーケティング意思決定の精度改善のために身につけるべき素養の一つといえよう．

　また，マーケティング・マネジャーの最大の関心事は，マーケティング上の因果関係を把握し，その後の意思決定に活かすことである．「ビッグデータ」の規模が大きくなるにつれて，統計解析手法だけではなく，データ・マイニングや機械学習手法を用いて「ビッグデータ」からビジネスに役立つ知見を得る機会は，今後増えるものと予想される．この状況においてマーケティング・データ分析担当者は，データ・マイニングや機械学習手法によって得られた知見が相関関係に基づくものなのか，それとも因果関係といえるものなのかをしっかり見極める必要がある．実際のビジネスの現場で集められた業務データから，正確な因果関係を推定することは困難な場合が多い．得られた結果が相関関係によるものであるにもかかわらず，分析者によって因果関係であると間違って解釈される事例も少なくない．よって，相関関係と

因果関係の違いは何か，分析に用いた手法とデータから得られる知見はどちらの関係性を示しているのかをきちんと理解した上で分析結果を解釈することが重要である．

そして，この因果関係推論の難しさを克服し，因果関係を厳密に検証するために，近年ではフィールド実験を行うケースが増えている．2008年および2012年の米国大統領選挙において，寄付金を募るウェブサイトのデザインや e-mail の文面，浮動票を取り込むための TV 広告のターゲティングやソーシャル・ネットワーキングサイト上でのキャンペーンなどを，ビッグデータ解析や A/B テストなどのフィールド実験の結果に基づいて設計・改善することで，Barack Obama 陣営が大きな成果を挙げたことは日本でも大きく取り上げられた．2012年の大統領選挙においてこれらの分析を行うチームを率いた Rayid Ghani は，その前職時代にはスーパーマーケットのセールスプロモーションを最大化するための分析業務などに従事していたのである（Scherer 2012, Olson 2015, 伊藤 2017）．この事例のように，インターネット上では比較的手軽にフィールド実験を行ってビジネス仮説を検証し，プロモーション計画などを改善することが可能な場合も多い．これからのマーケティング・データ分析担当者は，このフィールド実験を行うための知識や分析技術を身につけておく必要があるだろう．

ここ数年のビッグデータ・ブームの影響で，上記ベイジアン・モデリングをはじめとする統計解析手法，データ・マイニングや機械学習手法，そしてそれらの解析を可能にするソフトウェアの使用方法に言及した書籍は世の中に多く存在する．よって，手法そのものを勉強したいのであれば，分析目的や現在の分析環境に応じてそれらの本を参照することができる．しかし，マーケティング・データ分析担当者に必須であると考えられる，(1) 分析課題と手元のデータ，そして分析手法が合致しているかどうかを見極める力，(2) 分析の結果得られた数値を正しく解釈し，具体的なアクションに落とし込むスキルについては，あまり言及されることはない．一見当たり前に見えるこの基礎スキルこそが，マーケティング意思決定プロセスにおいて，分析結果を活用する上でもっとも重要であると筆者は考える．(1) と (2) は，マーケティング・データ分析を適切に行い，分析結果を正しく読み解く分析

リテラシーである．ウェブブラウザでインターネット検索ができればインターネット・リテラシーが身につくわけではないように，複雑な分析手法を学ぶこと，最新の分析手法を追いかけ続けることが，必ずしも分析リテラシーの醸成を促進してくれるわけではない．よって，基礎的な確率モデルや統計的仮説検定を学んだ上で，より高度な分析手法を学ぶだけでなく，試行錯誤の上で分析リテラシーを身につけることができる教育機会を提供することが，これからの教育・研究機関に求められるだろう．

5. おわりに

本章では，マーケティングにおける「ビッグデータ」とは何かについて整理した上で，企業が「ビッグデータ」を構築するために考慮すべき事項について言及した．マーケティング実務においては，大量のデータであれ複雑な統計分析手法であれ，マーケティング・データ分析とはビジネスにおける結果・成果を得るために必要な意思決定に役立てられるべきツールである．よって，世の中のトレンドを把握しつつもそれに振り回されることなく，自社にとって有益な「ビッグデータ」を見つけること，分析リテラシーを身につけマーケティング意思決定プロセスに役立つ "big outcome" を生み出すことに注力することが重要である．また教育・研究機関においては，マーケティング・データ分析担当者が分析リテラシーを身につけ，企業が「マーケティング・サイエンス志向」を醸成できるような教育機会を提供していくことが求められる．

参考文献

網野知博（2013）『会社を強くするビッグデータ活用入門——基本知識から分析の実践まで』日本能率協会マネジメントセンター．

伊藤公一朗（2017）『データ分析の力——因果関係に迫る思考法』光文社．

郷香野子・濱岡豊（2017）「日本企業のマーケティング・サイエンス——志向，実践と成果：10年間の調査結果から」日本マーケティング・サイエンス学会第101回研究大会（慶應義塾大学）．

コトラー，フィリップ，ケビン・レーン・ケラー，恩藏直人監修，月谷真紀訳（2014）『コトラー＆ケラーのマーケティング・マネジメント　第 12 版』丸善出版．

佐藤忠彦・樋口知之（2013）『ビッグデータ時代のマーケティング――ベイジアンモデリングの活用』講談社．

里村卓也（2007）「EC サイトの閲覧・購買行動のモデル分析」井上哲浩・日本マーケティング・サイエンス学会編『Web マーケティングの科学――リサーチとネットワーク』千倉書房，215–239 頁．

総務省（2012）『情報通信白書　平成 24 年版』．http://www.soumu.go.jp/johotsusintokei/whitepaper/ja/h24/html/nc121410.html

中村博・寺本高・矢野尚幸（2009）「顧客視点の商品マスター（商品 DNA）の可能性」『流通情報』第 477 号，22–33 頁．

Büschken, J. and G. M. Allenby (2016), "Sentence-Based Text Analysis for Customer Reviews," *Marketing Science*, Vol. 35 (6), pp. 953–975.

Erdem, T. and M. P. Keane (1996), "Decision-Making under Uncertainty: Capturing Dynamic Brand Choice Processes in Turbulent Consumer Goods Markets," *Marketing Science*, Vol. 15 (1), pp. 1–20.

Gandomi, A. and M. Haider (2015), "Beyond the Hype: Big Data Concepts, Methods, and Analytics," *International Journal of Information Management*, Vol. 35 (2), pp. 137–144.

Johnson, J., G. J. Tellis, and E. H. Ip (2013), "To Whom, When, and How Much to Discount? A Constrained Optimization of Customized Temporal Discounts," *Journal of Retailing*, Vol. 89 (4), pp. 361–373.

Moe, W. W. and D. A. Schweidel (2014), "Digital and Internet Marketing," in: R. S. Winer and S. A. Neslin (eds.), *The History of Marketing Science*, Singapore: World Scientific; Hanover: Now Publishers, pp. 319–340.

Olson, P. (2015), "A Massive Social Experiment On You Is Under Way, And You Will Love It," *Forbes*, February 9. http://www.forbes.com/sites/parmyolson/2015/01/21/jawbone-guinea-pig-economy/

Rossi, P. E., G. M. Allenby, and R. McCulloch (2005), *Bayesian Statistics and Marketing*, Hoboken, NJ.: Wiley.

Scherer, M. (2012), "Inside the Secret World of the Data Crunchers Who Helped Obama Win," *TIME*, November 7. http://swampland.time.com/2012/11/07/inside-the-secret-world-of-quants-and-data-crunchers-who-helped-obama-win/

Silva-Risso, J., W. V. Shearin, I. Ionova, A. Khavaev, and D. Borrego (2008), "Chrysler and J. D. Power: Pioneering Scientific Price Customization in the

Automobile Industry," *Interfaces*, Vol. 38 (1), pp. 26–39.

Soysal, G. P., and L. Krishnamurthi (2012), "Demand Dynamics in the Seasonal Goods Industry: An Empirical Analysis," *Marketing Science*, Vol. 31 (2), pp. 293–316.

Trusov, M., L. Ma, and Z. Jamal (2016), "Crumbs of the Cookie: User Profiling in Customer-Base Analysis and Behavioral Targeting," *Marketing Science*, Vol. 35 (3), pp. 405–426.

Wind, Y. (2011), MSI — The Philadelphia story, presentation made at a celebration honoring the 50th anniversary of the founding of the Marketing Science Institute.

Winer, R. S. and S. A. Neslin (2014), "The History of Marketing Science: Beginnings," in: R. S. Winer and S. A. Neslin (eds.), *The History of Marketing Science*, Singapore: World Scientific; Hanover: Now Publishers, pp. 1–16.

補論1 私の計量経済学50年

佐和 隆光

1. はじめに──経済学そして統計学への道

いきなり私事で恐縮だが，1960年安保闘争の翌年，私は東京大学教養学部文科一類に入学した．当時の文科一類は法学部と経済学部に進学を希望する者が入学するコースだった．もともと法学部に進学するつもりはさらさらなく，無論，経済学部に進学したのだが（文一の定員800名のうち約550名が法学部に，残り約250名が経済学部に進学するのだが，入学して1年半の履修科目の平均点が70点以上でないと法学部に進めなかった），1960年6月に日米安保条約闘争が終結し，後述する通り，私が憧れていたマルクス経済学は何やら色褪せ始め，かといって，効用を最大化する家計と，利潤を最大化する企業を前提に据える新古典派経済学もまた，その品の無さゆえに好きにはなれなかった．消去法の結果として残ったのが，他でもない統計学だった．

まことに幸運なことに，私がゼミの選択をする年に，竹内啓先生が経済学部の助教授に就任された．竹内先生のお父上竹内理三先生は東京大学資料編纂所の教授を務めておられ，京都の醍醐寺の古文書調査に，10名ほどの古文書学者を率いて，毎夏約1週間，醍醐寺霊宝館に籠り切り，木箱に納められた古文書の解読に励まれておられた．仏教美術史家の私の父佐和隆研もまた，古文書調査の末席を汚していたのみならず，私の家族は霊宝館の庫裏に住んでいた．奇遇とも言うべき，そんなご縁で，私は迷うことなく竹内啓ゼミの門を叩くこととなった．

1958年6月に高度成長期の幕が切って落とされ，60年12月には，池田内閣の金看板「所得倍増計画」が策定された．「もはや戦後ではない」との名

文句で有名な1956年度『経済白書』は，諸々の経済指標に照らして，1955年に日本経済が1937年（戦前）水準に回復したとの実証的根拠に基づき，「何はともあれ戦後復興は成し遂げられた」との認識を示した．そして戦後復興というバネ仕掛けにより発展・成長を遂げてきた過去10年間の日本経済の軌跡を振り返り，戦後復興というバネ仕掛けに替わる新しいバネ仕掛けの必要性を説いた．

白書は，innovation の日本語訳「技術革新」と，transformation の日本語訳「近代化」の2つのバネ仕掛けを提案した．1956年度『経済白書』の執筆担当課長後藤誉之助氏は，東京大学工学部電気工学科の出身であり，彼の発案した日本語「技術革新」は，時代文脈にピタリと当てはまる名訳であったがゆえに，あっという間に流行語となった．星野芳郎『技術革新』（岩波新書，1958年）はベストセラーの一角を長期間占め続けた．大学受験生の間では，理工系万能が謳われ，「理工系にあらざる者は人にあらず」という雰囲気が世間に漂っていた．

そんな中，中学から高校へと進んだ私は，手先が不器用なこともあって，工学部には向いていないと自己診断し，理学部に進学して数学者か物理学者になることを夢見た．それでも，5球スーパーと呼ばれた真空管ラジオを組み立てたりはしていた．ハンダ付けが下手くそなせいもあってか，出来上がったラジオは雑音混じり，とても使い物にはならなかった．

ところが，私が高校2年生になった頃，60年安保闘争で世の中は騒然とした有り様を呈するようになっていた．京都市立紫野高校の見るからに才子風の3年生が，私の通う京都府立桃山高校にオルグにやってきた．弁舌爽やかにまくし立てる彼に，物の見事にオルグされた同級生数人と一緒に，母校に社会科学研究会を立ち上げた．早速，京都大学経済学部の革マル派の学生が，マルクス『賃労働と資本』などを参考書にして，毎週1回放課後に，マルクス経済学の指導にやって来た．そんなわけで，マルクス経済学にすっかり魅了された私は，東京大学教養学部文科一類に進路を変更した．

竹内ゼミの一回生は，私を含めて，わずか5名しかいなかった．ゼミでは，刊行されて間もない計量経済学の本格的テキストブック J. Johnston: *Econometric Methods*（1960）を輪読した．少なくとも私の知る限り，同書

は，計量経済学のテキストブックの嚆矢として高く評価されていた．

2. 計量経済学の産みの親 Cowles Commission

ここで，計量経済学の歴史を簡単に振り返っておこう．第二次世界大戦中，米国に「科学動員」という制度が設けられた．科学者たちを戦場に送り込む代わりに，軍事に役立つ研究をさせた方が資源（労働力）の最適配分になるというわけだ．多くの物理学者が原子爆弾の開発に携わったのと同じく，多くの数学者がオペレーションズ・リサーチ（軍事戦略に関する数学的・統計学的方法）の研究に携わった．Abraham Wald, T. W. Anderson, Herman Chernoff ら，第二次大戦後，数理統計学の分野で名を残した当時の若き数学者の他，後に経済学者として名を成す Milton Friedman や Kenneth Arrow らも数学者として科学動員され，オペレーションズ・リサーチの研究に従事していた．

大戦後，科学動員を解除された統計学者たちの多くが，企業経営者であり経済学者でもあった Alfred Cowles がシカゴ大学に創設した（経済学研究のための）Cowles Commission に籍を置くこととなった．若き統計学者たちが，短期間のうちに，動学的な連立方程式システムとしての計量経済モデルの輪郭を描き，計量経済モデルのパラメータの推定に際しては，最小二乗推定量に偏りが生じることを示し，二段階最小二乗推定量，制限情報最尤推定量など，一致性を有する推定量をすぐさま開発してみせた．Cowles Commission の成果は Tjalling Koopmans の編集した *Statistical Inference in Dynamic Economic Models*（1950）にまとめられている．

3. 経済学研究科統計コース

私自身，大学院入学のための論文のテーマを「モンテカルロ実験による各種推定量の小標本特性の比較」に定め，大学4年生の夏休み，OKITAC という当時の大型計算機のプログラムを言語 ALGOL で書き，約3カ月間の悪戦苦闘の末，何とか論文らしきものをまとめることができた．私が大学院

入試のための論文を書いていた1964年夏は，メインフレーム（大型汎用）コンピュータが登場する直前のことであり，逆行列を求めるプログラム，正規乱数発生のプログラム等，何から何までを自前で作らないといけなかった．一夏の努力のおかげで，無事，東京大学大学院経済学研究科理論経済学経済史学専攻・統計コースに入学することができた．統計コースの入試が厳しかったせいか，毎年，新入生は1〜2名しかいなかった．私の1学年上には，秋篠宮妃殿下紀子様のお父上の川嶋辰彦さんがいた．後に，川嶋さんはペンシルバニア大学大学院の地域科学科で博士号を取得された．

当時，経済学研究科の統計コースと工学研究科計数工学専攻は，修士課程の統計学の授業の大部分を共同実施していた．毎週火曜日の4限に大学院生と統計学関連の教員が参加する統計学輪講があった．時には大御所の森口繁一教授が出席されることもあったが，大概は，経済学研究科の竹内啓助教授と工学研究科の吉村功講師のお二人が，大学院生の報告をネタにして丁々発止の掛け合いを展開されていた．

大学院博士課程に進学して間もなく，私は，最小二乗推定量，2段階最小二乗推定量，制限情報最尤推定量の精密標本分布を導くという，手間暇のかかる作業に成功し，ガリ版刷りのディスカッション・ペーパーにまとめて，海外の研究者に送ったところ，予想外の反響に浴することができた．こうした経緯を聞きつけた小宮隆太郎東京大学教授（当時）と篠原三代平一橋大学教授（当時）のご推薦を頂戴し，日本学術会議からの旅費支給を受けて，Northwestern University にて開催された Econometric Society の1968年次大会で報告するという，またとないチャンスに恵まれた．私にとって，初めての海外旅行だったし，英語を聞き話す経験もまたそれまで皆無に近かった．

4. スタンフォード大学での充実した1年

帰途立ち寄ったスタンフォード大学では，旧知の雨宮健教授の紹介で，多変量解析の泰斗として著名な T. W. Anderson 教授にお目にかかることができた．Anderson 教授の名著 *An Introduction to Multivariate Analysis*

(1958) は，当時，統計学を志す者にとっての必読書の一つだった．

制限情報最尤推定量の精密標本分布については，Anderson 教授の指導の下で博士論文を執筆中だった Robert S. Mariano 君が，私とほぼ同様の結果を導いているとのこと．無論，プライオリティは私にあったのだが，成果を共著論文にしてほしいとの要請を Anderson 教授から受けた．英文の論文を書き始めたばかりの私は，業績（publications）への関心は乏しく，二つ返事で Anderson 教授の要請を引き受けた．

共著論文にすることを引き受けたことの代償（？）としてか，1969 学校年度に連邦科学財団（National Science Foundation: NSF）からのファンドの研究員（Research Associate）として，私をスタンフォード大学に招聘したい旨の有り難いオファーを Anderson 教授から頂戴した．ところが帰国後，1969 年 7 月 1 日から京都大学経済研究所助教授に転出することが決まり，スタンフォード大学からのオファーを 1970 学校年度まで延期してもらわざるを得なくなった．

1 年間の滞米中，各種推定量の分布関数を漸近展開し，推定量の特性を見やすくする，Anderson 教授との一連の共著論文を数篇著した．また，ちょうどその頃，Anderson 教授が大著 *Time Series Analysis*（1980）の原稿を執筆中であり，私はその原稿を読ませていただき，私なりのコメントを差し上げたのも，貴重な経験の一つだった．

5. イリノイ大学で過ごした学者三昧の 3 年間

1971 年 8 月に帰国した後，私はひたすら計量経済学の論文を書き続けた．計量経済モデルにおける変数選択に関する論文が数本 *Econometrica* に掲載されたのがきっかけとなって，1975 学校年度に，イリノイ大学から客員教授のオファーを頂戴した．シカゴからプロペラ機で約 20 分南下した，周りをトウモロコシ畑で囲まれたキャンパスタウンにあるイリノイ大学は，比較的ランキングの高い州立大学である．ちなみに *Times Higher Education* の World Universities Ranking in 2018 では 37 位にランクされており，46 位の東京大学よりは上にいる．

私の給与の半分は NSF のグラントから支払われるため，前期・後期それぞれ1科目ずつ大学院の授業を受け持つという，恵まれた（教育負担の少ない）待遇を受け，ひたすら計量経済学の論文を書き続ける営みに日夜励める，学者三昧の3年間を，トウモロコシ畑で囲まれたキャンパスタウンで過ごせたことは，私の学者人生にとって類い稀なる貴重な体験だった．

　米国の大学に在籍していると，そこかしこの大学からセミナーのオファーを受ける．自分の最新の研究成果が多くの同業者の関心を誘い，直ちにセミナーへの招待のオファーが舞い込むというのは，大袈裟に言えば，学者冥利に尽きる感があった．セミナーへの招待はリクルート目的も兼ねている．私も何度か転籍の誘いを受けたのだが，本籍である京都大学経済研究所への未練は断ち難く，1978年末には，後ろ髪を引かれる思いで帰国した．

6. 計量経済学の勃興期を回顧する

　1960年代から70年代にかけての計量経済学の展開について，以下に要約して述べておこう．戦時の科学動員を解除された数理統計学者たちが，シカゴ大学の Cowles Commission を舞台にして，動学的計量経済モデルの輪郭を象った経緯については，すでに述べた通りである．1950年前後の計量経済学の勃興を，当時の経済学者は「理論なき計測から理論に基づく計測へ」「計測なき理論から計測に基づく理論へ」と表現し，経済学が「科学」としての地位を確立した証左と受け止めた．1950年，L. R. Klein が3本の構造方程式（消費関数，投資関数，賃金関数）と2本の恒等式から成る Klein モデルを，1921年から41年にかけての米国の年次データを用いて推計してみせた．

　わずか5本の方程式から成る Klein モデルが，大恐慌期を含む20年間の米国経済の激動を見事にシミュレートしてみせたことは，絶賛に値するものだったことは言うまでもなく，次のような確信を育んだ．今後，マクロ経済理論が一層精緻化され，統計データが整備され，そして計算技術が進歩しさえすれば，経済予測の精度はいやが上にも高まるに違いあるまい，と．

　わが国でも，1960年代に入って間もなく，計量経済学ブームが起きた．

1964年に公表された「中期経済計画」の策定に当たり，内田忠夫（1923-86），渡部経彦（1926-76），建元正弘（1924-97）のほぼ同世代の三羽ガラスが経済企画庁経済研究所に動員され，36本の方程式から成る計量経済モデルの構築という，わが国初の試みに挑戦した．

政府の経済計画の策定に当たり，計量経済モデルが援用されるのは，世界的にも類例を見ない快挙だと拍手喝采を浴びた．このモデルには，非線形な方程式が含まれていたため，シミュレーションのためのプログラム作成に，民間企業のシステム・エンジニアが大動員されたとのことだ．計量経済モデルが，中期経済計画の策定にどの程度貢献したのかは定かでないが，これを契機にして，計量経済学が脚光を浴びるようになったのは，紛れもない事実であった．

私が渡部経彦先生から側聞したところによると，経済審議会の経済界代表委員の多くは，計量経済モデルが弾き出すシミュレーション結果が，わが意を得たりならば大歓迎し，わが意に副わなければ，目くじらを立てて怒りだす．こうした経済界代表委員の理不尽な毀誉褒貶ぶりに，モデル・シミュレーションの客観性を信じて疑わない渡部先生ら経済審議会の学者委員の怒りは，辞表を叩き付ける寸前にまで，心頭に発したそうだ．

それはさておき，中期計画モデルが皮切りとなって，経済企画庁をはじめとする政府省庁，日本銀行，民間シンクタンク，大学（慶應義塾大学，京都大学等）が競って計量経済モデルを推計し，予測・政策シミュレーションに用立てるようになった．そのクライマックスとも言うべきが，1970年代末に始まった，経済企画庁経済研究所による「世界モデル」の構築だった．主要国，その他地域別にマクロ計量経済モデルを推計し，それらをリンクさせようという試みである．

「何のために？」という質問に対する答えは「円・ドル為替レートの予測のために」だった．確かに，為替レートが世界経済の動向に依存することは確かだが，その数，1,000をゆうに超える次元の連立方程式を解いて円・ドル為替レートを予測しようというのだ．航空機の時代に戦艦大和を建造した「大鑑巨砲主義」に類するこの企ては，御多分に洩れず，未完に終わった．以来，計量経済モデルへの信頼は，次第に薄らいでいったのである．

7. 気候変動問題が計量経済モデルを復興させた

1990年代の初め頃，気候変動（地球温暖化）緩和策の切り札として，炭素含有量に応じて化石燃料（石炭，石油，天然ガス）に課税する炭素税の導入を巡って，導入賛成の環境庁（当時）と導入反対の通商産業省（当時）・経済団体連合会（当時）の間で論争が交わされていた．黒田昌裕慶應義塾大学教授（当時）のマクロ計量経済モデルが，「炭素税導入はGDP成長率を有意に引き下げる」とのシミュレーション結果を導いた．黒田モデルは「炭素税」反対派の通産省にとっての「破壊兵器」として援用され，しばらくの間，「炭素税の導入は経済成長を鈍化させるから断固阻止すべきである」との立論の根拠として奉られてきた．

2009年9月，自民党から民主党への政権交代が生じ，鳩山由紀夫内閣が発足した．鳩山首相（当時）は，就任早々「温室効果ガス排出量を2020年までに1990年比で25%削減する」という大胆な公約を打ちだした．世に言うところの「鳩山イニシアティブ」である．さてそこで，またまた計量経済モデルの出番がやって来た．鳩山イニシアティブを達成するには「2020年の世帯当たり可処分所得が22万円／年減少し，世帯当たり光熱費が14万円／年増加することが不可避である」とのシミュレーション結果がまかり通った．要するに，二酸化炭素の排出削減（鳩山イニシアティブの達成）のためにと，仮に炭素税が導入されれば，国民に大いなる経済的負担を強いることになることを，計量経済モデルに言わしめたのである．10年先の経済予測など信頼に足らぬことは，昨今の日本銀行の「大胆な金融政策」（大規模な金融緩和により2年で年率2%のインフレを）が奏功しないことからも，推して知るべしである．

計量経済学を専門に勉強した者なら誰しもが，10年先の経済予測の心許なさについては私に同意するだろう．しかし，マスメディアの記者たちのほとんどが計量経済学には疎いため，また，応用一般均衡モデル（後述）という最先端の経済分析手法が導いた結果だと言われれば，記者たちは反論の余地なく「22万円と14万円」を記事にする．こうして，「鳩山イニシアティ

ブは国民生活を蔑ろにする」というメッセージが，まことしやかに国民に伝えられたのである．

8. 赤池・佐和論争

かつて私は，『経済セミナー』誌上で，赤池弘次先生と経済予測について論争を行ったことがある．赤池先生は AIC（赤池情報基準）に基づき次元を最適化した多変量自己回帰モデル（Multivariate Autoregressive Model）が，「予測」の精度という点で計量経済モデルを凌ぐ，と主張された．

私の反論の要旨はおよそ次の通りである．マクロ経済の予測は，神ならざる人間にとっては不可能だと言って差し支えないほど，至難の業である．時系列モデルと計量経済モデルとは，いずれの予測も「当たるも八卦当たらぬも八卦」という意味で，両者に優劣を付け難い．方程式の数が 100 を超える大型計量経済モデルはブラックボックス同然，変数相互の関係の在り様，言い換えれば，どういう経済理論を前提に据えているのかが不明であり，その限りにおいて，経済理論を度外視する時系列モデルと同等である．のみならず，予測の精度において両者の間に甲乙を付けるに足るだけの実証的根拠は乏しい．

計量経済モデルは，それが，どういう因果関係なり経済理論なりをモデル化しているのかが「見える化」されていて，初めて意味がある．つまり，「どういう理論（構造）に基づき予測すればこうなる」ということを明示的に示せるのが，計量経済モデルの長所なのである．モデルの「構造」が可視化されるためには，方程式の数は高々 50 本くらいでなければならない．

論争のきっかけとなったのは拙論「マクロ計量モデルの有効性」（『経済セミナー』1980 年 2 月号）である．くだんの拙論の冒頭で，1978 年に当時私が所属していたイリノイ大学経済学科で行われた，Christopher Sims の "Macro Econometric Model with Less Arbitrary Assumptions"（恣意的仮定を省いた巨視的計量モデル）という演題の講演から引用した．この講演をどう考えるのかに，赤池先生と私の見解の相違は由来する．Sims は，既存のマクロ計量経済モデルに対して，次のような根源的反論を述べる．マク

ロ計量経済モデルを構成する○○関数と呼ばれる方程式のいずれもが「恣意」の産物に他ならない．加えて，モデルのパラメータ値が時間的に不変であるとする仮定もまた非現実的である．恣意的かつ非現実的な仮定の上に成り立つマクロ計量経済モデルに基づく予測は，虚構以外の何物でもない．今後，マクロ経済予測は，恣意的仮定の少ない多変量自己回帰モデルに委ねるべきである．実際，予測の精度という点でも，多変量自己回帰モデルに分がある．

Sims に対する私の反論の要点は次の通りである．マクロ計量モデルによる予測も多変量自己回帰モデルによる予測も，精度においては大同小異である．だとすれば，予測の前提となる経済理論が明示化されるマクロ計量モデルの方が，「なぜ当たらなかったのか」を事後的に確証できるという点で優る．

繰り返して言おう．多変量自己回帰モデルは，それが経済理論を度外視しているからには，予測が当たらなければ，何の意味もない代物である．他方，マクロ計量経済モデルは経済理論を定式化したものであり，理論と現実との整合性を検証することができるし，予測が外れた場合，理論の枠組の外で起きた何事にそれが由来するのかを突き止めることができる．

Sims は新古典派経済学者であるがゆえに，ケインズ経済学と密接不可分な狭義の計量経済学そのものに批判的なのだと推察される．新古典派はマクロ経済学そのものの存在意義を認めず，政府の財政金融政策の有効性をも認めない．政府のやるべきことは，インフレ防止のための伝統的な金融政策に尽きる．「デフレ脱却」を目的に大規模金融緩和を推し進めるアベノミクスの金融政策が「非伝統的」と呼称される所以である．

9. 新古典派 vs. ケインズ派

経済学者は大別して次のような二派に分かたれる．一つは，自由で競争的な市場経済を万能視する，Adam Smith の流れを汲む新古典派．もう一つは，政府の市場介入なしには経済の不均衡や不安定を取り除けないとし，所得分配の不公正を是正する施策を求めるケインズ派．

1950年代から70年代にかけては，ケインズ派経済学が主流の地位を占めていた．とりわけ日本では，マルクス経済学の存在感が大きかったせいもあり，修正資本主義的なケインズ派経済学者が多かった．1979年にMargaret Thatcherが英首相となり，1981年にRonald Reaganが米大統領となったのを契機にして，一躍，新古典派が経済学界の主流にのし上がった．官業の民営化，大きくなりすぎた政府の贅肉落とし，自己責任・自助努力，低福祉・低負担などが，一般の人々の口の端にすら上せられるようになった．

　日本でも，中曽根康弘政権（1982～87）と小泉純一郎政権（2001～06）の下で，サッチャリズムとレーガノミクスを見倣って，国鉄，電電公社，専売公社，郵政3事業等の民営化，各種規制の緩和・撤廃，国立大学の法人化が実現した．

　新古典派経済学の全盛期は，2008年のリーマンショックをもって終焉を迎えた．代わって台頭したのが，ケインズ左派ともいうべき学派だった．Joseph Stiglitz, Paul Krugman, Thomas Pikettyらが，その代表例である．とりわけ米国における所得格差の拡大が批判の的となった．

10. ビッグデータからのファクト・ファインディングを

　最後に，経済予測の可能性について，いささかならず悲観的な私見を披露して，本論を締めくくろう．

　1980年代半ば，原油価格の下落という大方の予想を裏切る事態の推移を見て，新古典派経済学の泰斗Milton Freedmanは，*Newsweek*のコラムで次のように語った．1973年の第一次オイルショック直後に私は「原油の高価格は持続不可能だ」と言った．「海底油田の開発による供給曲線の右方向へのシフト，代替エネルギー活用による需要曲線の左方向へのシフトにより，原油価格は確実に下落する」と．ただし，いつ，何ドルくらい原油価格が下落するかについて私は何も言わなかった．理由は簡単．私にはわからなかったからだ．経済予測に関して，私は次のように考える．経済学の初歩的論理に照らしての「定性的」な予測は可能だが，「定量的」な予測は神ならざる人間にとっては不可能な仕事である．

最近では，過去の時系列データから統計的に推定するマクロ計量経済モデルに代わって，応用一般均衡（CGE: Computable General Equilibrium）モデルが流行を極めている．新古典派のミクロ経済理論に即してモデルが編まれるCGEモデルは，主として，外生的な政策変更等が及ぼす効果の検証に用いられる．先に紹介した鳩山イニシアティブの悪影響の評価に際してもCGEモデルが用いられた．そしてそれは，政策変更により，均衡がどう移行するのかを数値的に明らかにする．

　またCGEモデルは，外生的ショックに対応して，経済が瞬時に次の均衡に移行することを想定している．モデルに含まれるパラメータの多くは，モデル・ビルダーにより恣意的に与えられる．その意味で，CGEモデルは，マクロ計量経済モデルに勝るとも劣らず，Simsが言うところの "arbitrary assumptions" に満ち満ちていると言わざるを得ないのである．

　結局，マクロ経済の予測は，不可能を要求するに等しいほどの難事なのである．医師の診断・処方，弁護士の判例検索のように定型化された専門的技能は，人工知能によるほぼ完ぺきな代替が可能である．しかし，経済予測だけは，未来永劫，人工知能をもってしても手に負えないであろう，と私は確信している．喩えて言えば，医師や弁護士の専門的技能が有限の世界での探索に尽きるのに対し，経済予測は無限の世界での探索に等しい．無限の世界からの探索は，人間はもとより，人工知能にとってすら，取りつく島もないのである．

11. おわりに

　以上，私はマクロ計量経済モデルに限定して計量経済学50年史を綴ってきた．計量経済学をマクロ計量経済モデルに限定するのは，視野が狭すぎるとの批判があろう．しかしながら，単なる統計学的手法の応用を超える計量経済学の固有の領域は何かと問われれば，それはマクロ計量経済モデルに尽きるのではないだろうか．その他，様々な統計的手法が計量経済分析に応用されてきたとはいえ，それらは統計学の単なる応用に過ぎない．

　こうした私見に基づき，私は計量経済学を「マクロ計量経済モデルの推定

と予測」という固有の領域に限定して，その50年史を語ってきた．言い換えれば，単なる統計的手法の応用に類するものを，計量経済学の範疇外に位置付けて，狭義の計量経済学50年史を語ってきたのである．それで物足りるか物足りないかは，読者のご判断に委ねたい．

第Ⅱ部

統計教育の進化への動き

第5章 日本初のデータサイエンス学部創設
―― 滋賀大学による文理融合構想

竹村 彰通

1. はじめに

　スマートフォンなどの普及によって，人々がいつでもどこでもネットワークにつながっている時代となった．地下鉄の中でさえ電波が届くようになり，多くの人は四六時中スマートフォンを使っている．メールやメッセージ交換，さらに経済取引を含めて，人々や企業の情報交換の多くはネットワーク経由となり，デジタルデータの形でネットワーク上に蓄積されている．ビッグデータの時代である．そして，ビッグデータ解析から得られた情報による新たなサービスの展開など，付加価値の多くの部分がビッグデータから生み出されている．データ分析の専門性を持つ人材，すなわちデータサイエンティストの養成が，今後の経済力を左右する時代になったと言ってもよい．そして，この分野で日本は決定的に遅れてしまった．これは日本の大学に統計学部あるいは学科がずっと存在しなかったという事実にも表れている．以下では，なぜ日本がこのように遅れてしまったのか，そしてこの遅れを取り戻すべく日本初のデータサイエンス学部を設立した滋賀大学の構想について述べる．

2. データサイエンス学部設立の背景

　滋賀大学データサイエンス学部は2017年4月に開設され，定員100名に対して新入生110名を迎えいれることができた．設立以来教育学部と経済学部の2学部体制だった滋賀大学は，長らく第三学部構想を持っていたが，デ

ータサイエンスに対する社会からの需要の高まりを背景として，佐和隆光前学長のリーダーシップのもと，2014年からデータサイエンス学部新設構想を打ち出した．そして2年半ほどの短い準備期間で新学部を設立することができた．

　データサイエンス学部構想がこのように短期間で実現したのは，この分野での日本の立ち遅れが最近になってようやく強く認識されるようになったからである．日本政府の様々な文書にもそのような認識が見られる．例えば，「科学技術イノベーション総合戦略2015」では「欧米等と比較し，データ分析のスキルを有する人材や統計科学を専攻する人材が極めて少ないという危機的状況」としている．「未来投資戦略2017」でも，データ利活用基盤の構築や人材育成が強調されている．文部科学省も，滋賀大学の新学部構想を，「人文社会系大学から文理融合型大学への転換に向けた先行モデルを提起」するものとして2015年度の国立大学改革強化推進補助金の事業に選定し，構想を後押しした．また滋賀大学は2016年12月に「数理及びデータサイエンスに係る教育強化」の6拠点校の一つとして選定された．

　筆者は東京大学経済学部の竹内啓ゼミで統計学を学び始めたが，佐和隆光先生はゼミの先輩である．そして東京大学大学院経済学研究科で修士号を取得した後，1978年に米国のスタンフォード大学統計学科博士課程に留学した．当時，エズラ・ヴォーゲルの『ジャパン・アズ・ナンバーワン』（1979年）が話題となっていた．また1980年には，日本の自動車生産が1000万台を突破し，米国を抜いて世界一になったと報道された．実際，日本車は故障も少なく，『コンシューマー・リポート誌』でもその評価は高かった．しかしジャパン・アズ・ナンバーワンの時代も長くは続かなかった．バブル崩壊後，日本の経済は停滞し，しばらく前は「失われた20年」と言われていたが，最近では「失われた30年」とさえ言われるようになった．特に，日本は1980年代までの成功体験に囚われすぎて，その後のイノベーションに遅れをとってしまったと思われる．その原因の一つは日本の人材育成の考え方にある．

　日本は縦割り社会であるとよく言われる．政府の行政が典型的であるが，大学の教育も同様に縦割りの色彩が強い．日本の大学の学部や学科の構成は，

対応する産業分野への人材供給を基本的な考え方としている．伝統的には，法学部卒業生は法曹・官僚に，経済学部卒業生は金融機関に就職する，というような考え方である．工学部でも，電気工学科，機械工学科といった学科構成は，製造業の分野に対応している．ひと昔前までは，工学部では研究室の教授が学生達に「お前はこの企業に行け，お前はあの企業に行け」と指示するほど，企業と大学のつながりは強いものであった．学科事務室の主任が長年学生の就職について采配を振っていた例もある．

3. 横串の手法と縦串の手法

1990年代以降パソコンやインターネットが急激に進歩し，マイクロソフト，アップル，グーグル，アマゾンなどの企業が大きな成功をおさめ，付加価値が「物」ではなく「情報」によって生み出されるようになった．情報技術は様々な産業分野に共通に役立つ，汎用的あるいは横断的な「横串」の手法である．統計学も典型的な横串の手法である．統計学では，同じ手法が経済学でも医学でもほぼ同様の形で用いられる．これに対し，それぞれの固有の専門領域や，それらの分野で用いられる手法を「縦串の手法」とよぶことにする．日本の教育では，理系と文系の区別など，これまで縦割りの考え方が強かった．大学への進学も，特定の学科に応募して入学する．そして，統計学などの汎用的な手法は「後から必要に応じて勉強すればよい」と，やや軽く考えられてきた．縦串固有の領域は，それぞれが独特の考え方や概念を持つ．そのような個別分野の専門性は重要なものであるが，一方で分野の固定化を生む傾向もある．それに対して，横串の手法は新たな分野にも応用できる柔軟性がある．

ここで重要な点は，最近のイノベーションには，縦串より横串の手法のほうが，より貢献が大きいと思われるということである．1990年以降は様々な「物」の完成度はかなり高くなり，また先進国においては物がかなり行き渡った状況になってしまったため，物よりもソフトウェアやコンテンツの比重が高くなった．そして，ソフトウェアやコンテンツ作成におけるイノベーションは，様々な要素を柔軟に組み合わせる横串の手法によるところが大き

い．さらに，最近ではソフトウェアより「データ」自体が価値を持つ時代となってきた．例えば，インターネット検索などのデータ処理に特化したグーグルなどの企業が，速い成長を続けている．最近の新聞紙上では，ビッグデータは21世紀の石油であるというような表現や，ビッグデータ資本主義という用語も用いられる状況となってきた．

すでに述べたように，データ分析の専門性を持つ人材が日本で不足している原因の一つは，日本の大学に統計学部あるいは統計学科がずっと存在しなかったことである．統計数理研究所は統計学の拠点をなしているが，統計数理研究所の主なミッションは研究である．なお，1960年代の後半から1970年代の前半にかけて，日本大学生産工学部に統計学科が存在したが，大学紛争という当時の状況もあり，実質的な教育は長くは続かなかったようである．米国には統計学部・学科は100程度の大学にある．お隣の韓国には50程度の大学にある．中国では300以上の大学にあり，今も増えつつある現状である．米国統計学会のニュースレターによれば，統計学あるいは生物統計学という名前を含む学士号は，最近では毎年2,500名以上に授与されている．このような中で2017年4月に発足した滋賀大学データサイエンス学部は，統計学に重きをおく学部であり，統計学を専門的に学ぶ学部としても日本初と言ってよい．

4. 統計学とデータサイエンス

滋賀大学データサイエンス学部は，ビッグデータの時代における統計学の発展形とも言える「データサイエンス」を専門的に学ぶ学部である．データサイエンスという用語は比較的新しく，一般的に受け入れられた定義はないため，統計学とデータサイエンスはどう違うのか，データサイエンス学部では何を学ぶのかを明確にする必要がある．ここではデータサイエンスを「ビッグデータを対象とし，そこから有用な価値を引き出すための学問」と定義することとしよう．

データサイエンスという用語はカタカナ語であることもあり，一過性のものだと批判されることもある．しかしながら，スマートフォンなどの高機能

な情報通信機器の普及で，世の中の情報の流れ方やデータ取得・蓄積のあり方は，10年前と比較しても本質的に変化した．郵便やファックスも電子メールで置き換えられ，電子メールはクラウド上に蓄積される．出版業や新聞業を見ても，紙媒体の情報発信はインターネットに急速に置き換えられつつある状況である．このように，ビッグデータはネットワーク上に実在し続けるものとなり，その意味でデータサイエンスも一過性のものではないと考えられる．統計学は伝統的にデータを解析する学問であり，統計学がデータサイエンスの重要な一部であることは強調しておきたいが，最近になってデータのありようが変わってきたという点で，統計学とデータサイエンスを区別する必要がある．統計学自体が，データの新たなあり方に対応していく必要がある．

　データのあり方の面では，テキストデータや画像データがビッグデータの主要な部分を占めるようになったことも重要な変化である．統計学は伝統的には，数値的な計測データを扱ってきた．しかし最近では，電子メールやソーシャルネットワーキングサービスへの人々の書き込みなど，テキストデータは重要な情報源となっている．またデジタルカメラが極めて安価となり，画像データが大量にネットワーク上に蓄積されるようになった．静止画のみならず，さらに容量の大きい動画からの情報抽出も重要な課題となっている．もちろん，テキストデータや画像データも，コンピュータで扱うには何らかの数値化を施す必要があるが，直接数値として計測できるデータとは異なり，どのように数値化するかをまず考える必要があり，その点で，もともとの数値データとは異なる性質を持つ．

　以上のように，ビッグデータの形でのデータの遍在は，社会の永続的かつ本質的な変化であると考えられる．この意味で，データサイエンスが一過性のものであるという批判は当たらないと考えられる．

　データサイエンスおよびデータサイエンティストを以上のようにとらえたとき，データサイエンティストを育成するための大学の教育はどのように設計されるべきだろうか．日本初のデータサイエンス学部を新設した滋賀大学では，データサイエンスを巡る様々な議論を参考にしながら，新学部の育成する人材像やカリキュラムを練ってきた．データサイエンティストに求めら

れる基礎的なスキルとしては，統計学とコンピュータがあげられる．上に述べたように，統計学を巡る状況が変化してきたとはいえ，統計学はデータを分析するために必須である．

　ビッグデータという大量のデータがあれば，統計調査などは不要であるというような意見も散見される．しかしながら，例えばネット上の書き込みのデータからは，ネットを使わない人の意見を得ることはできないから，ネット上の意見を分析して得られた結論を社会全体に一般化することはできないことに注意する必要がある．すなわち，ビッグデータとして得られるデータは，いわば「自然に集まってしまうデータ」であり，公的統計調査における無作為抽出のような手続きを経ずに得られたものであるために，データがバイアスを含むことに注意しなければならない．統計学的な用語を用いるならば，ビッグデータの背後にある母集団を明確にしてデータを分析する必要がある．このように，データから妥当な結論を導きだす方法論としての統計学は，ビッグデータ時代でも必須である．相関と因果の区別などの基本的な概念の理解も求められるし，有効なデータを得るための標本調査法や実験計画法の考え方も基本的である．データサイエンスを専門的に学ぶデータサイエンス学部のカリキュラムの中で，統計学の具体的な手法としては，回帰分析，多変量解析，時系列解析，機械学習，シミュレーションなどが重要である．滋賀大学データサイエンス学部では，これらに加えて，ベイズ理論，品質管理，質的データ解析，生存時間解析，など多様な統計学関係の講義を提供している．

　次に，大量のデータを扱うためのコンピュータのスキルや情報学の理解が必須となる．ビッグデータを手計算で扱うことは不可能であり，コンピュータを駆使することは前提である．基礎的なプログラミングの理解に加えて，統計分析パッケージやデータベースソフトを活用できなければならない．さらに，大量のデータを高速に処理するためのデータのコンピュータでの表現法と計算手順，すなわちデータ構造とアルゴリズムの考え方を理解していることも重要である．データ構造とアルゴリズムに関する理解が不十分だと，データに合わせて効率的な処理方法を選択しデータ処理にかかる時間を適切に見積ることができず，実用的な時間内にデータ処理を終えられないことも

起こりがちとなる．また関連した話題としては，データの可視化手法，最適化手法，パターン認識も重要である．滋賀大学データサイエンス学部では情報理論，情報ネットワーク，ビジュアルプログラミングなどの講義を提供している．また実際のデータ処理作業の面では，複数のファイルのデータの形式を揃えることや欠測値の処理など，データの前処理のノウハウや，インターネットからの情報収集方法などのノウハウが意外に重要である．

このように，統計学とコンピュータがデータサイエンスの基礎的なスキルであるが，それらだけでは「データから有用な価値を引き出す」ことに繋がるとは限らないことに注意しなければならない．統計学とコンピュータのスキルを持った上で，実際のビジネスのデータを分析し，分析結果を実装することによって価値を生み出すことができなければ，有能なデータサイエンティストとは言えない．日本においては「数字だけ分かっていてもだめだ」「コンピュータだけ使えてもだめだ」「現場が分からなければだめだ」という意見が強く，データサイエンティストが企業の実際の意思決定に影響を及ぼすためには，データから企業活動に有用な価値を引き出し，それを分かりやすい形で説明するコミュニケーション能力が求められる．このような能力を育てるには，学生の時から，できるだけ企業の実際のデータを分析し，それに基づいて具体的な提案を考えるような訓練が求められる．このような訓練は，講義で行うことはできず，プロジェクト型の演習を積み重ねる必要がある．プロジェクト型演習は教育の手間もかかるものであるが，滋賀大学データサイエンス学部の教育ではこの部分を最も重視しており，プロジェクト型の演習で有効な教育を行うことができるか否かが一つの試金石である．滋賀大学では，新学部設置準備の早期の段階から同窓会などを通じて多くの企業や地方自治体と連携を進めており，協定や共同研究の形で協力関係を具体化している．

多くの企業では，最近になってデータの蓄積が進んでいる一方，そのデータを分析する人材が不足している．このためデータサイエンスについては，社会人のスキルアップ教育に対する需要が大きい．このような需要にこたえるため，滋賀大学では社会人を主なターゲットとしたデータサイエンスの修士課程設置を目指している．

5. データサイエンスの3要素

　以上のように，データサイエンスは，統計学，情報学，そして価値創造の3つの要素からなると考えられる．繰り返しになるが，この意味でデータサイエンスは統計学の発展形である．統計学とコンピュータのスキルは理系的であるが，価値創造の余地の大きいデータはやはり人々の行動に関するデータであり文系的である．すなわち，データサイエンスはスキルとしては理系の基礎を持つが，その応用分野は文系あるいは社会科学系である．この意味で，データサイエンスはすぐれて文理融合的と言うことができる．

　文理融合が求められている背景としては，実は，大学受験における文系と理系の分離が非常に大きく弊害も多いということがあげられる．いまの高校生は1年生の終わりには大学受験を見据えて文系あるいは理系に進路を定めてしまう．そしてどちらかに偏った教育を受ける．ひとえに大学受験を有利にするためである．しかし，このような高校における教育のあり方は，いまの世の中で求められている教育とは大きくかけ離れている．競争力の観点からは，日本で求められているのは「数字に強い経営者」であり，「ビジネスの分かる技術者」である．「数字だけ分かっていてもだめだ」「コンピュータだけ使えてもだめだ」という意見は，数学や数字に対する苦手意識の表れとも考えられる．経営者自身が数字に強ければ，仮に数字だけを示されてもそれを利用することができるはずである．

　実は，米国においては，統計とコンピュータに強ければ，それだけでデータサイエンティストとして十分就職が有利になる状況である．統計とコンピュータができればチームの中で十分に活躍ができる．米国では以前より統計家が専門性を持つ職業として認められており，統計家そして最近ではデータサイエンティストの汎用的なスキルが，他の分野の専門家の能力と組み合わされて活用される文化的な背景がある．これに対して日本では，文系と理系の分離の中で，データサイエンティストは理系のスキルを有するだけでは十分に機能できず，文理融合的な能力が求められる．この点が，日本におけるデータサイエンス教育のあり方を考える上で非常に重要であると考えられる．

すでに述べたように，日本は縦割り社会であり，文系理系の分離も縦割りの典型的な表れと考えることもできる．縦割りの社会の中で，横串の技術であるデータサイエンスを生かせる人材は，必然的に文理融合的な能力を持つことになる．その意味では，単に米国のデータサイエンス教育を日本で真似ればよいということにはならない．

　工学的な技術のあり方も変化している．技術的に優れた製品であればそれで売れるというわけではなく，人々の需要に合った技術でなければならない．アップルの製品が出てくる前に，日本の製品は技術的には世界の最先端を行っていたと思われる．アップルの製品が成功したのは，人々が求める機能やコンテンツを重視し，余計なボタンを減らし，単純で直観的に使いやすい製品を提供したからだと考えられる．アップルの成功の例からも，ビジネスの分かる技術者の重要性が理解できる．

6. おわりに——AIとデータサイエンス

　最後に最近のAI（人工知能）ブームについて触れる．現在注目を集めている技術は，大量のデータから複雑なモデルの「学習」を行うものであり，その意味ではビッグデータ時代のおとし子である．AIというと，人間にとってかわるロボットのようなものを想像しがちだが，現在AIとよばれ注目を集めている技術はビッグデータ解析技術である．AIはデータサイエンティストの職も奪うというような議論もされているが，それはデータ解析の定型的な作業にとどまるものであり，データを解釈しデータから人々に有用な情報を引きだす仕事はやはり人間が担っていくものと考えられる．なお日本の製造業は現在でも国際競争力を持っていることから，AIの技術も生かすことにより，製造業にかかわるIoT（Internet of Things）関連で日本にチャンスがあるように思われる．

参考文献
閣議決定「科学技術イノベーション総合戦略2015」（2015年6月19日）．

閣議決定「未来投資戦略 2017——Society 5.0 の実現に向けた改革」(2017 年 6 月 9 日).
文部科学省「『数理及びデータサイエンスに係る教育強化』の拠点校の選定について」数理及びデータサイエンス教育の強化に関する懇談会 (2016 年 12 月 21 日).
文部科学省「大学の数理・データサイエンス教育強化方策について」数理及びデータサイエンス教育の強化に関する懇談会 (2016 年 12 月 21 日).

第6章 「統計検定」の経緯と今後

中西 寛子

1. はじめに

「統計検定」の第1回実施は2011年11月20日であった．当時，社会的には統計検定の存在も，その目的も知られることなく始まった．実際，申込者数は1,222人（受験者数1,110人）であり，認知度の低さがわかる．7年が過ぎた2018年（年2回の実施およびCBT（Computer Based Testing）方式試験の合計）の申込者数は，初回の約13.6倍となった．現在は統計検定が知られるようになっただけでなく，各試験種別の出題は高評価を得，本来の目的も理解されるようになった．この13.6倍という数字は統計検定単独の成果とはいえず，7年間に，統計，統計学，統計教育に関する大きな動きが社会全体にあったことも忘れてはいけない．

本章では，はじめに統計をめぐる社会の動きについて記述する．次に，統計検定の設立と目的について，また，具体的な試験種別を，統計検定のホームページを参照してまとめる．申込者数と受験者数の推移や傾向をデータに基づき考察し，最後に，今後の方向性と筆者のコメントを統計検定の運営に関わった経験を踏まえて示す．適宜，一般財団法人統計質保証推進協会統計検定センター（以下，統計検定センターと呼ぶ）が試験実施時に行っているアンケート結果を紹介する．

2. 統計をめぐる社会の動き

2013年1月,西内啓氏による著書『統計学が最強の学問である』が39万部を超えるベストセラーになり,統計学は一躍,スターの座についた.これは単なるブームであろうか? という問いに対し,単なるブームではない! という答えを出さざるを得ないことが次々に起こった.特に後押ししたのは,ビッグデータという言葉であり,機械学習および人工知能(AI)の発展である.これらには統計学が必須で,データ分析の必要性や重要性がこれらの用語と共に語られた.

2009年,Google のチーフ・エコノミストである Hal Varian 氏が,「今後10年間で最もセクシーな仕事は統計家である」[1] と述べてから,データサイエンティストという職業が注目され,データサイエンス力のある人材育成に世界が動いた.米国 Forbes 誌の2015年のランキング[2] では,「最も役に立つ修士の学位」として2位に統計学があがった.また,2016年のランキング[3] では1位が生物統計学,2位は統計学であり,その注目度がわかる.米国労働省労働統計局の説明には,「統計の分野の者は『データを収集・分析し,現実社会の問題を解決するために統計手法を使う』」とある.

2017年1月,米国の調査会社ガートナーは,2020年までにデータサイエンティストの業務の4割は自動化されると予想し,データサイエンティストに代わるシチズンデータサイエンティストが必要になると報告した[4].シチズンデータサイエンティストとは,統計や分析が本来の職業ではないが,ビ

---

1) "I keep saying the sexy job in the next ten years will be statisticians. People think I'm joking, but who would've guessed that computer engineers would've been the sexy job of the 1990s?" Hal Varian, The McKinsey Quarterly, January 2009.
2) Forbes, "The Best And Worst Master's Degrees For Jobs In 2015" (2015/07/15).
3) Forbes, "The Best And Worst Master's Degrees For Jobs In 2016" (2016/08/12).
4) Gartner Newsroom "Gartner Says More Than 40 Percent of Data Science Tasks Will Be Automated by 2020" (2017/1/16).

ジネスユーザーがサポートを受けずに行っている固有のデータ分析と，データサイエンティストが行う高度なデータ分析との間を埋める人材で，データサイエンティスト以上に活躍すると考えられている．つまり，データ分析がより身近になり，多くのビジネスで活用されることの予想である．

　日本の最近の動向を見てみよう．2015 年 6 月 19 日の閣議決定「科学技術イノベーション総合戦略 2015」において，「我が国では欧米等と比較し，データ分析のスキルを有する人材や統計科学を専攻する人材が極めて少なく，我が国の多くの民間企業が情報通信分野の人材不足を感じており，危機的な状況にある」ことが示された．本決定の後半には，「情報通信及び数理科学等の基本的知識を持ちつつ課題の発見・解決ができる人材の強化にも合わせて取り組むこと」が示されており，日本におけるデータ分析のスキルを有する人材の教育強化を重視している．

　諸外国と比較して遅れをとる日本の統計教育については，次に述べる初等・中等統計教育，さらには高等教育に繋がる動きがある．2016 年 5 月 19 日の日本学術会議数理科学委員会数学教育分科会の提言「初等中等教育における算数・数学教育の改善についての提言」において，統計教育の問題点が示され，実現に向けた学習の提案が書かれている．さらに，2016 年 12 月 21 日の中央教育審議会（答申）「幼稚園，小学校，中学校，高等学校及び特別支援学校の学習指導要領等の改善及び必要な方策等について」によると，「数学科」の中に「統計に関する学習を充実させていくことが重要である」という記述がある．小中学校では 2021 年度，高等学校では 2022 年度から開始となる新学習指導要領において，統計重視の具体的な方向性が示された．このことから，統計教育は未だ十分とはいえないが改善の方向にあるといえる．

　高等教育に関しては，2016 年 12 月 21 日，文部科学省が「数理およびデータサイエンスに係る教育強化」拠点校として国立 6 大学（北海道大学，東京大学，滋賀大学，京都大学，大阪大学，九州大学）を選定し，これら 6 大学を中心に数理・データサイエンス教育が強化されることを示した．実現に向けたシナリオとして，「文系理系を問わず，全学的な数理・データサイエンス教育を実施．社会的課題解決や新たな価値創出を実現．実践的な教育内

容・方法の採用，標準カリキュラム・教材の作成を実施し，全国の大学へ展開・普及」といった内容が提示され，2017 年度からこの理念に基づく数理・データサイエンス教育が開始された．

さらに特筆すべきこととして，データサイエンス学部の設置がある．2017 年には滋賀大学に，2018 年には横浜市立大学にデータサイエンス学部が開設された．さらに，2019 年 4 月には武蔵野大学にも開設されることがアナウンスされた．他大学でも，データサイエンスに関する特別なコースやプログラムを設置していることからも，多くの人材が世に出ていく日も近いと考えられる．

3. 統計検定の設立と目的

はじめに，統計検定のホームページにある説明を載せる．

「「統計検定」とは，統計に関する知識や活用力を評価する全国統一試験です．データに基づいて客観的に判断し，科学的に問題を解決する能力は，仕事や研究をするための 21 世紀型スキルとして国際社会で広く認められています．日本統計学会は，中高生・大学生・職業人を対象に，各レベルに応じて体系的に国際通用性のある統計活用能力評価システムを研究開発し，統計検定として実施します．」

ここで注意すべきことは，統計検定の実施には日本統計学会が大きく関与していることである．資格認定を行っているのは日本統計学会という学会であり，統計検定を運営している統計検定センターという機関が，勝手な基準を決めて認定しているのではないということである．統計検定を始めるに当たり，日本統計学会は一般財団法人統計質保証推進協会を設立した．財団の設立や第 1 回実施までの準備と運営には，当時の前会長，会長，理事長をはじめ，10 名ほどの日本統計学会の有志メンバーが参画した．このメンバーの多くは現在でも中心となり企画や運営を担っている．

なぜ日本統計学会がこのような財団を設立し，統計検定を実施することに

なったかについて述べるが，そこには底知れない設立メンバーの思いがあった．統計検定を実施しなくてはならない状況として第1に指摘すべきことは，統計検定発足時における日本の統計教育の遅れである．欧米だけでなく，中国や韓国においても統計教育が重要視され，カリキュラムの標準化や評価制度が整えられるという流れに対し，日本の教育では統計に関する内容を扱うことが少なかった．特に，高校生が統計学を学ばなくても卒業できるという前学習指導要領に基づく教育課程によって，統計の知識のない社会人を輩出した10年程度の期間があった．統計教育の推進のために，以前より様々な形で活動がなされていたが，"統計教育の普及と指導成果を評価する仕組みが重要である"ということで統計に関する資格試験が必要となった．

もう一つ指摘すべきことは，「統計学」が「数学」の教科の単元として置かれていることである．諸外国では，統計学と数学は独立したカリキュラムを持つのが一般的である．例えば，あるデータが示されたとき，数学の立場であると，平均値や中央値の値は一意に決まる計算問題と捉えるが，統計学ではこの値からデータの様相を解釈する．様々な解釈の可能性は，数学として統計学を教える教育現場にとっては教えづらく，わかりづらいものである．そのため，計算のみの出題にならないよう，どのような出題が可能であるかを統計検定の問題を通して示すこととなった．特に，統計検定3級と4級がその意味で重要である．

現学習指導要領のもとで学習してきた高校生が，平成27年度の入試において初めて必履修科目「数学Ⅰ」の単元「データの分析」の内容を受験した．センター試験では，箱ひげ図，散布図と相関係数に関する出題があり，それまでのセンター試験とは違った内容になった．大学教員の中には，現課程を修了してきた学生の統計に関する考え方や問題の捉え方が，それまでと大きく違っているという意見もあり，初等・中等教育での統計教育の重要性が改めて確認できた．

4. 統計検定の試験種別

統計検定の試験種別について説明する．統計検定の試験種別は大きく3つ

表 6-1　統計検定の試験種別のねらい

1級	実社会の様々な分野でのデータ解析を遂行する統計専門力.
準1級	統計学の活用力―データサイエンスの基礎.
2級	大学基礎統計学の知識と問題解決力.
3級	データの分析において重要な概念を身に付け，身近な問題に活かす力.
4級	データや表・グラフ，確率に関する基本的な知識と具体的な文脈の中での活用力.
統計調査士	統計に関する基本的知識と利活用.
専門統計調査士	調査全般に関わる高度な専門的知識と利活用手法.
RSS/JSS 試験	英国王立統計学会（The Royal Statistical Society）との共同認定. Higher Certificate：大学で統計を専門とする場合の基礎教養程度. Graduate Diploma：大学で統計を専門とする学科卒業程度.

出所：統計検定ホームページ.

に分けることができる．

1つ目は，統計学の知識および理解を評価するための基準となる1級，準1級，2級，3級，4級である．それぞれは，表6-1にあるような「統計検定の試験種別のねらい」のもと実施される．中学生程度から高齢者まで受験が可能であり，実力に応じ受験されたい．これらの種別では，各教育課程で学んだことの確認として利用できるため，中学校，高等学校，大学における団体受験が増えてきた．また，社会人を主とする独学者は，ステップアップする目標を持ち，上位の級に挑戦し，自身を高めることができる．

大学生以上の受験者が多い中，過去には小学生も受験し，統計検定3級や4級に合格している．2018年6月実施までの最年少記録は，3級，4級ともに小学3年生である．また，大学基礎科目程度として位置づけ，大学卒業時までには取得してもらいたい2級の最年少記録は，中学2年生である．

2015年より始まった準1級は，2級と専門分野修了程度の1級の間の能力試験として位置する．統計学の知識はもとより，実社会で利用される統計の諸手法に関する正しい知識も問われる．"統計学といえば推測・検定"というイメージから脱するため，様々な応用分野で用いられる統計手法に関する内容が出題される．1級は大学専門課程レベルであり，統計数理と統計応用（人文科学，社会科学，理工学，医薬生物学の4分野のうちのいずれか1つ

を選ぶ）の両方に合格した上で1級の資格が与えられる．1級については，統計数理でも統計応用でも合格したならその分野に精通しているといってよいだろう．

2つ目は，様々な統計調査を司る統計調査士と専門統計調査士である．統計調査は統計法などの法律や規則があり，これらを理解していなければならない．さらに，調査企画，調査票作成，調査方法についての知識も必要であり，個人情報の扱いについても熟知した上で行わなくてはならない．これらに合格すると，統計調査士試験の合格者には「統計調査士」の認定証が，専門統計調査士試験の合格者には「専門統計調査士」の認定証が授与される．これら統計調査士系の資格を取得し，各種調査機関で活躍する方々が増えてきたと聞く．

3つ目は，国際的な基準でデータ解析能力を評価するRSS/JSS試験である．この試験は英国王立統計学会との共同認定において実施されており，Higher Certificateと最も難度の高いGraduate Diplomaの2種別が受験できる．Graduate Diplomaを優秀な成績で合格した者には日本統計学会より「最優秀成績賞」や「優秀成績賞」が授与される．2016年の実施までに4名の受賞者があった．残念なことに，本試験は2017年5月を最後に現行の形態の試験を終了した．

5. 受験者の推移と動向

図6-1は，統計検定センターにより提供された申込者数と受験者数の推移である．ただし，RSS/JSS試験はモジュールごとの受験者となるため含めていない．この図を参照し，初回から2018年までの統計検定の動きを説明する．2011年の第1回目には，2級，3級，4級と統計調査士，専門統計調査士が実施された．このときの申込者数は1,222人であった．2012年から1級が開始され，申込者数は2,629人となり，前年の2倍を超す人数となった．

2013年には，2012年と同じく統計検定の全6種別が行われた．一般受験者の増加と，統計検定を利用して統計教育の質保証に繋げる統計教育大学間連携ネットワーク（旧JINSE）の連携大学の学生の受験により，申込者数

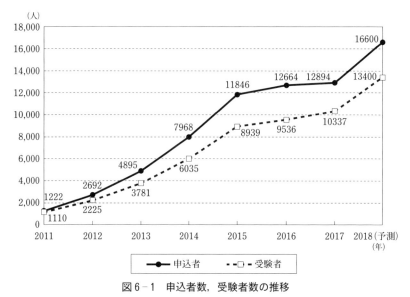

図 6-1　申込者数，受験者数の推移

出所：統計検定ホームページおよび統計検定センターにより提供されたデータに基づいて筆者が作成．

は 4,895 人までに増えた．旧 JINSE の学生受験制度は 2016 年 11 月をもって終了し，統計教育連携ネットワーク（拡大版 JINSE）として小中高の教育機関を含めた組織になり再出発した．旧 JINSE および拡大版 JINSE については，第 6 節で詳しく取り上げる．

　2014 年になり，6 月にも 2 級，3 級，4 級が実施され，これらの級は年 2 回の受験の機会が可能になった．受験者が 6 月と 11 月に分かれるのではないかという心配もあったが，結果として 2 回の申込者数の合計が 7,968 人となり，前年の 1.63 倍に激増した．2015 年 6 月にはこれら 3 種別に加えて準 1 級が実施され現在に至る．また，11 月には 1 級試験の見直しが行われ，1 級統計数理と 1 級統計応用が分離された．それぞれに合格認定をし，両方に合格することによって 1 級合格を認定することとなった．他の種別に関しても統計検定の充実に向けて内容が検討される中，11,846 人の申込者数は前年の 1.49 倍と順調に増加した．この年，早稲田大学政治経済学部が成績評価の一部として統計検定を利用することになり，学部学生の受験が始まった．

　2016 年は，申込者数は 12,664 人（紙媒体の申込者 12,243 人）と前年と比

表 6-2 統計検定種別の申込者数,受験者数,合格者数,男女比
(2017 年 11 月実施)

(人)

	申込者	受験者 (受験/申込)		合格者 (合格/受験)		男		女	
1級「統計応用」	526	322	61%	79	25%	497	94%	29	6%
1級「統計数理」	499	302	61%	79	26%	472	95%	27	5%
2級	2,191	1,644	75%	680	41%	1,667	76%	524	24%
3級	1,575	1,352	86%	855	63%	983	62%	594	38%
4級	379	340	90%	235	69%	202	53%	177	47%
統計調査士	490	424	87%	230	54%	366	75%	124	25%
専門統計調査士	324	272	84%	120	44%	246	76%	78	24%
合計	5,984	4,656	78%	2,278	49%	4,433	74%	1,551	26%

出所:統計検定ホームページおよび統計検定センターにより提供されたデータに基づいて筆者が作成.

較すると微増という結果であった.この数値には,8月下旬から始まったCBT方式(2級と3級)の数値も含まれているが,利用者は少なく400人程度であった[5].

2017年に関しては,今までと違った様子が見られる.図6-1で示したように,申込者数は12,894人(紙媒体の申込者10,716人)で,紙媒体の申込者数が大きく減少したことである.先に述べたように,旧JINSEの学生受験制度が2016年11月の受験を最後に終了したため,前年からの減少の約1,500人はこの影響と考えられる.一方,CBT方式試験が定着し,2級と3級に関して本方式の受験者が増えた.その時々で受験者数は異なるが,ひと月に150人から200人程度ということである.つまり,2017年は,約2,000人がCBT方式を利用し受験したことになる.

2018年は,本章の執筆時点までの情報から,申込者の全合計が約16,600と予測されている.この理由として,社会全体にデータサイエンティストの必要性が認知されたことが考えられる.さらに,統計調査士に関してもCBT方式試験で受験ができるよう準備中であるということである.これにより,日本全国の公的統計を司る人々の受験機会が多くなり,統計検定のますますの発展が期待できる.

---

5) CBT方式の申込者数と受験者数は公開していないため,統計検定センターから概算を提供いただいた.また,CBT方式の申込者数と受験者数はほぼ同数である.

表6-3 統計検定受験者の内訳（2016年11月実施）

(人)

小学生・中学生・高校生	168
短大生・大学生	1,644
大学院生	182
その他学生	41
社会人	2,486
不明	1
合計	4,522

出所：統計検定センターにより提供されたデータに基づいて筆者が作成．

表6-4 大学生・大学院生受験者の受験種別（2016年11月実施）

(人)

	1級「統計応用」	1級「統計数理」	2級	3級	4級	専門統計調査士	統計調査士	合計
短大生・大学生	60	65	722	675	57	11	54	1,644
大学院生	29	31	81	12	0	9	20	182

出所：統計検定センターにより提供されたデータに基づいて筆者が作成．

表6-5 社会人受験者の職業（2016年11月実施）

(人)

	1級「統計応用」	1級「統計数理」	2級	3級	4級	専門統計調査士	統計調査士	合計
教育・研究	12	14	62	21	7	17	25	158
営業・販売・広報	3	4	112	100	14	22	24	279
事務的職業（一般・総務・人事・会計など）	11	12	135	109	34	40	81	422
各種技術者（開発・製造・情報処理など）	61	68	432	231	57	38	71	958
医療・保健・福祉	12	9	45	29	11	3	10	119
統計専門職（データサイエンティスト・調査士など）	24	28	70	25	3	66	79	295
その他	7	10	80	50	16	26	43	232
合計	130	145	936	565	142	212	333	2,463

出所：統計検定センターにより提供されたデータに基づいて筆者が作成．

第 6 章 「統計検定」の経緯と今後　139

　2017年11月に実施された統計検定からわかることをまとめる．表6-2は，2017年11月実施の統計検定種別の申込者数，受験者数，合格者数，男女比である．11月実施では準1級の試験が実施されないことに注意されたい．表からわかるように，申込者の約3分の2が2級と3級のどちらかを申し込んでおり，全体の4分の3が男性である．受験者については，級が高くなるほど合格者の割合が減る．また，女性の申込者の割合についても，級が高くなるほど減る傾向がある．

　表6-3から表6-5は，2016年11月実施試験当日，統計検定センターが行っているアンケートの一部である．受験者のアンケート回答は任意であるため，受験者全員からの回答ではないことに注意されたい[6]．

　表6-3は，統計検定受験者の内訳である．これより，受験者の55%が社会人であることがわかる．統計調査士や専門統計調査士を受験された方の多くは社会人であるということを加味しても，全体として社会人の受験者が多い．

　表6-4は，大学生・大学院生受験者の受験種別である．ただし，短大生は1名である．表からわかるように，大学生の85%は2級または3級を受験している．大学院生は2級が多いが，1級にも挑戦している．低学年で3級を受験し，能力に応じて2級，1級を受験していることが他の資料からも見られる．今後，大学での団体受験が増えると思われ，大学生にとって統計検定は重要な資格検定になっていくであろう．

　表6-5は，社会人受験者の職業についてまとめたものである．各種技術者と統計専門職で半数を占めるが，様々な職業の方が受験していることがわかる．職業によって，受験する種別に特徴があるようで，特に統計専門職に専門統計調査士と統計調査士の受験が多いのは当然のことといえる．先に述べたように，本来，統計教育の充実が目的であったため，中高校生，大学生程度の若い年代の受験を予想していたが，この表から，実際は社会人が統計の重要性を理解し受験することがわかる．統計検定のホームページにある「合格者の声」を見ても，社会人の素養として統計を重視すべきという意見が多くある．

---

[6]　これらアンケート結果は，本章のために統計検定センターよりいただいたものである．

6. 教育の質保証としての統計検定

2012年，文部科学省平成24年度大学間連携共同教育推進事業「データに基づく課題解決型人材育成に資する統計教育質保証」が選定された．本事業の取り組みのために「統計教育大学間連携ネットワーク（Japanese Inter-university Network for Statistical Education，旧 JINSE と呼ぶ）」が組織され，その活動は 2017 年 3 月に終了した．事業活動の詳細は割愛するが，この活動の中で統計検定は，「統計教育高度化質保証 PDCA サイクル」の「C：チェック」の部分として利用された．つまり，旧 JINSE に参画していた連携大学（東京大学，滋賀大学，大阪大学，総合研究大学院大学，青山学院大学，多摩大学，立教大学，早稲田大学，同志社大学の 8 大学 1 大学院大学）の大学または大学院大学に所属する学生および大学院生は，「7 種別の統計検定」を受験することによって，統計教育の達成度を確認することができた．また，その結果については，個人情報を伏せた上で連携大学の責任者に渡され，各大学での統計教育の内容と出題分野の出来不出来との関係を検討し，次の教育内容に活かされた．

これらの取り組みより，大学生に対する統計検定の質が認められた例の一つとして，早稲田大学政治経済学部で統計検定 3 級を利用した成績評価が 2015 年度より始まったことが上げられる．同学部では，統計検定の出題内容の適切さと，学修到達度の保証の面で有用性が認められ，採用することになったということである．

旧 JINSE の事業活動の評価は高く，その内容は先に述べた「数理及びデータサイエンスに係る教育強化」拠点校の選定の際に公開された「大学の数理・データサイエンス教育強化方策について」にも参考とされた．2017 年 4 月以降は，参加対象機関を全国の教育機関等（小中高等学校を含む）に拡大して，「統計教育連携ネットワーク（Japanese Inter-organizational Network for Statistics Education，拡大版 JINSE と呼ぶ）」と名称を変更して活動が継続されている．現在，参画している拡大版 JINSE の各種会員は約 20 で，幹事校は上記拠点校の 1 つである滋賀大学である．拡大版 JINSE に

おいても，統計検定は統計教育の質保証のチェック機能として採用され，2017年6月実施試験より，早稲田大学以外の多くの教育機関でも受験生の試験結果が各校の統計教育に活用されている．中高等学校の参加は，これからの統計教育を左右するものと考えられる．拡大版JINSEでは教育機関の会員の他に個人会員制度もあり，今後，統計教育に興味ある教員が情報を共有することで更なる発展があるものと期待する．

7. おわりに——統計検定を取巻く近年の状況と今後

統計検定を取巻く状況は，統計教育の重要性に基づく人材育成が認められるとともに日々変化している．先に述べたように，統計検定の受験を推進する企業が増え，早稲田大学のように成績評価の一部として利用する大学も出てきた．また，統計検定の意義と今までの実績が認められたからであろう，2014年11月実施試験より総務省の後援がつき，総務省統計局の「データサイエンス・スクール」にある「あなたの統計力は」では統計検定の問題が利用された．さらに，2018年には，統計検定は内閣府，文部科学省，厚生労働省，経済産業省の後援事業となった．

日本版MOOCの「gacco」（一般社団法人日本オープンオンライン教育推進協議会（JMOOC）公認の大規模公開オンライン講座（MOOC）提供サイト）において，2014年に統計検定3級相当の内容である「統計学Ⅰ：データ分析の基礎」が，2015年に統計検定2級相当の内容である「統計学Ⅱ：推測統計の方法」が，さらに，2017年6月に「統計学Ⅲ：多変量データ解析法」が開講された[7]．これらは，受講者数も多く，再開講が幾度かなされている．また，同じ「gacco」において，総務省統計局の「社会人のためのデータサイエンス入門」，「社会人のためのデータサイエンス演習」，「誰でも使える統計オープンデータ」も開講され，統計に対する興味関心の深さがうかがえる．

最後に今後の統計検定について述べる．これからの教育は質保証のため，

---

7) 本書第8章，下川敏雄「統計教育におけるe-learningコンテンツの制作——JMOOCにおける実際例」に詳しく述べられているので参考にされたい．

各種能力を客観的に測る基準が必要である．それが一般に認知されるようになると教育課程の入試，単位認定，留学，そして就職における能力保証にもなる．英語や数学には国際的に基準とされる能力試験があり利用されている．他の能力を含め，外部試験の利用については文部科学省も勧めるところである．

統計検定もこのような能力評価基準として，一般に利用される予兆がみられる．このことは，統計教育の質保証のチェック機能として，旧 JINSE が統計検定を利用したことが高く評価されたことからもわかる．統計検定は教育の質保証の仕組みを示したという点でも評価でき，統計検定の意義は今後，ますます高くなることは間違いない．一方で，社会が必要とする統計能力の基準は常に見直されるべきであり，社会のニーズに合わせた統計検定になるべきである．また，このような能力評価は，全国でいつでも受験できることが重要で，2016 年に始まった CBT 方式の受験をより一般に広げる必要がある．これらが揃えば，全国で公平に統計能力を測ることができ，さらに統計検定に対する期待が大きくなると考える．

参考資料

閣議決定「科学技術イノベーション総合戦略 2015」(2015 年 6 月 19 日)．
中央教育審議会（答申）「幼稚園，小学校，中学校，高等学校及び特別支援学校の学習指導要領等の改善及び必要な方策等について」(2016 年 12 月 21 日)．
統計教育連携ネットワーク．http://www.jinse.jp/
統計検定センターホームページ．http://www.toukei-kentei.jp/
日本学術会議数理科学委員会数学教育分科会「初等中等教育における算数・数学教育の改善についての提言」(2016 年 5 月 19 日)．
文部科学省「『数理及びデータサイエンスに係る教育強化』の拠点校の選定について」数理及びデータサイエンス教育の強化に関する懇談会（2016 年 12 月 21 日)．
文部科学省「大学の数理・データサイエンス教育強化方策について」数理及びデータサイエンス教育の強化に関する懇談会（2016 年 12 月 21 日)．
文部科学省平成 24 年度大学間連携共同教育推進事業「データに基づく課題解決型人材育成に資する統計教育質保証」，統計教育大学間連携ネットワーク．http://www.jinse.jp/old/

第 7 章 　 日本の中学校・高等学校における統計教育

青山 和裕

1. はじめに

　2017年3月に公示された小学校および中学校学習指導要領により，算数・数学科における統計教育の内容は充実化が図られた．本章では，中学校および高等学校に注目し，現在の教育課程で指導されている内容と次期教育課程において指導される内容の方向性についてまとめ，今後の課題について述べる．比較対象として，統計教育先進国として世界的に評価を集めているニュージーランドの教育課程等についても触れ，その視点から日本の課題についてまとめる．

2. 現在の教育課程における中学・高等学校での統計教育

2.1 中学校での現在の指導内容

　統計の指導は学校教育において，主に数学科で行われている．現在の中学校数学科では指導内容が「A：数と式」「B：図形」「C：関数」「D：資料の活用」の4つの領域で構成されており，統計に関する内容は「D：資料の活用」領域に該当する．具体的な指導内容は表7-1の通りである．

　第1学年では平均値・中央値・最頻値と範囲，度数分布表とヒストグラムを学習する．分散や標準偏差については，第1学年では平方根等について未習であるため，指導することはできない．平方根等については第3学年で学

表7-1 「資料の活用」領域の指導内容

第1学年	(1) 目的に応じて資料を収集し，コンピュータを用いたりするなどして表やグラフに整理し，代表値や資料の散らばりに着目してその資料の傾向を読み取ることができるようにする． 　ア　ヒストグラムや代表値の必要性と意味を理解すること． 　イ　ヒストグラムや代表値を用いて資料の傾向をとらえ説明すること．
第2学年	(1) 不確定な事象についての観察や実験などの活動を通して，確率について理解し，それを用いて考察し表現することができるようにする． 　ア　確率の必要性と意味を理解し，簡単な場合について確率を求めること． 　イ　確率を用いて不確定な事象をとらえ説明すること．
第3学年	(1) コンピュータを用いたりするなどして，母集団から標本を取り出し，標本の傾向を調べることで，母集団の傾向が読み取れることを理解できるようにする． 　ア　標本調査の必要性と意味を理解すること． 　イ　簡単な場合について標本調査を行い，母集団の傾向をとらえ説明すること．

出所：文部科学省（2008）．

習することになっているが，すぐに分散・標準偏差を指導するわけではなく，高等学校で学習する内容となっている．

　第2学年では，統計的確率と数学的確率を学習する．基本的な確率の学習が扱われており，順列・組合せなどは扱わない．

　第3学年では標本・母集団について学習する．標本調査・全数調査の区別と，乱数さいや乱数表を用いての標本抽出や母平均，母比率の推定を学習している．標本分布等についての扱いはない．

　統計に関する指導内容が充実しているとは言い難いが，それでも1期前にあたる1998年改訂の学習指導要領よりも内容的には増えている．1998年改訂では，中学校数学科において統計に関する内容が完全に削除され全く扱いがなかったため，この程度の内容でも一歩前進したという状況である．

　高等学校数学科に関しても，1999年改訂の学習指導要領では統計に関する指導内容は「数学基礎」「数学B」「数学C」という選択教科の中にしかなく，実質的にほとんどの高等学校では指導されていないという状況であった．

旧教育課程において統計教育は，小学校算数科において，絵グラフ，棒グラフ，折れ線グラフ，円グラフ，帯グラフなど基本的な統計グラフが指導されているのみで，中学・高等学校では全く統計に関する学習の機会がないという状況であった．

2008年の改訂により「資料の活用」領域が設置されたのは，社会における統計の重要性が増してきたことや，諸外国の数学科カリキュラムにおいて，どの国も統計を重要視して内容が盛り込まれていたこと，OECDによる国際学習到達度調査（PISA調査）において統計に関する問題が常に出題されていたことなど，多様な背景によるものと思われる．PISA調査についてここでごく簡単に説明すると，OECDが推進する教育事業であり，OECD加盟国および非加盟国からの参加も得て，各国の言語を用いて子どもたちの教育成果を測る取り組みである（国立教育政策研究所 2002）．2000年を第1回として3年ごとに実施されている．単に学習成果や内容の理解度を測るのではなく，将来社会に参加したり生活していく力をどの程度身に付けているかを測るという観点に特徴がある．

現在の教育課程で統計に関する内容が新設されたことは良いことであるが，各学年の指導内容はそれほど多くなく，実際の指導時数などについても数学科の時数全体の1割程度しか割り当てられていないというのが現状である（鈴木 2011）．

2.2 高等学校での現在の指導内容

高等学校では「数学I」「数学A」「数学B」「数学活用」という科目の中に統計が位置付けられている（表7-2）．「数学A」「数学B」「数学活用」は選択科目であるため，全ての高校生が履修することを前提とはしていない．「数学A」の確率の内容は文系・理系を問わず比較的多くの高校で指導される傾向にあるようだが，「数学B」は文系コースでは指導されないことが多く，理系コースでも「数学B」の数列やベクトルといった他の内容が指導されていることが多いようである．「数学活用」についても指導されているケースは少ないようである．

それに比べ「数学I」という科目は，第1学年の必履修科目となっており，

表7-2 高等学校での指導内容

数学Ⅰ 「データの分析」	統計の基本的な考えを理解するとともに，それを用いてデータを整理・分析し傾向を把握できるようにする． 　ア　データの散らばり 　　四分位偏差，分散及び標準偏差などの意味について理解し，それらを用いてデータの傾向を把握し，説明すること． 　イ　データの相関 　　散布図や相関係数の意味を理解し，それらを用いて2つのデータの相関を把握し説明すること．
数学A 「場合の数と確率」	場合の数を求めるときの基本的な考え方や確率についての理解を深め，それらを事象の考察に活用できるようにする． 　ア　場合の数 　（ア）数え上げの原則 　　集合の要素の個数に関する基本的な関係や和の法則，積の法則について理解すること． 　（イ）順列・組合せ 　　具体的な事象の考察を通して順列及び組合せの意味について理解し，それらの総数を求めること． 　イ　確率 　（ア）確率とその基本的な法則 　　確率の意味や基本的な法則についての理解を深め，それらを用いて事象の確率を求めること．また，確率を事象の考察に活用すること． 　（イ）独立な試行と確率 　　独立な試行の意味を理解し，独立な試行の確率を求めること．また，それを事象の考察に活用すること． 　（ウ）条件付き確率 　　条件付き確率の意味を理解し，簡単な場合について条件付き確率を求めること．また，それを事象の考察に活用すること．
数学B 「確率分布と統計的な推測」	確率変数とその分布，統計的な推測について理解し，それらを不確定な事象の考察に活用できるようにする． 　ア　確率分布 　（ア）確率変数と確率分布 　　確率変数及び確率分布について理解し，確率変数の平均，分散及び標準偏差を用いて確率分布の特徴をとらえること．

数学B 「確率分布と統計的な推測」	（イ）二項分布 　　二項分布について理解し，それを事象の考察に活用すること． イ　正規分布 　　正規分布について理解し，二項分布が正規分布で近似できることを知ること．また，それらを事象の考察に活用すること． ウ　統計的な推測 （ア）母集団と標本 　　標本調査の考え方について理解し，標本を用いて母集団の傾向を推測できることを知ること． （イ）統計的な推測の考え 　　母平均の統計的な推測について理解し，それを事象の考察に活用すること．
数学活用 「社会における数理的な考察」	社会生活において数学が活用されている場面や身近な事象を数理的に考察するとともに，それらの活動を通して数学の社会的有用性についての認識を深める． ア　社会生活と数学 　　社会生活などの場面で，事象を数学化し考察すること． イ　数学的な表現の工夫 　　図，表，行列及び離散グラフなどを用いて，事象を数学的に表現し考察すること． ウ　データの分析 　　目的に応じてデータを収集し，表計算用のソフトウェアなどを用いて処理しデータ間の傾向をとらえ予測や判断をすること．

出所：文部科学省（2009）．

「データの分析」がその内容として位置付けられていることの意味は大きい．文系・理系などのコース選択に関係なく，全ての高校の第1学年において「データの分析」は指導されることとなる．したがって，四分位数，四分位範囲，箱ひげ図，散布図，相関係数について現在は全ての高校生が学習しているはずである．とはいえ，「データの分析」の指導時数は10時間程度という高校が多く（松元ほか 2017），中学と同様に数学全体の中に占める割合はごく一部という程度である．ちなみに，四分位数や箱ひげ図が日本の初等・中等教育において扱われたのはこれが初となる．

3. ニュージーランドの統計教育

　日本においては 2008～2009 年の学習指導要領改訂により，統計に関する指導内容が若干増えたが，数学科の内容全体のごく一部の限られた内容しか教えられていない状況である．それに対して世界的には 1980 年代ごろから統計教育に関する見直しが始まっており，すでに充実したカリキュラムが組まれている状況である．例えば，統計教育に関する国際会議（International Conferences on Teaching Statistics，以下 ICOTS）は 4 年に一度開催されているのだが，第 1 回は 1982 年に開催されており，その際のメインテーマは「統計教育の目的の明確化」である（ちなみに 2018 年 7 月には日本の京都で開催された）．当時の段階ですでに PC 等の普及が進んでおり，データの利用が増大しだしたことや，データ分析ソフトも廉価になり一般ユーザーが使いやすい環境が整ってきたことなどが，統計教育への関心と機運の高まりへとつながり，ICOTS 開催などの具体的な動きに結実していったものと考えられる．その後，米国数学教師評議会（National Council of Teachers of Mathematics: NCTM）が 1989 年に小学校入学前から高等学校終了時までの数学カリキュラムを提案し（NCTM 1989），その内容領域の一つに「統計（Data Analysis and Probability）」が位置付けられ，内容も充実していたことから世界的にも関心を集めた．これに応じるように諸外国でも 1990 年代から 2000 年にかけて，カリキュラムにおける統計の位置付けの見直しと内容の充実化が図られている．

　諸外国のカリキュラムの一例として，統計教育先進国として高い評価を受けているニュージーランドのカリキュラムを紹介する．ニュージーランドでは，2007 年のカリキュラム改革により国策として統計重視の教育へとシフトし，教科の名称も「数学」から「数学と統計」へと改められた．それ以前のカリキュラムにおいても統計の内容は充実しており，PISA 調査において，確率・統計に関する領域で世界 1 位を獲得した実績もある（国立教育政策研究所 2004）．

　中学校数学での「資料の活用」，高等学校数学Ⅰでの「データの分析」が

ともに数学の内容全体の1割程度だった日本に対して，ニュージーランドの統計に関する内容は中等段階で全体の3分の1を占めるようなコンセプトが示されている（青山 2013）．統計の比重の大きさだけでも世界的に類を見ない特色であり，教科名の改称と合わせて統計教育に力を入れていることが窺える．

次に具体的な指導内容について紹介するが，それに先立って教育制度の違いについて簡単に触れる．ニュージーランドのカリキュラムは，日本のように学年固定で設定されているわけではなく，初等から中等段階の13学年に対して，8つの学習レベルを設定し，各レベルの学習内容を規定するという形をとっている．日本が初等から中等までで12学年なのに対し，ニュージーランドは就学年齢が1歳早いため13学年ある．中等段階のカリキュラムにあたるのは，おおよそレベル4～8である．

統計に関する内容は「統計的な調査（Statistical Investigation）」，「統計的リテラシー（Statistical Literacy）」，「確率（Probability）」の3項目で構成されている（表7-3）．これらの内容項目には，日本の数学科の統計カリキュラムにはない特徴が見られる．

- 統計的探究サイクルを取り入れた調査活動など，実践的な内容が志向されていること．
- 他者による統計的な主張を評価するという内容が，どのレベルにも設定されていること．
- 複数の統計図表・グラフの利用や，それぞれの評価が取り入れられていること．
- 質的データ，時系列データ，離散データ，連続データなど指導内容としてのデータの種類が設定されていること．

指導内容については，日本と同様なものも見られるが，現状日本の高等学校では数学Ⅰ「データの分析」の内容までしか十分に指導されていないことに鑑みると，大きな開きがあると判断せざるを得ない．実際に筆者が現地調査で観察した高等学校の授業では，標本からの推定を行うために「ブートス

表7-3　ニュージーランドの中等段階統計カリキュラム

レベル4 （日本の中学1 ～2年相当）	**統計的な調査** ● 統計的探究サイクルを用いて調査（investigations）の計画を立て行うこと． 　── 適切な変数とデータの収集方法を決めること． 　── パターン，ばらつき，関係，傾向を探るために，多変数の質的データ・測定データ・時系列データを集め，分類し，図表に表すこと． 　── 分布を視覚的に比較すること． 　── 適切な図表を使って，発見したことを伝え合うこと． **統計的リテラシー** ● 統計的な調査や確率的な活動の発見について，他者によって作られた記述を評価すること． **確率** ● ばらつきと独立性を認めて，起こりうる結果に基づくモデルからの期待値と実験分布を比較することによって，偶然性の要素を含む状況を調査すること． ● 確率を記述するために，簡単な分数や百分率を使うこと．
レベル5 （日本の中学3 年～高校1年 相当）	**統計的な調査** ● 統計的探究サイクルを用いて調査（surveys）や実験（experiments）の計画を立て行うこと． 　── 適切な変数と尺度（measures）を決めること． 　── ばらつきの原因を考慮すること． 　── データを集め，クリーニングすること． 　── 複数のデータセットにおいて，パターン，ばらつき，関係，傾向を見つけるために，複数の図表を使ったり，データを再度分類し直すこと． 　── 中心，広がり，割合などの統計量を使って，標本の分布を視覚的に比較すること． 　── 発見したことをレポートにまとめること． **統計的リテラシー** ● データの収集方法，尺度の選択，発見の妥当性などを含めて他者によって行われた統計的な調査や確率的な活動を評価すること． **確率** ● 偶然性の要素を含む状況において，理論的な分布と実験の分布の間のばらつきを比較したり記述すること．

	・分数,百分率,比を使って,確率を計算すること.
レベル6 (日本の高校1 〜2年相当)	**統計的な調査** ・統計的探究サイクルを用いて調査(investigations)の計画をたてて行うこと. 　― 用いる変数と尺度を妥当化すること. 　― 無作為抽出を使うことを含めて,ばらつきの原因を制御すること. 　― 複数の図表を使って,文脈(変数間の傾向や関係,分布の相違)の特徴をとらえ,伝え合うこと. 　― 標本データから母集団についてインフォーマルに推定すること. 　― 図表や尺度を用いて,発見したことを正当化すること. **統計的リテラシー** ・主張を作る際に用いられている図表,統計量,方法論,確率を関連づけることによって,メディアにおける統計的なレポートを評価すること. **確率** ・偶然性の要素を含む状況を調査すること. 　― 標本の大きさの役割を認識しながら,離散的である理論的な分布と実験の分布を比較すること. 　― 離散的な状況における確率を計算すること.
レベル7 (日本の高校2 〜3年相当)	**統計的な調査** ・統計的探究サイクルを用いて現象に関する調査(investigations)を実行すること. 　― 無作為抽出が必要である調査を行うこと,実験を行うこと,存在するデータセットを用いること. 　― 変数・標本に対して用いる尺度を選択の仕方や,データの収集方法について評価すること. 　― 適切な文脈上の知識,探索的データ解析および統計的推測を用いること. ・調査(surveys)と実験から推測すること. 　― インフォーマルな予測・内挿・外挿をすること. 　― 母数の点推定を行うために標本統計量を用いること. 　― 推定値(estimate)のばらつきに関して,標本の大きさの影響を認識すること.

レベル7 (日本の高校2 ～3年相当)	**統計的リテラシー** ● 統計に基づいたレポートを評価すること． 　— リスクと相対リスク（relative risk）を解釈すること． 　— 世論調査を含む調査（surveys）において，標本誤差と非標本誤差を識別すること． **確率** ● 偶然性の要素を含む状況を調査すること． 　— 正規分布のような理論的な連続的な分布と実験分布を比較すること． 　— 二次元表，樹形図，シミュレーション，テクノロジーなどのツールを用いて，確率を計算すること．
レベル8 (日本の高校3 年相当)	**統計的な調査** ● 統計的探究サイクルを用いて現象に関する調査（investigations）を実行すること． 　— 実験計画法の原理を用いて実験したり，調査（survey）を行ったり，存在するデータセットを用いること． 　— 適切なモデル（二変量データに対する一次回帰や時系列データに対する加法モデル（平滑化法））を見つけたり，用いたり，評価することと，説明を探したり予測すること． 　— 詳しい文脈上の知識，探索的データ解析および統計的推測を用いること． 　— 発見したことを伝え合ったり，サイクルのすべての段階を評価すること． ● 調査（survey）と実験から推測すること． 　— 中心極限定理の適切性を認識しつつ，平均，比率，差に対する推定量や信頼区間を決定すること． 　— 根拠（evidence）の強さを評価するために，再度の標本調査や無作為化などの方法を用いること． **統計的リテラシー** ● 調査（survey），世論調査，実験，観察研究を含む広い範囲の統計に基づいたレポートを評価すること． 　— 因果関係の主張を批判的に評価すること． 　— 誤差の範囲を解釈すること． **確率** ● 偶然性の要素を含む状況を調査すること． 　— 独立な事象，複合事象，条件付き事象の確率を計算すること．

レベル8 (日本の高校3年相当)	― 離散型確率変数の期待値と標準偏差を計算し解釈すること. ― ポアソン分布,二項分布,正規分布のような分布を適用すること.

出所:青山(2013).

トラップ法」を用いていたり,ソフトウェア利用も一般化しているなど,日本よりも進んだ授業を行っているという印象をもった(青山・松元 2014).

4. 新学習指導要領における統計教育

2017年の学習指導要領改訂により,次期教育課程の内容が定められた.今期の改訂では,子どもたちに育成すべき資質・能力の見直しや学習指導のあり方などについても検討された.結果として,資質・能力に関する3つの柱や「主体的・対話的で深い学び」の視点に基づく授業改善などが打ち出された(中央教育審議会 2016).

既存の知識を注入するのではなく,知識獲得の方法論を学び,自ら知識や情報を作り出せる人材の育成が重要という認識に基づき,教育課程の見直しが行われた.ビッグデータ時代ともいわれる昨今の社会の状況や,統計が社会に与えているインパクトの大きさから,今回の改訂では統計充実という路線も打ち出され,今期の教育課程では統計教育の内容がさらに充実する運びとなった.先に紹介したように,諸外国のカリキュラムにおいて統計が相当な比重で盛り込まれていることも少なからず影響しているだろう.

小学校と中学校の学習指導要領は2017年3月に公示されたのに対し,高等学校学習指導要領は2018年3月に公示されたが,いずれにおいても統計重視の方向が打ち出されている.

4.1 中学校での次期指導内容

中学校では領域名称の「資料の活用」が「データの活用」に改められた.本章において詳細は省くが,小学校算数科においても「データの活用」という統計に関する領域が新設され,それと名称を統一することで小中学校での指導に一貫性を持たせるねらいもある.

表7-4 「データの活用」領域の指導内容

第1学年	(1) データの分布について，数学的活動を通して，次の事項を身に付けることができるよう指導する． 　　ア　次のような知識及び技能を身に付けること． 　　　（ア）ヒストグラムや相対度数などの必要性と意味を理解すること． 　　　（イ）コンピュータなどの情報手段を用いるなどしてデータを表やグラフに整理すること． 　　イ　次のような思考力，判断力，表現力等を身に付けること． 　　　（ア）目的に応じてデータを収集して分析し，そのデータの分布の傾向を読み取り，批判的に考察し判断すること． (2) 不確定な事象の起こりやすさについて，数学的活動を通して，次の事項を身に付けることができるよう指導する． 　　ア　次のような知識及び技能を身に付けること． 　　　（ア）多数の観察や多数回の試行によって得られる確率の必要性と意味を理解すること． 　　イ　次のような思考力，判断力，表現力等を身に付けること． 　　　（ア）多数の観察や多数回の試行の結果を基にして，不確定な事象の起こりやすさの傾向を読み取り表現すること．
第2学年	(1) データの分布について，数学的活動を通して，次の事項を身に付けることができるよう指導する． 　　ア　次のような知識及び技能を身に付けること． 　　　（ア）四分位範囲や箱ひげ図の必要性と意味を理解すること． 　　　（イ）コンピュータなどの情報手段を用いるなどしてデータを整理し箱ひげ図で表すこと． 　　イ　次のような思考力，判断力，表現力等を身に付けること． 　　　（ア）四分位範囲や箱ひげ図を用いてデータの分布の傾向を比較して読み取り，批判的に考察し判断すること． (2) 不確定な事象の起こりやすさについて，数学的活動を通して，次の事項を身に付けることができるよう指導する． 　　ア　次のような知識及び技能を身に付けること． 　　　（ア）多数回の試行によって得られる確率と関連付けて，場合の数を基にして得られる確率の必要性と意味を理解すること． 　　　（イ）簡単な場合について確率を求めること． 　　イ　次のような思考力，判断力，表現力等を身に付けること． 　　　（ア）同様に確からしいことに着目し，場合の数を基にして得られる確率の求め方を考察し表現すること．

第2学年	（イ）確率を用いて不確定な事象を捉え考察し表現すること．
第3学年	(1) 標本調査について，数学的活動を通して，次の事項を身に付けることができるよう指導する． 　ア　次のような知識及び技能を身に付けること． 　　（ア）標本調査の必要性と意味を理解すること． 　　（イ）コンピュータなどの情報手段を用いるなどして無作為に標本を取り出し，整理すること． 　イ　次のような思考力，判断力，表現力等を身に付けること． 　　（ア）標本調査の方法や結果を批判的に考察し表現すること． 　　（イ）簡単な場合について標本調査を行い，母集団の傾向を推定し判断すること．

出所：文部科学省（2017）．

　資質・能力の3つの柱が，「学びに向かう力・人間性等」「思考力・判断力・表現力」「知識・技能」であることから，各内容について「知識・技能」と「思考力・判断力・表現力」の2つの観点で定められる形式となっている．「学びに向かう力・人間性等」に関する事柄は，各内容と付き合わせて記載するのではなく，学年全体として記載されている．

　指導内容の変化としては，第1学年については，現在指導している代表値は小学校第6学年に移行された．第2学年でこれまで指導されていた統計的確率を，第1学年で扱うこととなった．第2学年については統計的確率が第1学年に移行され，これまで高等学校数学Ⅰ「データの分析」で扱っていた四分位数と箱ひげ図を扱うこととなった．第3学年は現在とそれほど変わらず，標本抽出などを扱うこととなっているが，おそらく標本分布に関しても扱うようになることが見込まれる（表7-4）．

　また，新学習指導要領では統計的な問題解決が重視されることから（中央教育審議会 2016），指導内容に大きな変化はなくとも，授業のあり方，子どもたちの学び方が変わってくることも期待される．単なる概念・知識，手法の教え込みや暗記ではなく，意味ある文脈の中での統計的な問題解決活動を通じて，生きて働く知識や方法論を習得することが目指されている．

4.2 高等学校での次期指導内容

高等学校の学習指導要領改訂は現在審議が進められているところである．中央教育審議会の審議のまとめによれば，高等学校数学についても問題解決や探究活動が重要視される方向は打ち出されている（図7-1）．教科・科目にとらわれず，豊かな発想で現象を追究する活動も大切であるとの認識から，高等学校に「理数探究」という科目が新設されることとなっている．数学科の科目については現行の「数学活用」がなくなり，新たに「数学C」が新設される．「数学C」の中心的な内容として「データの活用」が位置付けられるようであり，また情報科と連携しつつ統計教育を展開することも提案されている．

「数学C」が「データの活用」を主軸とすることについては期待したいが，選択科目であることを鑑みると，必履修科目である「数学I」の内容として統計に関する内容が引き続き設置されるのかどうか，あるいはさらに充実す

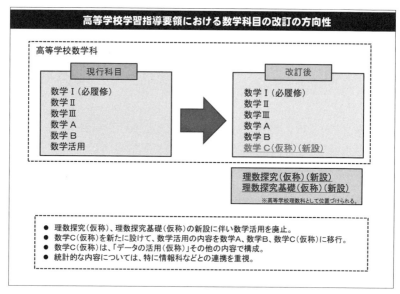

図7-1　高等学校数学の改訂の方向性

出所：中央教育審議会（2016）．

るのかどうかの動静には注目したい．旧教育課程において，選択科目の中に配置されていたがためにごく一部の高校生しか履修していなかったことを思えば，必履修科目である「数学Ⅰ」の内容として位置付けられることの効果は絶大である．特に現在の「データの分析」で指導している四分位数と箱ひげ図が中学校に移行されたことで内容的に余地が生じているため，そこに統計的な内容として何が配置されるかは興味深い．推定や検定については，確率分布の学習が必要となるため第1学年に配置することは難しいかもしれないが，少なくとも統計的な問題解決やレポート作成など，実践的な活動が展開されることは期待したい．

5. 今後の課題——授業改善と評価のあり方

　高等学校の学習指導要領の内容はまだ見えていないが，今回の学習指導要領改訂により統計教育に関する指導内容はこれまでよりも充実化される運びである．世界的に見て統計教育後進国であった日本が，改善に向けて一歩進めたことは評価に値する．今後の統計教育の課題としてまず考えるべきなのは，実際の学校現場での統計指導のあり方である．

　これまでも乏しい内容ながら統計については教えられてきた歴史があるが，グラフの読み書き指導や単なる手法の教え込みに傾倒し過ぎており，統計の有用性や活用力などが疎かにされていたことなどが批判されている．今回の学習指導要領で内容が充実しても，同じ轍を踏むことへの懸念は常について回る．生きて働く学習内容として望ましい統計の学習が展開されるには，現場の教員の方たちに委ねられる部分が大きい．その観点から今後の課題として以下の2つを取り上げる．

- 現場の教員へのサポートや教員研修
- 統計に関する学びの評価のあり方

　これから指導される統計の内容がこれまでに扱われていないものであるということは，教える側の教員にとっても未知の内容ということになる．グラ

フや統計量の算出方法は容易に理解できるとしても，統計的な問題解決をした経験もない中で，子どもたちの問題解決力を育てるというのは大変困難な取り組みとなる．そんな教員の方たちに統計教育の要点を分かりやすく伝え，授業に臨んでもらうための支援体制を整えることがまず必要である．子どもたちが興味を持って分かりやすく学ぶための良い教材例なども助けになるだろうし，授業実践事例など参考にできる情報を発信していくことも効果的である．また，現場の教員を対象とした研修会なども各地で行われるため，それらの機会を通じて統計教育について教員自身に学んでもらうことも大切である．日本統計学会や日本数学教育学会など，学会を通じての組織的な支援体制についても検討を進める必要があるだろう．

　また，2点目として挙げた評価のあり方というのは，統計教育に限らず教育全般で課題となっていることである．大学入試センター試験を廃止し，新しい方式での大学入学希望者選抜試験の実施方法や出題内容が検討されているのもその一環である．入学試験や定期試験を通じて子どもたちは学習の成果を評価されるわけだが，現場の指導においては，評価の仕方に合わせて目標設定が行われたり，授業の内容が決められていく．そのため，指導内容や「主体的・対話的で深い学び」の視点からの授業改善など理念を示すだけでなく，評価のあり方を改善しなければ実際の学校現場での指導の改善は見込めない．

　大学入試センター試験に代表されるように，60分などの限られた時間で，テスト用紙に向かい一人で取り組むことでのパフォーマンスを通じて，本当に学びの成果や学力を測ることができているのかが見直されなければならない．教育目標には「生きる力」や協働，課題発見，問題解決力などが謳われているが，これまでの入学試験を通じてそれらの習得状況を本当に測ることができているのかは甚だ疑問が残る．

　諸外国でも同様に評価制度の見直しは進められ，多くの国でペーパー試験のみの評価に偏らない方向へと進んでいる．例えばニュージーランドでは，評価の方法としてペーパー試験も行っているが，それとは別に日々の授業を通じて問題解決活動に取り組ませ，その結果をレポートにまとめさせたり，プレゼンさせたりするなどして評価している（青山・柗元 2014）．高等学校

の授業を通じて行われるそれらの評価は当然のことながら高等学校教員によって行われるが，評価の結果はそのまま大学入学の判定にも用いられるなど実効性も確保されている．

日本とは文化的にも社会背景的にも異なるため，このような評価方法を即座に取り入れられるとは思えないが，日本において実施できる形で意味のある評価方法について検討を進める必要があるのは確かである．

6. おわりに

本章においては，現在の教育課程における中学校・高等学校での統計教育の内容と，次期教育課程における統計教育の内容や方向性についてまとめるとともに，今後の課題についても2点ほど挙げた．今回の学習指導要領改訂は，統計教育後進国となってしまっている日本の改善に向けて大きく踏み出したものとして一定の評価はできる．その上で，教育改善を実現するためには，課題として挙げた通り，担い手である教員へのサポートや研修が必要であるし，何より評価のあり方について新しい方策を検討することも必要である．

参考文献

青山和裕（2013）「ニュージーランドの教科「数学と統計」について──統計教育先進国の教育制度と日本への示唆」『イプシロン』（愛知教育大学数学教育講座）第55号，31-40頁．

青山和裕・松元新一郎（2014）「ニュージーランドの教科「数学と統計」についてⅡ──統計教育先進国の授業の実際と考察」『イプシロン』（愛知教育大学数学教育講座）第56号，45-55頁．

国立教育政策研究所編（2002）『生きるための知識と技能──OECD生徒の学習到達度調査（PISA）2000年調査国際結果報告書』ぎょうせい．

国立教育政策研究所編（2004）『生きるための知識と技能2──OECD生徒の学習到達度調査（PISA）2003年調査国際結果報告書』ぎょうせい．

鈴木康志（2011）「教科書からみた統計教育」統計教育委員会資料．

中央教育審議会（2016）「次期学習指導要領に向けたこれまでの審議のまとめについ

て(報告)」文部科学省.

松元新一郎・久保良宏・熊倉啓之・青山和裕(2017)「高等学校数学 I「データの分析」の指導に関する教師調査の分析」『静岡大学教育学部研究報告(教科教育学篇)』第 48 巻,147–160 頁.

文部科学省(1998)『中学校学習指導要領――平成 10 年 12 月告示』文部科学省.

文部科学省(1999)『高等学校学習指導要領――平成 11 年 3 月告示』文部科学省.

文部科学省(2008)『中学校学習指導要領――平成 20 年 3 月告示』文部科学省.

文部科学省(2009)『高等学校学習指導要領――平成 21 年 3 月告示』文部科学省.

文部科学省(2017)『中学校学習指導要領――平成 29 年 3 月告示』文部科学省.

New Zealand Ministry of Education, The New Zealand Curriculum Online. http://nzcurriculum.tki.org.nz/

National Council of Teachers of Mathematics (NCTM) (1989), *Curriculum and Evaluation Standards for School Mathematics*, Reston, VA.: NCTM.

第8章 統計教育における e-learning コンテンツの制作
——JMOOCにおける実際例

下川 敏雄

1. はじめに

2000年代前半から開発されてきたICT技術による新たな「教育イノベーション」は，世界的に活用される段階に移行しており，一つの教育の在り方として世界的に認知されてきている．本邦では，教育再生実行会議の第六次，第七次提言のなかで，大学等がアクティブ・ラーニングを推進するために，e-learningを活用した教育プログラムの提言やMOOCの活用を進めることを述べている．また，2019〜2022年に実施される第3期教育振興基本計画（文部科学省）の基本方針のなかに，学校のICT環境の充実とともにアクティブ・ラーニングの整備に関する内容が盛り込まれている．

そのような時流のなか，多くの高等教育機関において，e-learningシステムの導入が進んでいる．このとき，e-learning導入の方式には，2つの方向性が考えられる．一つは，LMS（Learning Management System[1]）を導入することで，各高等教育機関が独自にe-learningシステムを開発・管理する方向性であり，その目的は，学生の基礎学力の向上と反転授業（flipped learning）の実施にある．もう一つは，MOOCのシステム（Cour-

---

[1] LMS（Learning Management System）とは，e-learningの実施に必要な「受講者および学習教材の管理（学習教材の保管・蓄積・編集機能）」，「受講者への講義の割り当て（利用者認証・登録・編集機能）」，「学習進捗の管理（受講者の学習履歴集計・記録，試験の成績）」などを統合して管理するシステムである．LMSを導入することで，受講者は自由な時間と場所で自分の習熟度にあわせて学習できる．また講師は，受講者の苦手な内容，個々の試験問題の正解割合を把握することができる．

sera, edX 等）を利用する方向性であり，オープンエデュケーションの提供を目的としている．

本章では，統計教育における e-learning 制作の過程を後者の MOOC による方向性から眺めるとともに，それらの開発における留意点および問題点に関する議論を行う．

2. 高等教育機関における e-learning 導入の現況

大学 ICT 推進協議会が平成 27 年に全国の大学，短期大学，高等専門学校，学部研究科（以下，高等教育機関）を対象としたアンケート調査では，90% 以上の高等教育機関が ICT 活用教育の重要性（とても重要である，ある程度重要である）を認識しており，いずれの高等教育機関も平成 25 年の調査に比べて「とても重要である」と回答している割合が増加している（図 8-1）．また，ICT 活用の推進資金額は平成 25 年に増加しており，1000 万円以上の予算を確保している大学が 4 割程度存在している（図 8-2）．

ICT 活用教育を導入したことによる効果については，約半数の大学が，「よくみられる（15.4%）」，あるいは「ややみられる（36.2%）」と回答しており，「あまりみられない（4.3%）」，「全くみられない（0.6%）」を大きく上回っている．大学における ICT 活用教育に期待することと実際の効果の散布図を，図 8-3 に示す．「学生に対してより便利な環境の提供」は，期待される効果が非常に高く，同等の効果が認められている．一方で，「アクティブ・ラーニング型授業での利用」あるいは「PBL 型授業での利用」といった ICT 活用の目的については，期待される効果に比べて実際の効果が低くなる傾向にある．

ICT 活用教育を導入することによるデメリットについて，約半数の大学が，「多数存在する（7.6%）」，あるいは「やや存在する（43.6%）」と回答しており，ICT 活用教育による効果は感じつつあるものの，導入に伴う弊害も発生しているようである．具体的には，「コンテンツ（本章では，e-learing システムの中で用いられる動画，テキスト等を総称してコンテンツと定義する）の作成など教員の負担増」，「予算コストが増加」，「システム

第8章 統計教育における e-learning コンテンツの制作　163

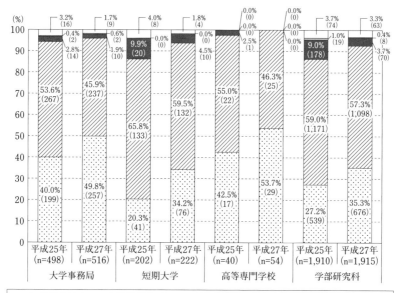

図8-1　高等教育機関における ICT 活用の重要性に関するアンケート調査結果
出所：大学 ICT 推進協議会 ICT 利活用調査部会（2016）より引用・改編．

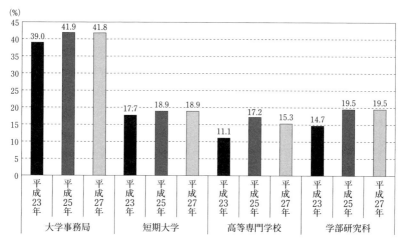

図8-2　ICT 活用の推進資金額が1000万円以上である高等教育機関の割合
出所：大学 ICT 推進協議会 ICT 利活用調査部会（2016）より引用・改編．

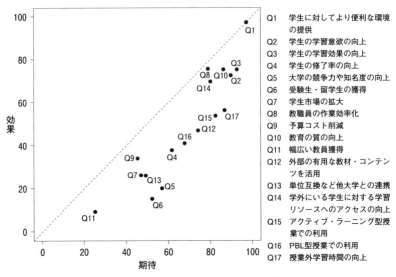

図 8-3 大学（大学事務局）が ICT 活用教育に期待することと得られた効果に対する散布図

出所：大学 ICT 推進協議会 ICT 利活用調査部会（2016）より引用・改編．

の維持，管理で負担が増加」をデメリットに挙げている大学が多い（図 8-4）．

また，ICT 活用教育を支援する組織が存在する大学の割合は，43.0% にとどまっている．そのなかでも，「ビデオ教材作成支援」，「授業用 Web ページ作成支援」を実施しているのは，大学においても 25% 未満にとどまっており（ビデオ教材作成支援：23.0%，授業用 Web ページ作成支援：20.3%），「e-learning コンテンツ作成支援」については 28.4% 程度である．e-learning では，ビデオ教材を含めたコンテンツ制作のノウハウ（例えば，ビデオ編集の技術や LMS の利用方法など）をもつ講師（教員）は少なく，それらの講師に対する技術的な支援は，e-learning 利活用の課題の一つであるといえる．

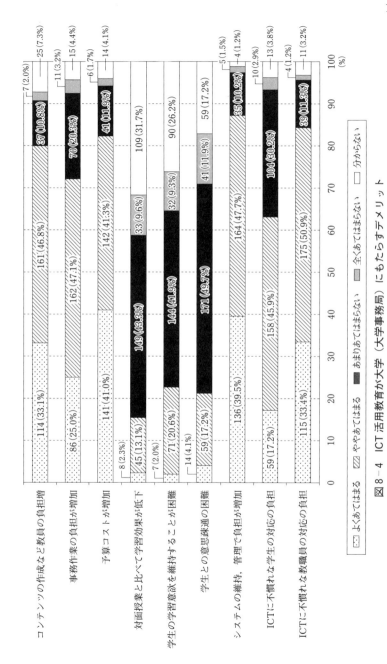

図 8-4 ICT 活用教育が大学（大学事務局）にもたらすデメリット

出所：大学 ICT 推進協議会 ICT 利活用調査部会（2016）より引用・改編．

3. e-learning コンテンツ作成の流れと留意点

　e-learning 作成は，(1) 講義内容の吟味，(2) 講義スライドの作成（習熟度テストを含む），(3) 講義映像の撮影および編集，(4) e-learning コンテンツの作成，(5) 補助テキストの作成，の5段階に分けられる．通常の講義と異なるのは，(3)(4) の段階が e-learning では必要になることである．講師はそれらを行うための十分な知識・技術が必要になり，このことが e-learning 導入に対するハードルとなっている．

　e-learning コンテンツの作成において，まず検討しなければいけないのが，画面の設計である．大川内ほか (2015) は，よく用いられる e-learning コンテンツの画面レイアウトの構成として，主に4種類が用いられていることを報告している．

　講義風景配信型（図 8-5 (a)）とは，カメラで録画された講義風景を配信する方式である．e-learning コンテンツ用に録画する必要がなく，講義風景を「そのまま」配信することから，編集の手間は少ないものの，スライドが見にくいことが多い．また，講義では，レーザーポインターを用いることが多いが，撮影された映像には映りにくい傾向にある．

　講義資料配信型（図 8-5 (b)）は，講義スライドのみを提示する方式である．講師の映像がないことから，映像が単調になり，集中力を持続しづらい傾向にある．一方で，4種類の方式のなかで最も資料が見やすいことから，ソフトウェアの利用方法や手書きによる説明などへの利用には適している．また，講師の映像がないことから，図 8-5 (c)(d) に比べて映像の編集は容易である．

　講師＋資料配信型［並列］（図 8-5 (c)）は，図 8-5 (b) のスライド画面の横に講師の映像を配置した方法である．講師の「顔」が見えることから，図 8-5 (b) の講義に対する臨場感の問題は部分的に解消されるものの，全身の映像が映されるわけではない．そのため，講師のジェスチャなどの「動き」は放送されない．

　講師＋資料配信型［埋め込み］（図 8-5 (d)）は，講師が講義資料を背景

167

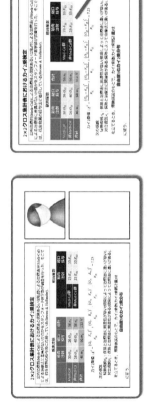

(a) 講義風景配信型　　(b) 講義資料配信型

(c) 講師＋資料配信型［並列］　　(d) 講師＋資料配信型［埋め込み］

図8-5　e-learning コンテンツの画面構成

出所：大川内ほか（2015）より引用。

にして一画面の中に埋め込まれる方式であり，教育テレビ番組などで採用されている講義形式である．講義資料が画面全体に映し出され，講師の映像も大きく映ることから，対面講義の臨場感に最も近い．ただし，撮影施設や機材を必要とすることから，この方式で制作できる大学等は限られている．一方で，磯（2001）は，講義におけるジェスチャ等の非言語情報は，受講者が受ける「話の上手さ」と正の相関関係があることを報告している．したがって，講師＋資料配信型［埋め込み］は，e-learing による講義としては，最適な画面レイアウトであるといえる（大川内ほか 2015）．

多くの LMS において，画面レイアウトは自由に選択できる．そのため，e-learning コンテンツを作成している講師が自らの「好み」で選ぶことになる．

4. JMOOC「gacco」における統計学の講義

MOOC（MOOCs と呼ばれることもある）とは，インターネット上で公開されている大規模オンライン講座であり，Massive（大規模），Open（公開），Online（オンライン），Course（コース）の頭文字に由来する．MOOC は，2008 年にカナダのアラバスカ大学の Dave Cormier と Bryan Alexander によって提唱された造語である（山田 2014）．MOOC が脚光を浴びたのは，2011 年から 2012 年にかけて，Harvard 大学，Stanford 大学，MIT といった米国の世界有数のトップ大学が MOOC に参入したことによる．これらの大学は，のちに xMOOCs と呼ばれる Coursera（Stanford 大学），edX（Harvard 大学，MIT）などのプラットフォームを開発し，各国のトップ大学の講義を提供する形で MOOC の発展に貢献している．本邦からは，Coursera に東京大学，edX に京都大学が参加することで注目が集まり，現在に至っている．

Coursera あるいは edX といった MOOC プラットフォームでは，英語による講義が中心であるとともに，コンテンツの質保証の観点から，提供できる大学は各国のトップ大学に限られていた．そのため，英語圏以外の国々（とくにアジア諸国）は，独自の MOOC プラットフォームを開設するとと

もに，母国語による講義を提供できる環境を整備している．

　本邦では，一般社団法人日本オープンオンライン教育推進協議会（JMOOC）が 2013 年に発足している．JMOOC 公認のプラットフォームには，gacco, OpenLearning Japan, OUJ MOOC, Fisdom の 4 つが存在する（2017 年 12 月現在）．

　gacco は，ドコモ gacco 社が提供する JMOOC が最初に公認したプラットフォームであり，37 万人以上が登録している．受講者の年齢層は，10 歳代から 90 歳代まで幅広く，累計 180 以上のコンテンツを提供している（株式会社ドコモ gacco ほか 2017）．

　gacco では，統計学の学習コンテンツとして，「統計学シリーズ（日本統計学会他）」，「データサイエンス・シリーズ（総務省統計局）」および，「高校生のためのデータサイエンス入門（滋賀大学）」の 3 種類が存在する（2017 年 12 月現在）．

　統計学シリーズは，日本統計学会が中心になって実施している講義であり，「統計学Ⅰ」，「統計学Ⅱ（日本計量生物学会と協力）」，「統計学Ⅲ（日本行動計量学会と協力）」がある．統計学Ⅰでは統計検定 3 級を想定した記述統計学に関する講義，統計学Ⅱでは統計検定 2 級を想定した推測統計学に関する講義，そして，統計学Ⅲでは多変量解析に関する講義を行っている（表 8-1）．なお，「統計学Ⅰ」は 2014 年，「統計学Ⅱ」は 2015 年，「統計学Ⅲ」は 2017 年からそれぞれ実施されている．これらの講義では，講義内容を復習，実践するための対面授業を行っている．

　ちなみに，「データサイエンス・シリーズ」には，「社会人のためのデータサイエンス入門（2015 年より開講）」，「社会人のためのデータサイエンス演習（2016 年より開講）」，「誰でも使える統計オープンデータ（2017 年より開講）」がある．

　gacco では，通年にわたって講義が受講できるわけではなく，例えば「統計学Ⅰ」の場合には，講義開始から 5 週間のみ受講登録ができる．2017 年度は，4 月に「統計学Ⅰ」が開講され，6 月に「統計学Ⅲ」が開講されている．また，「統計学シリーズ」の各講座は，年 1 回の開講スケジュールで開催されている．

表8-1 gaccoで提供されている統計学シリーズ（日本統計学会）の概要

講義名	講師	概要
統計学Ⅰ：データ分析の基礎	竹村彰通（滋賀大学）下川敏雄（和歌山県立医科大学）酒折文武（中央大学）中山厚穂（首都大学東京）奥田直彦（総務省統計局）	統計グラフの読み方，記述統計といった統計的データ解析の基礎について学ぶことができる（日本統計学会公認 統計検定3級に対応）． 第1週：統計学への誘い 第2週：統計グラフと質的データの要約 第3週：量的データの要約 第4週：相関と時系列 第5週：公的統計の活用とまとめ
統計学Ⅱ：推測統計の方法（日本計量生物学会と協力）	竹村彰通（滋賀大学）椎名洋（信州大学）和泉志津恵（滋賀大学）松田安昌（東北大学）佐藤俊哉（京都大学）	推定・検定・回帰分析などの推測統計学の方法について学ぶことができる（日本統計学会公認 統計検定2級に対応）． 第1週：推測統計と確率の考え方 第2週：統計的推定 第3週：統計的検定 第4週：回帰分析 第5週：適合度と分割表の解析
統計学Ⅲ：多変量データ解析法（日本行動計量学会と協力）	岩崎学（横浜市立大学）足立浩平（大阪大学）渡辺美智子（慶應義塾大学）宿久洋（同志社大学）芳賀麻誉美（大阪経済大学）	多変量解析法について，その理論と実際のデータに適用する際の注意点や実際の応用例について学ぶことができる． 第1週：多変量データ解析法の概略と重回帰分析 第2週：主成分分析と因子分析 第3週：多変量解析の活用：商品・サービスの設計を例に 第4週：クラスタリング法と多次元尺度構成法 第5週：課題解決のための多変量解析の利用

図 8-6 は，講義内容のスクリーンショットである．画面構成には，講師＋資料配信型［埋め込み］が採用されている（図 8-5 (d)）．動画は YouTube などと同様にストリーミング配信の形式をとっており，講師のセリフは，右側に字幕として表示され，動画に連動して動作するようになっている．スライドは，「教材ダウンロード」から PDF ファイルとして入手できるようになっており，動画についても mp4 フォーマットでダウンロード可能になっている．

各週には，確認テストが用意されている（図 8-7）．確認テストは，選択問題で構成されており，統計検定を意識した問題設定になっている．講義全体を受講した後には，最終テストを受験することになる．最終テストも確認テストと同様の選択問題であるが，1 回しか受験できないことになっている（確認テストは再試験可能である）．最終テストにおいて，60% 以上の得点率を獲得した場合には，当該講義を修了することになり，修了書が発行される．

表 8-2 は，これまでの受講者の推移を表している．各年度とも 1 万人以上が受講しており，延べ 58,636 人の受講者を輩出している（2017 年 12 月現在）．「統計学 I」の受講者は，2014 年から 2016 年にかけて減少しているものの，「統計学 I」を修了した受講者は次のステップである「統計学 II」を受講している可能性があり，統計学を学ぶ受講者が減少傾向にあるとは言い難い．実際に，2014 年と 2015 年では統計学の講義全体（「統計学 I」および「統計学 II」）での受講者は増加している．また，2017 年は「統計学 II」の集計は行われていないが，2016 年と同様の受講者（5,000 人程度）であると仮定すれば，2015 年と同程度あるいはそれ以上の受講者になることが予想される．

「データサイエンス・シリーズ」では，「社会人のためのデータサイエンス入門」の受講者数が 42,859 人（計 5 回開講），「社会人のためのデータサイエンス演習」の受講者数が 18,812 人（計 2 回開講），「誰でも使える統計オープンデータ」の受講者数が 8,028 人（計 1 回開講）なので，延べ 69,699 人が受講している（2017 年 12 月現在）．したがって，統計学の学習シリーズ全体では，11 万人以上が受講していることになる．

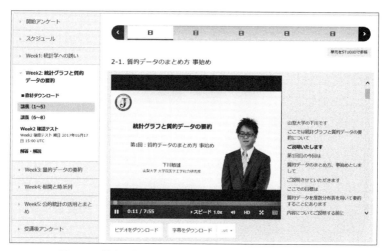

図8-6 「統計学Ⅰ」における講義のスクリーンショット

出所:gacco「統計学Ⅰ」Week2.

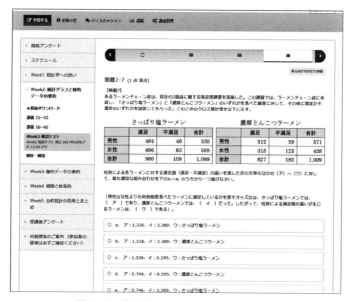

図8-7 確認テストのスクリーンショット

出所:gacco「統計学Ⅰ」Week2.

表 8-2 「統計学シリーズ」におけるこれまでの受講者数

	2014 年	2015 年	2016 年	2017 年	合　計
統計学 I	14,934 (180)	10,869 (108)	6,669 (62)	7,134 (41)	39,606 (391)
統計学 II	—	5,942 (89)	4,452 (46)	3,441 (*)	13,835 (135)
統計学 III	—	—	—	5,195 (29)	5,195 (29)
合　計	14,934 (180)	16,811 (197)	11,121 (108)	15,770 (70**)	58,636 (555**)

注：統計学 I は 2014 年，統計学 II は 2015 年，統計学 III は 2017 年より開講．
　カッコ内は対面授業の受講者数である．
　＊2017 年度は 2017 年 12 月現在未集計．＊＊2017 年度の統計学 II の対面授業を除く．
出所：株式会社ドコモ gacco ほか（2017）より引用．

5. 「統計学 I」の制作過程

「統計学 I」の制作に当たって，担当の講師等（現：日本統計学会 MOOC 委員会委員，および総務省統計局（「統計学 I」では，総務省統計局の協力があったため））は，定期的にミーティングを開催し，講義内容の吟味を行った．「統計学 I」を制作する段階では，その後の講義（「統計学 II」，「統計学 III」）の展開についても決定されておらず，また，e-learning コンテンツを学会が主体となって制作するという試みも初めてであった．したがって，(1) どのような内容にするのか（シリーズ化を含めた検討），(2) 1 回あたりの講義の分量をどの程度にするのか，(3) 開講中のディスカッション・ページの管理をどのようにするのか，といった様々な事柄について議論を深めた．

　講義の内容については，統計学にこれまで触れたことの少ない受講者を対象とするために，統計検定 3 級程度を想定することにした．また，「統計学 I」の講義期間を約 1 カ月の 5 週としたうえで，各週を 1 名程度が担当することが決定された（5 週目のみ複数の講師が担当している）．

　各週の大まかな内容については，ミーティングのなかで議論し，ミーティ

表8-3 「統計学Ⅰ」における第2週の講義における到達目標

	内容	到達目標
第1回	質的データのまとめ方　事始め	質的データを度数分布表で集計する．
第2回	統計グラフ（1） ──円グラフと棒グラフ	棒グラフと円グラフを適切に用いて，解釈する．
第3回	統計グラフ（2） ──帯グラフとまとめ	帯グラフを適切に用いて，解釈する．また，適切な統計グラフを取捨選択する．
第4回	2変数のデータのまとめ方 ──クロス集計表	2変数の質的データの関連性をクロス集計表で評価する．
第5回	クロス集計表における諸種の測度	クロス集計表における因果と連関の違い，およびオッズ比を理解する．
第6回	多重クロス集計表	多重クロス集計表の作成方法を理解する．
第7回	多重クロス集計表における第3の変数	多重クロス集計表の第3の変数，および交互作用を理解する．
第8回	クロス集計表を用いた実践例	クロス集計表を用いた実際の解析から有用な結論を導く．

出所：「統計学Ⅰ──データ分析の基礎」オフィシャルスタディノート17頁より引用．

ングでの議論を受けて各週の担当講師が講義計画（シラバス）を作成した．このとき，各週の担当講師は，各週の講義内容を7～9回に分け，講義内容とともにそれぞれの講義に対して到達目標を設定した．表8-3は第2週の内容と到達目標を表している．例えば，第4回の「2変数のデータのまとめ方：クロス集計表」での到達目標は，「2変数の質的データの関連性をクロス集計表で評価する」となっている．このように，各講義内容について到達目標を設定することで，受講者は「何を学べばよいか」が明確になっている．

開講中のディスカッション・ページの管理は，各週の担当講師が主体的に行うものの，マンパワー不足が懸念された．そのため，統計学を専攻する大学院生にティーチング・アシスタント（TA）をお願いした．

ミーティングにより，「統計学Ⅰ」の方針が決定された後，講師はPowerPointによるスライドの作成作業を行った．このとき，スライドのデザイン，色彩構成，クリップアート等は，講義全体での統一感をもたせることに留意した．そのために，1名の講師が先行してドラフト版を作成し，それを

参考に他の講師がスライドを作成することにした．また，作成されたスライドは，講師間でのクロスチェックを行い，内容に齟齬がないことをメール等で互いに確認した．

e-learning では，不特定多数の受講者が閲覧することから，著作権に対して十分に配慮する必要がある．そのため，「統計学Ⅰ」では，データあるいは引用文献の利用許可に関する確認を入念に行うとともに，人工（仮想）データを作成することで著作権に対応した．

統計学Ⅰの講義動画には，図 8-5（d）の講師＋資料配信型［埋め込み］が採用されている．そのため，講義動画の撮影は，インタラクティブ・ホワイトボード（電子黒板）を備えた映像コンテンツ制作会社のスタジオで実施された．統計学Ⅰの各回の講義（前述したように，各週の講義は，7～8 回に分けられている）は，5～8 枚程度のスライドで構成されており，10 分程度で終了するように努めている．一方で，動画撮影では，言い間違い等による説明のやり直しを必要とすることも多いため，動画の連続性（講師の動きに途切れを生じさせないようにする）を担保することを意図して，スライドの最初から撮影した．そのため，各回の撮影には 30 分程度の時間を要した．したがって，1 週当たりの撮影は，3 時間から 4 時間程度（約半日）をかけて行われた．

動画撮影において講師が述べた説明内容は，映像コンテンツ制作会社によって，すべてテキスト化された．これは，gacco では講義動画に連動して説明内容がテキスト表示されるためである．各講師は，説明内容のテキストを確認するとともに，添削を行い，テキスト内容の誤りを修正した．ちなみに，講義内容のテキストは，後述する補助教材の作成に活用されている．

e-learning では，講義動画を「眺める」ことに終始することが多く，通常の講義のようにメモを取るという作業が減少する傾向にある．このことが，通常の講義にある「緊張感」あるいは「臨場感」を欠如させることに繋がっている．これらの難点を解決する施策として，gacco におけるすべての「統計学シリーズ」および「データサイエンス・シリーズ」の授業では，補助教材「オフィシャルスタディノート」を出版している．

オフィシャルスタディノートでは，gacco の講義内のすべてのスライドと

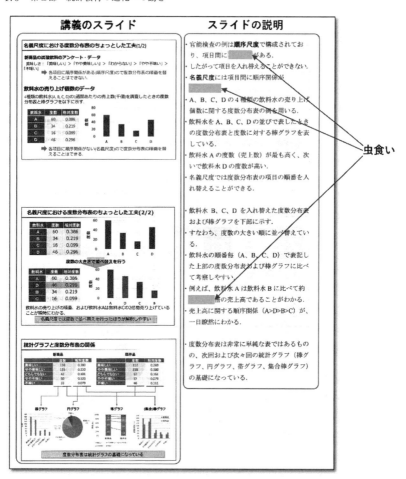

図 8-8 「統計学Ⅰ」オフィシャルスタディノート
出所：gacco「統計学Ⅰ」オフィシャルスタディノート．

ともに，解説の要約を「虫食い」の形式で提供している（図 8-8）．オフィシャルスタディノートを利用する受講者は，講義動画を「眺める」とともに「虫食い」を埋める作業が必要になる．これにより，通常の講義のメモをとるような感覚で講義動画を見ることができる．また，オフィシャルスタディノートでは，各週の確認テストおよび最終テストの模擬問題も解説とともに掲載されている．

第2週
第1回

度数 frequency
　1組の観測値をその値によっていくつかの階級に区分したとき、それぞれの階級に入る観測値の個数を（絶対）度数という．

度数分布・度数分布表 frequency distribution・frequency table
　観測値をある特性によっていくつかの階級に分けたとき、各階級の度数をまとめて示したものを度数分布という．度数分布を表にしたものを度数分布表という．また、図で表したものを度数分布図という．

相対度数 relative frequency
　度数分布表の各階級の度数を総度数で割ったものを相対度数という．すなわち、各階級の度数の総度数に対する割合であって、総度数の異なる同種類の分布の比較に便利である．相対度数は一般に百分比で表示する．

順序尺度 ordinal scale
　観察される変数と数値を対応させる基準．例えば、治療効果の判定において、悪化を −1、不変を 0、改善を 1、著効を 2 のように数値に対応させて入力する．ある場合には、改善を 1 とすれば著効は 3 くらいかもしれない．しかし、それを決定できる客観的な根拠がない場合には、これらの数値は大小関係にのみ意味がある．平均値などをとることはできないが、中央値は定義できる．また、大小関係の情報を使用するノンパラメトリックな統計学的分析手法がある．

名義尺度 nominal scale
　観察される変数と数値を対応させる基準．データをコンピュータで処理するために用意するとき、例えば、血液型の場合には、A 型を 1、B 型を 2、AB 型を 3、O 型を 4 のように数値に対応させて入力する．しかし、これらの数値は血液型を区別するために使われているだけで、重複さえなければ、A 型を 4、B 型を 3、AB 型を 2、O 型を 1 に割当ててもよい．したがって、平均値を求めても意味がない．数値に対応させるのは、コンピュータプログラムの都合である．

第2回

円グラフ pie chart
　全円を 100%にして、その内訳面積の広さを比較することによって、百分比の構成比を観察する百分比グラフの一種．

棒グラフ bar chart
　基線から出発して同幅の棒の長短、高低によって、数量間の差や比、また、大小の順序などを観察するのが目的のグラフである(例えば、都道府県別の人口)．棒グラフの種類として単純比較棒グラフ、時系列棒グラフ、内訳棒グラフ、集合棒グラフ、積み上げ棒グラフなどがある．

図 8-9 「統計学 I」オフィシャルスタディノートの用語集

出所：gacco「統計学 I」オフィシャルスタディノート．

統計学では，専門用語が多いことが「難解な学問」であるという印象を持たせる要因の一つになっている．オフィシャルスタディノートでは，用語集を作成しており，専門用語に迷うことなく学習することができるように努めている（図 8-9）．

6. gacco における統計学コンテンツの課題

本節では，gacco で提供された統計学の講義における課題について，3 点を挙げ，それぞれに対する意見を述べる．

(1) gacco におけるディスカッション・ページ

gacco では，講師と受講者，受講者間のコミュニケーションの場として，ディスカッション・ページという電子掲示板が用意されている（図 8-10）．これは本来は，受講者間で議論することで，相互に理解を高めることを目的の一つとしている．「学習する側」の受講者が，ディスカッション・ページを通じて「教える側」になる．このことが，学習効果をより高めることが期待できるためである．実際には，受講者からの質問の場としての役割が強く，受講者間で議論を行うことは非常に少ない．

gacco の講義が実施されている 5 週間，「教える側」の講師はディスカッション・ページをまめにチェックし，質問に答えなければならない．通常の講義の場合には，受講者（学生）は多くても数百人程度であるが，gacco の場合には，1 万人を超える場合がある．そのため，大学院生の TA に補助をお願いしているものの，講師に対する負荷は少なくない．一方で，TA に対する謝金については適切に支払われているものの，講師に対する報酬はほとんどなく，「慈善事業」となっているのが現状である．

JMOOC は，オープンエデュケーションであることから，受講料は支払われていない．一方で，対面授業，オフィシャルスタディノート，修了書の印刷・発行については費用を徴収している．今後は，企業研修等へのライセンス提供等を検討するなど，収入を増加させる施策を検討するほうがよいように思われる．山田（2014）は，MOOC における持続可能性のためにもビ

図 8‒10　「統計学Ⅰ」におけるディスカッション・ページ
出所：gacco「統計学Ⅰ」ディスカッション・ページ．

ジネスモデルを検討する必要があることを指摘しており，船守（2016）は，MOOC におけるコンテンツ作成の高額なコストについて指摘している．つまり，「優良なコンテンツの提供」と「継続的な収入」は，統計学コンテンツの持続的な提供の両輪になる．ドコモ gacco 社では，無料コンテンツの gacco とは別に，gacco 内のコンテンツを活用した有償サービス「gacco Training」を企業等を対象に提供している．今後は，このような有償サービスに「統計学シリーズ」のコンテンツが活用されることで，新たなコンテンツ制作の「資金」に繋がることを期待している．

(2) 講義内容の更新

e-learning の問題点の一つに，講義内容の更新が困難なことが挙げられる．「統計学Ⅰ」は，2014 年に開講され，既に 5 回の講義が行われている．その間に，何名かの講師の所属が変更になり，いくつかの誤りが明らかとなっている．通常の講義の場合には，翌年度にスライドを修正すればよいだけであるが，e-learning の場合には，講義動画の作り直し作業が必要になる．このことは，gacco でも例外ではなく，明らかな間違いに関しては，講義動画の

一部撮り直し作業を行っているものの，頻繁にできるものではない．また，「このデータのほうが分かりやすかったのでは」あるいは，「このように説明したほうが分かりやすかったのでは」といった，ディスカッション・ページへの応対を通じて感じる反省点をフィードバックすることは難しい．講義の「新鮮さ」を考えると，例えば，5年に1回などのサイクルでコンテンツを作り直す必要があるかもしれない．

(3)「統計学的意味の理解」から「統計学の実践」への橋渡し

統計学は実践的学問であることから，理論あるいは統計的意味を理解しただけでは十分であるとはいえず，それらの統計手法を実際のデータ分析に応用できなければならない．「統計学Ⅰ」では，講義内容が簡単であるため，オフィシャルスタディノートにおいて，Excel および統計ソフトウェア R での解析例を掲載している．一方で「統計学Ⅱ」および「統計学Ⅲ」では，統計手法が高度化するため，統計ソフトウェアの説明だけで書籍になるレベルに達している．gacco で学習した統計的意味を，統計ソフトウェアを利用した統計的実践に繋げていく方策を検討することが今後の課題である．

7. おわりに

本邦では，統計学を専門に学ぶための高等教育機関が，平成29年度に滋賀大学データサイエンス学部，平成30年度に横浜市立大学データサイエンス学部としてようやく誕生している．しかしながら，統計学を専門的に学ぶ学部の数は米国などに比べて非常に少ない状況にある．一方で，産業界におけるデータサイエンティストに対するニーズは高い状態が続いている．このような需要と供給のアンバランスを埋めるためにも，gacco に代表されるオープンエデュケーションによる「統計学」の教育が重要である．また，高等教育機関の学生が統計学の専門家（研究者）から学ぶ機会を提供することも重要である．様々なバックグラウンドを持つ多くの受講者が「統計学」を学ぶことは，本邦におけるデータリテラシーのレベル向上にも繋がるとともに，統計学の発展に寄与するであろう．

参考文献

磯友輝子（2001）「話し手の非言語的行動が「話の上手さ」認知に与える影響――発話に伴うジェスチャーに注目して」『対人社会心理学研究』第1号，133-146頁.

大川内隆朗・丹野清美・大橋洸太郎・山口和範（2015）「統計分析用ソフトウェア学習のための E-Learning コンテンツ開発」『立教大学社会情報教育研究センター研究紀要』第1号，39-47頁.

株式会社ドコモ gacco・一般社団法人日本統計学会・総務省統計局・総務省統計研修所（2017）「統計をとりまく動き　統計学に関するオンライン講座の状況」『統計』第68巻第12号，61-65頁.

教育再生実行会議提言．http://www.kantei.go.jp/jp/singi/kyouikusaisei/teigen.html

大学 ICT 推進協議会 ICT 利活用調査部会（2016）『高等教育機関における ICT の利活用に関する調査研究結果報告書〔第3版〕』．https://axies.jp/ja/ict/2015report.pdf

船守美穂（2016）「MOOC と反転学習がもたらす教育改革――デジタル時代・高等教育のユニバーサル化・超高齢化社会における大学像」『ECO-FORUM』第31巻第2号，26-34頁.

山田恒夫（2014）「MOOC とは何か――ポスト MOOC を見据えた次世代プラットフォームの課題」『情報管理』第57巻第6号，367-375頁.

補論 2　日本の私立大学文系の統計教育

山本　拓

1. はじめに

　私は，約40年にわたって創価大学，横浜国立大学，筑波大学，一橋大学，そして日本大学の経済系の学部において，統計学・計量経済学を担当してきた．約10年前に一橋大学を定年となり日本大学経済学部に移った．私の関心の中心はそれまでは研究であったが，それ以降は徐々に統計学教育にウェイトが移ってきた．本論では，そのような立場から統計学教育の特徴あるいはその難しさについて考えてみたいと思う．5大学で教えた経験から，統計学のような数学的科目の教育は，それぞれの大学に合わせて様々に変える必要があるということを痛感した．本論ではトップレベルの大学における問題を議論するのではなく，日本大学のような多くの卒業生を社会に送り出している私立大学文系学部（以下，私大文系）における，いわゆる統計学入門レベルでの統計教育の問題を考えることにする．なお私が経済系の学部で担当してきた科目は，入門統計学がおおよそ3分の1で残りの3分の2は計量経済学であった．したがって，以下の論考は，広く文系といっても基本的には経済系における教育経験に多くを依存している．

2. 問題解決の手法としての統計学

　本題に入る前に，よく知られたことであるが，統計学上の大きな発見は，実際の問題の解決のための必要性から生じたものだということを再確認したい．統計学の歴史的な発展についてここで述べるつもりはないが，身近な例でいえば，日本人統計学者の研究成果の中で実証分析において最も広く用い

られていると思われるのは，故赤池弘次教授（統計数理研究所）のモデル選択のための AIC 規準であろう．これは，セメント・ロータリーキルン（回転窯）の生産工程の最適化についての時系列モデルの選択方法についての考察から生まれた．AIC 規準は，他のモデルについての選択にも利用可能で，現在ではほとんど全ての統計パッケージの出力に組み込まれている．やや専門的になるが，私の専門である経済時系列分析の分野における共和分モデルも，故 C. W. J. Granger 教授（2003 年ノーベル経済学賞受賞）によって成長トレンドを持つ現実の経済データ間の関係をより合理的に説明する必要性から発見されたものである．

　基本的に統計学は，上記のように天才が実際の問題を解決するために新しい考え方を開発し，その考え方を後に続く多くの統計学者が数学的に精緻化したりより一般化したりすることによって，新しい統計分析の体系が作り上げられてきたように思う．すなわちここで確認したいことは，統計学はそれ自身が完結した学問分野であるというより，その発展のためにはそれが使われる実際の現象からの刺激が必要な学問分野である，ということである．そういう意味では統計学は学際的側面を内在しているといえる．

　ところで，私は慶應義塾大学の工学研究科における修士論文作成段階において，偶然の機会から同大学商学部教授であった故西川俊作先生より個人的な指導を受けた．当時先生が主任研究官をされていた経済企画庁経済研究所に週 2，3 回通い，計量経済モデルに基づく経済分析の手ほどきを受けた．西川先生はそのとき「計量経済学は必要悪だ」と言われた．「悪」というのは言葉の綾であるが，その含意は「自分が信じる経済理論を言葉だけで相手を納得させることができるのであれば，そもそも計量経済学など必要はない．しかし実際には言葉だけで相手を納得させることはなかなか難しく，他人を説得するには客観的な根拠が必要であり，それがデータに基づいた計量分析なのだ」ということであった．この考え方は最近よく言われている EBPM（Evidence Based Policy Making：証拠に基づいた政策決定）の考えと共通するものである．近年は多くの分野で豊富なデータが入手可能になり，データ分析の手法である統計分析・計量分析の有用性が広く認知されるようになってきた．

3. Motivation バリアー

　さて本題に戻って，まず私大文系における統計学教育にとっての難しさを考えよう．上で述べたように，統計学は様々な現実の問題を分析するためのツール（手法）である．西川先生が言われたように，統計学を学ぶにあたっては，何か主張あるいは検証したいトピックを抱えていることが前提である．このツールとしての側面が，統計学を学ぶにあたってのバリアー（障害）になっている．すなわち，学生にとっての第 1 のバリアーは統計分析を行いたいという motivation（動機，問題意識）の欠如である．すなわち，多くの大学生は自ら分析したい問題を抱えている訳ではない，という現実がある．つまり一部の問題意識を持った学生を除くと，学生は必ずしも統計学を積極的に学ぼうという必要性を感じていないのである．これを私は motivation バリアーと呼んでいる．

　そこでまず統計分析が使われているいくつかの事例を紹介して，motivation 自体を与える必要がある．しかし残念ながら，経済系といっても必ずしも経済学のトピックに興味を持っているとは限らないので，例えばスポーツに関することなどで，若者がより興味を持ちそうなデータについて，統計分析がどのように使えるかを示して興味を引く必要がある．つまりまず興味がありそうなトピックを紹介する，というステップが必要となる．統計学を必修科目にするという方法も，強制的に motivation あるいは必要性を植え付ける方法であるが，大規模な私大では，大教室で統計学を教えることになり，これは教育効果が上がりにくい困難な仕事である．

　私が教えてきた日本大学経済学部では，1 学年 1,500 名超という膨大な数の生徒がいるが，選択科目である計量経済学の 2017 年度の履修者は 70 名程度である（私が着任した 2008 年度は丁度 20 名であった．正直，生徒数の多さに比して履修者数の少なさに驚いた．一方，私が永らく教えていた一橋大学経済学部では，1 学年 270 名強の定員に対し選択必修科目である計量経済学履修者は 220〜240 名であった）．これは，motivation あるいは必要性からくるプレッシャーの差異が最大の理由だと理解している．しかしながら，

日本大学でも毎年，定年による退職，そして補充のための新規採用が行われ，6，7名はスタッフの顔ぶれが入れ替わっている．そして新しく入ってくる若い教員たちは最近の教育を受けており，より実証分析に力を入れているので，そのような教員のゼミに所属する学生が増えるにつれて，日本大学でも上に述べたように履修者は徐々にではあるが，安定した増加傾向にある．

私は，数年前に始まった日本統計学会公認の統計検定に多少関わってきたが，大学基礎という位置づけの「統計検定2級」の受験者は，我々の当初の予想に反して，学生より社会人の方が恒常的に多い．この現象は社会人の方が仕事上の必要性から，現役学生に比べて統計学の習得に対してよりmotivateされているためと考えられる．

4. 数学バリアーI

私大文系における2つ目のバリアーは，もちろん数学バリアーである．統計学を学ぶにはある程度の数学的知識が必要である．日本大学経済学部は典型的な私立の文系といってよいだろう．入試において数学は選択科目であり，数学を選択する受験者は全受験者の10%に満たない．入試に数学が選択であるということは，経済学の勉強に数学は無くても大丈夫と宣言しているようなものであるが，今の経済学の内容を考えるとこれは学生をミスリードしているといってよいであろう．しかし，数学を入試の必須科目にすると受験生が減り，受験料収入減につながるのでこのような方針となっている．これは残念ながら多くの私大経済系の実情である．

数学バリアーは，大きく分けて2つのレベルに分けることができる．第1段階，すなわち数学バリアーIは，数学が基本的に苦手なグループが持つ問題点である．例えば，和記号 Σ （シグマ）を使った表現が受け入れられるか否かという問題がある．データ分析の基礎には，平均の概念があり，データの総和には和記号 Σ （シグマ）を使った表現が一般に使われるが，これに関する抵抗も無視できない．このシグマについての抵抗を取り除くために，独学での統計学習得を謳っているテキストは，シグマを使わず言葉だけで表現している．例えば，平均＝データの総和／データの数，といった具合であ

る．実際にはできるだけ記号や数式での表現を控えたり，数式を補う形で言葉による丁寧な説明を重視している（例えば，小島（2006）を参照）．

さらに，平均の概念はまだ OK としても，標準偏差（あるいは分散）の概念が鬼門となる．標準偏差は統計分析において信頼性を議論する際に極めて重要であり，このあたりでつまずくと統計学の入り口で挫折ということになってしまう．しかし，このバリアーで止まってしまうと全く先に進めないので，時間をかけてもこのバリアーは克服する必要がある．

5. 数学バリアーII

第2段階，すなわち数学バリアーIIは，いわゆる統計的推論（区間推定，仮説検定）を理解するための数学的難しさであり，ここが入門レベルの最大の難関である．昨今は便利な統計ソフトも多く，ハウツーを知っていれば，結果は出てくる．私としては，統計的推論は統計分析の肝なので，ハウツーを超えてその概念（意味）をつかんで貰いたいと思っており，ここをいかにうまく教えられるかに関心を持っている．

ここでは，得られたデータ（標本）は，対象の一部分であり，それを用いて全体（母集団）について推し測るということを考えている．一部をもって全体を考察するということから，当然誤りの生じる可能性があり，その可能性を客観的に評価するために確率変数の概念が必要となる．これらの母集団，標本，確率変数という概念は，ほとんどの私大文系の学生にとっては基本的に新しいものである（例えば，鳥居（1994）がこれらを丁寧に扱っている．しかしこれを習得するには根気が必要である）．統計的推論はこれらの概念を有機的に結びつけて構築するが，これがなかなか難作業であると思われる．また確率変数としては，最終的に正規分布を主に取り扱うことになるが，ここでは通常初期の段階で扱う離散型の度数分布表から連続型分布への発想のジャンプが必要となる（ここで「発想のジャンプ」とは，数学的に厳密な理解を促がさず，数値例などから類推によっての理解を促がすことを意味している）．

最終的には，「標本」ならびに「標本分布」の理解に難しさが集約されて

いるのではないかと思っている．例えば，取り出した標本の平均，すなわち標本平均であるが，これには二重の意味がある．それは確率変数を意味する場合もあるし，その実現値である具体的な値を意味する場合もある．確率変数としての標本平均を考えると，その確率分布（標本分布）を導出することが必要となる．そのためには，多変量確率変数を考える必要があり，確率変数の独立性という概念も必要となる．あるいは中心極限定理を援用することになる（例えば，稲葉（2013）参照）．これらの導出を厳密に説明することは難しく，数値例や実験例からの類推を促すことになり，ここでも発想のジャンプが必要となる．

以上のように私大文系の入門レベルでは，厳密に標本分布の導出を説明することには無理があるので，数値例や実験例からの類推に委ねる必要があり，そこに発想のジャンプがあり，それが避けて通れない大きなバリアーとなっていると思われる．

6. パソコン・インセンティブと実証分析

これまでは，学生の理解にとっての負の要因を考えてきたが，逆に正の要因としては統計パッケージの充実とパソコン普及があげられる．10年前には考えられなかったことであるが，現在は学生全員がパソコンを所有していることは前提として考えてよく，組み込まれているエクセルの統計パッケージによって入門レベルの統計分析は十分に扱える（例えば，縄田（2007）を参照）．理論的な話には元気を失っていても，パソコンを使って実際にデータを扱うとなると学生は元気になる．現在では高校時代にエクセルに馴染んでいる学生もおり，エクセルを使うことに抵抗はない．したがって，実際のデータを用いた実証分析を，各自がパソコンで行える状況になっている．エクセル以外の専用統計パッケージも最近は種々あるが，多くは有料であり，無料ソフトのRも理系には有用であるが，プログラミングが必要なため私大文系にはエクセルが向いていると思う．

7. おわりに

　現実的には，私立文系の統計学教育でできることは，①興味が湧くような分かりやすい例によって直感的に有用性の理解を促すことで motivation バリアーを乗り越える．②数学バリアーⅠについては，丁寧に説明し理解を促す．問題は，③数学バリアーⅡの克服であるが，統計的推論の理論的解釈にあまり時間をかけると学生は興味を失ってしまうので，比較的簡単な説明で発想のジャンプを促す．そして，④実際のデータを用いたエクセルによる統計的推論の実例の練習によって統計分析の理解を進めるというところではないか，と考えている．手前味噌であるが，上記のような考えに基づいて，日本大学経済学部の計量経済学教育に向けて著したのが拙著（山本・竹内 2013）である．教育効果は向上したように感じているが，授業に際してはさらなる微調整が必要である．

　近年はパソコンがますます身近になり，重要なデータへのアクセスも容易になっているので，私大文系の統計学教育は年を追ってパソコンでの実証分析に力を入れたものになっていくと想像される．その際に，その理論的背景の理解をどの程度まで要求するかはなかなか微妙な問題であり，各大学のレベルに合わせて講師が微妙な調整を行うことが必要になると思われる．

参考文献

稲葉由之（2013）『プレステップ統計学Ⅱ　推測統計学』弘文堂．
小島寛之（2006）『完全独習　統計学入門』ダイヤモンド社．
鳥居泰彦（1994）『はじめての統計学』日本経済新聞社．
縄田和満（2007）『Excel による統計入門──Excel2007 対応版』朝倉書店．
山本拓・竹内明香（2013）『入門計量経済学──Excel による実証分析へのガイド』新世社．

第Ⅲ部

公的統計の改革への動き

第9章 サービス産業における計測
―― 価格と生産性の正しい計測法

深尾 京司
池内 健太

1. はじめに

　多くの先行研究は，日本のサービス産業の生産性上昇率が低く，また欧米諸国と比較して，その生産性水準は半分程度であるとの指摘をしてきた（Inklaar and Timmer 2008, Fukao 2013, 経済産業省 2013, Jorgenson, Nomura, and Samuels 2016）．図9-1は，日本全体の労働生産性（実質GDPを総労働時間で割った値）の推移を，製造業・一次産業（農林水産業・鉱業）とそれ以外の全ての産業（以下では建設業も含めてこれをサービス産業と呼ぶ）の2つに分けて示している．図9-1から分かるように，製造業・一次産業と比較して，サービス産業の労働生産性上昇率は格段に低い．また，1990年代以降，サービス産業における労働生産性の上昇トレンドが下方にシフトした．

　サービス産業は，日本のGDPと雇用の約80％を占めている．生産年齢人口が減少する日本にとって，サービス産業の生産性向上低迷は，解決すべき喫緊の経済課題である．また，日本と欧米との生産性水準格差の存在は，サービス産業の生産性キャッチアップによって，今後の日本が経済成長を加速できる可能性を示唆している点でも重要である．

　日本のサービス産業の生産性上昇をいかに加速するかについては，深尾（2012），森川（2014）などいくつかの先行研究が存在する．しかし，これらの研究はデータ面での深刻な制約下で行われてきた．日本の場合，サービス産業のうち過半の活動（GDPの約4割に達する）については，物価統計や

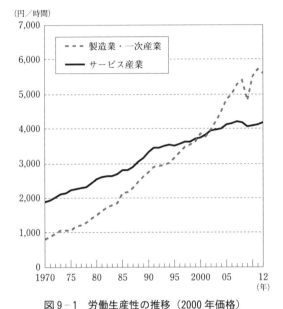

図 9-1　労働生産性の推移（2000 年価格）

出所：深尾（2017）．原データは一橋大学・経済産業研究所の JIP データベース 2015．

国民経済計算統計の制約のため，産業レベルでも企業レベルでも実質生産や生産性の上昇を正確に計測できていない（Fukao et al. 2017）．図 9-1 で使っている日本産業生産性（Japan Industrial Productivity: JIP）データベースも，政府の作成した物価・生産統計に基づいているため，同じ問題を抱えている[1]．また，国際機関等が作成している生産性水準の国際比較データも，後述するようにサービスの質の国際比較の面で，深刻な問題が存在する．正しい計測がなければ，緻密な実証分析も改善策の構想も難しい．以下では，正しい生産性計測のために何が必要かについて，考えてみたい．

本章の構成は以下の通りである．まず第 2 節では日本政府による物価と実

---

[1]　JIP データベースは，日本の経済成長と産業構造変化を分析するための基礎資料として，経済産業研究所（RIETI）と一橋大学経済研究所が共同で作成している．最新の JIP 2015 は，1970 年から 2012 年に関する，各部門別に全要素生産性（TFP）を推計するために必要な，資本サービス投入指数と資本コスト，質を考慮した労働投入指数と労働コスト，名目および実質の生産・中間投入，TFP の上昇率を計算した成長会計の結果，などの年次データから構成されている．

質生産計測における課題について考察する．次に第3節では，サービス産業における生産性水準の国際比較における課題について考察する．

2. 日本政府による物価と実質生産の計測における課題[2]

以下では，建設業と商業について，日本の物価・生産統計の課題を検討する．

建設業

行政サービス，学校教育の大部分等，市場取引で十分な対価が支払われず，また提供されるサービスの量や質を計測することが困難なサービスについては，サービスの生産量を，生産のために使われた生産要素の投入量で代理させて測るという方法（以下では産出＝投入アプローチと呼ぶ）が日本を含め多くの国で採用されている．具体的には，総生産コストを名目生産額とし，また生産のために投入された生産要素価格（賃金率，資本コスト，中間投入の価格）の加重平均値を物価指数として，総生産コストをこの物価指数で割ることで算出した生産要素投入指数を，実質生産指数の代わりに使っている．つまり，労働や資本の投入量で生産量を測る．製造業や多くの対事業所サービスのように，生産量が直接計測できる多くの産業では，イノベーションや生産効率の改善を通じて，実質生産量の成長率が実質投入量の成長率よりも高い傾向が広く観察される．両者の差を全要素生産性（TFP）の上昇率と呼ぶ．しかし産出＝投入アプローチでアウトプットを計測する場合には，TFPの上昇率は定義によってゼロになる．このように，このアプローチには，生産性を計測する上で根本的な制約がある．

先にも述べたとおり，産出＝投入アプローチは日本だけでなく多くの国で採用されているが，日本に固有の深刻な問題もある．第1に，建設業については，米国や欧州の多くの国（英国を除く）で価格調査によって質を考慮したアウトプットの物価指数が作成され，名目生産額をこの物価指数で割ると

---

[2] 本節の考察は，Fukao et al.（2017）および深尾（2017）に基づいている．

いう通常の方法で，実質生産が計測されている（OECD/Eurostat 1997，Fukao et al. 2017 参照）．これに対して日本の建設業についてはこのような物価指数が作成されず，基本的に産出＝投入アプローチで生産を計測している（日本の国民経済計算におけるデフレーターの現状については，高山ほか（2013）参照）．このため日本では，産出＝投入アプローチで計測される経済活動が GDP の約2割と，過大になっている．日本でも，少なくとも建設業については通常の計測方法への移行が望まれる[3]．

日本の GDP 統計における産出＝投入アプローチが持つ第2の問題として，以下の点が指摘できる．百歩譲って産出＝投入アプローチをやむを得ず採用するとしても，その場合には投入量を正しく計測することが肝要である．しかし日本ではこの点に十分な配慮がなされていない．例えば，総労働時間は不変でも，投入される労働の平均学歴や熟練が上昇する場合には，労働の質の向上分だけ実質労働投入が増加し，それだけ実質生産量（および GDP）

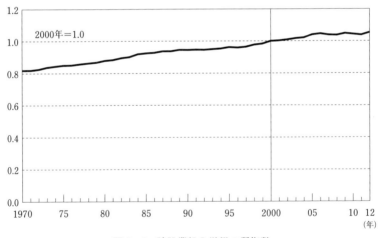

図 9-2　建設業投入労働の質指数

出所：Fukao et al.（2017）．原データは一橋大学・経済産業研究所の JIP データベース 2015．

---

3) 2008 SNA への移行によって，建設業の生産額は，名目生産コストではなく名目生産額で把握されるようになった．しかし，実質化にはインプットの価格が使われ続けているため，生産性上昇による生産物価格下落が把握されず，生産性上昇を過小に評価するという，産出＝投入アプローチと本質的には同じ問題が生じ続けている．

が増えたと産出＝投入アプローチでは見なすべきである．しかし日本の場合，建設業，私立学校，社会福祉の一部等で，このような配慮が十分でない．

JIP データベースによると，建設業の労働の質指数は 1970 年から 2012 年までの間に，約 25％ 上昇した（図 9-2 参照）．この期間中の，日本の要素価格表示 GDP に占める建設業の労働コストのシェアの平均値は，7.2％ であった．したがって，建設業における労働の質変化の無視により，日本の GDP 統計は，1970～2012 年における経済成長を，全期間合計で 1.7 パーセントポイント過小に推計していたと考えられる．

商業

商業でも，生産額を実質化するための物価指数に深刻な問題がある．商業の名目生産は，販売額と仕入額の差（商業マージン）として算出される．これを実質化する物価指数については，OECD と EU 統計局は，扱っている商品 1 単位あたりの商業サービスの質が不変なら，

商品 1 単位あたりのマージン価格＝商品 1 単位あたりの販売価格−商品 1 単位あたりの仕入価格

を商業サービスの価格とするのが適当と推奨している（OECD/Eurostat 2014）．米国とカナダの GDP 統計は，この方式に移行済みである（Fukao et al. 2017）．これに対して日本をはじめ他の多くの国は，商品価格を商業サービスの価格とする旧来の方法を踏襲している（ただし日本銀行は最近，一部商品の卸売業について，マージン価格の推計を試行している）．同じ取引形態における商品 1 単位あたりのマージン価格が変化すると，米加と日本の結果は大きく異なりうる．例を使ってこのことを説明してみよう．議論を分かりやすくするため，商業で投入される生産要素は労働のみであるとしよう．

仕入価格不変の下で，同じ取引形態（したがってサービスの質も同じ）における商業の労働生産性が全ての商店で上昇し，商品 1 単位取引のための労働投入量が半分になったとする．商品の取引量は不変とする．商店間の完全

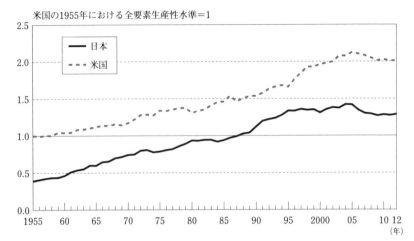

図 9-3 米国と日本の商業における全要素生産性水準の比較

出所:Jorgenson, Nomura and Samuels (2016).

競争を仮定すればこの時,商品1単位あたりのマージン価格と商業マージンも半分になる.OECD 推奨方式では,商業サービスの価格が半分になるため,商業の実質アウトプット(商業マージン／商業サービス価格)は不変(したがって GDP も不変)で,労働生産性は2倍になる.一方,日本をはじめ旧来の方式では,(商品価格は主に生産コストで決まっており,商業マージン変化の影響をほとんど受けないとすれば)商業サービスの価格は不変,実質アウトプット(商業マージン／商業サービス価格)は半分となるため(したがって商業の GDP も減少),労働生産性は不変となる.旧来の方式では,商業における生産性上昇を過小に評価する危険があることが分かる.図 9-3 に示したように,米国では商業の労働生産性が 1990 年代半ば以降上昇を続け,日本では停滞している.商業は,情報通信技術(ICT)集約的な産業であるため,この格差は日本が ICT 革命に乗り遅れた証拠であると議論されてきた(深尾 2012).しかし,日米格差の一部は統計の違いに起因している可能性がある[4].

---

4) 米国経済分析局(BEA)では商品1単位あたりのマージン価格を商業のサービス価格として使う手法を 2010 年頃導入し,過去へ遡及したという(Mayerhauser and Strassner 2010, Gilmore et al. 2011).したがって,新しい手法の影響がいつから現

3. サービス産業における生産性水準の国際比較における課題[5]

　本章の冒頭でも紹介したように，先行研究によれば，日本のサービス産業の労働生産性水準（労働1時間あたりの付加価値額）は米国の半分程度であると報告されている．しかしながら，これら先行研究におけるサービス産業の生産性の国際比較では，サービス品質の国際的な違いが十分に考慮されていないという問題がある．
　例えば，日本の地下鉄職員が平均して労働1時間あたり1万円の付加価値（売上マイナス仕入）を生み出し，米国の地下鉄職員が労働1時間あたり150ドルの付加価値を生み出しているとしよう．鉄道を含めて一般にサービス産業では，製造業と異なり生産物の国際貿易がほとんど行われないため，各国間でサービスの価格や品質が大きく異なっている．したがって，上記150ドルを（外国為替）市場の円ドルレート（例えば1ドル＝100円）で円換算して，米国の労働生産性は円換算で1時間1万5000円であり，日本の労働生産性より50％高い，と判断するのは早計である．米国の地下鉄では，質の低いサービスを割高な料金で提供しているために，労働生産性が見かけ上，日本より高くなっている可能性があるからである．
　このような問題意識から，国際連合，世界銀行，経済協力機構（OECD）等が連携して，各国の国内総支出の対象となる財・サービスの価格を，各国間で質をできるだけ揃えた品目について計測し，この結果に基づいて各国の豊かさや生産性を比較することを目指す国際比較プログラム（ICP）が，戦後長期にわたって行われてきた（OECD/Eurostat 2012）．
　ICPの結果に基づくOECDの推計によれば，2016年において日本の財・サービス価格を当時の市場円ドルレート（1ドル＝109円）でドル換算して米国の価格と比較すると，日本の方が平均で7％割安だったという（OECD 2017）．この結果によれば，2016年について，労働生産性や国内総生産を日米間で比較する際には，市場為替レートを使ってドル換算した日本の値は，

　　れているかについては，詳しい検討が必要である．
 5) 本節の考察は，深尾・池内（2017）に基づいている．

7％分だけ割り増して考える必要があることになる[6]．

先に引用した諸研究は，主にICPの結果に基づいて，労働生産性の日米比較を行っている[7]．このようにICPの結果は，生産性やGDPの国際比較研究において決定的に重要な役割を果たしているが，特にサービスについて品質の違いを十分に考慮していない点で，深刻な問題がある．日米を含むOECD加盟国の場合，ICPの一環としてOECDからプログラム参加国政府に対し，調査品目ごとに同一の銘柄（商品やサービスの詳細を規定したもの）の価格調査が依頼され，各国の報告（日本の場合，総務省統計局や経産省，国交省等が担当）をOECDが取り纏めることを通じて行われている．しかし，例えば都市圏の鉄道輸送の場合，価格調査対象の指定は「1回の乗車について有効時間が60分から120分，他の輸送機関（都市バスかトロリーバス）への変更が可能なエリアチケット，平日午後5時」となっており（塚田 2017），ヨーロッパで一般的な価格体系を前提としているため日本に適用することは難しく，また遅延の頻度と深刻さ，列車の頻度，治安や清潔さの程度，といったサービスの質については考慮されていない．宅配便についても，配達時間指定の有無のような要因は考慮されていないようである．

このようにICPでは，サービスの質の違いを十分に考慮していないため，

---

[6] このように，市場為替レートに物価水準の違いを加味した通貨の換算率を購買力平価と呼ぶ．例えば，日本の米国に対する購買力平価（円／ドル）は，市場為替レート（円／ドル）×日本と比較した米国の物価水準（米国物価／日本物価）で算出され，2016年には102円／ドルであった（OECD 2017）．102円／ドルという購買力平価水準は，米国において1ドルで購入できる財・サービスの量（ドルの購買力）を日本において1円で購入できる財・サービスの量（円の購買力）で割った値，つまり2国通貨の購買力比を示している．購買力平価という用語は，このことに由来する．

[7] マクロ経済レベルで労働生産性を国際比較する場合には，脚注6で説明した購買力平価を使えば良い．鉄道業，飲食店等，産業別に国際比較をする場合には，売上高の国際比較にはICPの品目別データが使える．しかし付加価値は売上高マイナス仕入高で算出するため，厳密な国際比較には，仕入高の内外価格差データが必要である．これを考慮しないと，中間投入財・サービスが割安な国では，他国と比べて，実質仕入高を過小に，労働生産性を過大に評価することになる．ICPは国内総支出の対象となる財・サービス価格差のみを調査しているため，産業レベルの生産性比較には，中間投入財・サービスの価格差に関する情報を追加して得る必要がある（フローニンゲン大学による推計や，貿易統計の単価情報，経済産業省の「産業向け財・サービスの内外価格調査」結果，等が用いられる）．多くの先行研究は，この点も考慮している．

もし日米間でサービスの質の違いが顕著な場合は，先行研究における日米間の生産性格差の推計結果にはバイアスが生じている可能性がある．そこで一橋大学の日本学術振興会科学研究補助金基盤 S（16H06322）プロジェクト「サービス産業の生産性：決定要因と向上策」では，日本生産性本部と共同して，2017 年 2～3 月に日米のサービスの品質の差を測定するインターネット調査「サービス品質に関する日米比較」を行った．調査対象は，2012 年 4 月以降 3 カ月以上米国に滞在経験のある日本居住者と，2012 年 4 月以降 1 カ月以上日本に滞在経験のある米国居住者（軍関係の仕事で日本に滞在した者を除く）であり，また対象とした 29 分野のサービスのうち，日米双方で利用経験があると回答された分野への回答のみを集計した．対象者条件を満たした回答者は，日本側 519 人（うち有効回答 480 人），米国側 528 人（うち有効回答 412 人）であった．

調査の中核は，回答者が日米両国で経験したサービスの日米品質差に対する「支払い意思額（willingness to pay: WTP）」に関する質問である．設問は，「仮に，アメリカにおける平均的な品質のサービスが日本国内において日本語で提供されるものとしましょう．アメリカの方が高品質なサービスの場合，あなたは日本の通常のサービスと比較してどれほど余分に支払っても良いと思いますか．また逆に，アメリカの方が低品質なサービスの場合，あなたは日本の通常のサービスと比較してどれほど割安なら購入しても良いと思いますか」とした．例えば，30% 値段が高くても日本のサービスを利用したいと感じるが，それ以上値段が高くなると米国のサービスを利用したいと感じる人は，価格差 30% 分だけ，日本のホテルのサービスの品質を米国のホテルのサービスの品質に比べて高く評価していると解釈できる．したがって，もし仮に日米のホテルで価格の差がなければ，このような人は日本のホテルを利用することにより，米国のホテルを利用した時と比べて，得られる効用（満足）は金額換算して 1.3 倍であることになる[8]．

---

8) 理論的にはこれは，品質の差が生み出す，日米サービスから得られる限界効用の違いを聞いていることになる．効用関数を

$$U = U(\Sigma a_i Z_i, ...)$$

と表せるとする．ただし a_i は i 国ホテルサービスの質，Z_i は i 国ホテルサービスの

対象者の年齢は日本人調査・米国人調査ともに，20歳から69歳までとし，男女別に10歳刻みで計10区分の層に分け，層化抽出を行って標本を構成した．このため調査結果の集計にあたっては，性年代別にそれぞれ総人口に対する（サービス毎に異なる）有効回答数の比率をウェイトとして，重み付き集計を行うことで，母集団における平均値を推計した[9]．この結果が表9-1にまとめてある．

　この推定結果によれば，日本人調査と米国人調査のいずれにおいても，品質差を測定した28分野のサービスのほとんどで，日本のサービスの方が米国のサービスよりも品質が高いと評価されていることが分かる．日本人調査において米国のサービスに比べて日本のサービスの品質の評価が特に高いのは「宅配便（＋18.3％）」や「タクシー（＋17.9％）」といった輸送サービスである．この結果は，平均的な日本人は約18.3％価格が高くても，米国の宅配便やタクシーよりも日本の宅配便やタクシーの方を利用したいと考えていることを示しており，その分だけ日本の宅配便やタクシーのサービスの品質を高く評価していると解釈できる．その他，日本のサービスの品質が高く評価されていたのは，「病院（＋16.6％）」「理容・美容（エステを含む）（＋16.1％）」等である．

　一方，米国人調査では全般的に日本人調査と比べると品質の差は小さいものの，「大学教育（＋12.8％）」「地下鉄（＋10.8％）」「ホテル（高級）（＋8.0％）」に関しては，米国のサービスと比べた日本のサービスの品質への相対評価が特に高くなっている．このことから，日本人と米国人では，日米のサービスの品質の差に対する評価が異なっていることが分かる．しかしなが

消費量を表す．i 国ホテルサービス価格を P_i とすると，家計の最適行動より，設問が尋ねている日米の各サービスの品質の差に相当する価格比 $(P_{US}/P_J)^*$ について，次式が成り立つ．

$$a_{US}/a_J = (P_{US}/P_J)^*$$

したがって，$(P_{US}/P_J)^*$ は品質の差が生み出す，日米サービスから得られる限界効用の比 a_{US}/a_J と一致する．

[9]　日米両方でのサービスの利用経験の有無は自己選択が働いているため，セルフ・セレクション・バイアスがあると想定されるが，上記報告書ではそのようなバイアスの影響を取り除いた分析は行っていない．今後の課題といえよう．

表9-1 日本と米国のサービス経験者数（回答数）とサービス品質の差

サービス	日米双方のサービス経験者数		品質差（％）米国＝0	
	日本調査	米国調査	日本調査	米国調査
1 タクシー	418	309	17.9	2.9
2 レンタカー	296	206	12.1	5.3
3 自動車整備	180	94	15.3	3.9
4 地下鉄（近距離のもの）	387	208	15.6	10.8
5 遠距離鉄道	244	155	14.4	6.1
6 航空旅客	443	281	15.9	3.6
7 宅配便	349	176	18.3	1.9
8 コンビニエンスストア	432	249	15.4	6.4
9 総合スーパー	453	256	10.1	4.3
10 百貨店	411	249	10.2	3.6
11 コーヒーショップ	450	265	4.3	4.7
12 ハンバーガーショップ	451	210	2.6	2.6
13 ファミリー向けレストラン	409	267	8.4	5.3
14 ホテル（高級）	273	202	2.0	8.0
15 ホテル（中程度）	398	203	7.9	5.7
16 ホテル（エコノミー）	348	156	10.7	7.1
17 ATM，送金サービス	368	232	10.4	6.2
18 不動産業	172	93	11.8	3.5
19 病院	300	109	16.6	−6.6
20 郵便	382	152	14.5	3.1
21 モバイル回線のプロバイダー	272	168	12.1	−2.2
22 テレビ受信サービス	270	198	13.1	−2.1
23 理容・美容（エステを含む）	306	149	16.1	6.6
24 洗濯物のクリーニング	273	199	15.9	3.2
25 旅行サービス	293	206	10.9	4.5
26 配電・配管の補修・管理	241	151	12.2	5.1
27 博物館・美術館	396	223	−1.5	6.5
28 大学教育	144	111	−0.3	12.8
29 官公庁（市役所・税関等）	271	136		

出所：深尾・池内（2017）．

ら，米国のサービスの品質が日本のサービスの品質よりも高く評価されているサービスもいくつかある．具体的には，日本人調査の「博物館・美術館（−1.5％）」「大学教育（−0.3％）」，米国人調査の「病院（−6.6％）」「モバイルの回線のプロバイダー（−2.2％）」「テレビ受信サービス（−2.1％）」である．

この調査の特徴は，日米のサービス品質の格差が購買力平価の概念にした

がって測定されていることである．このため，本調査の結果を用いて，品質の格差を考慮していない日米の生産性格差の推計値の補正などに適用することが可能である．例えば，滝澤（2016）によれば，日本の運輸業は米国の運輸業と比べて5割以上労働生産性が低いと推計されている．本調査における日本人の「宅配便」に関する結果に基づき，仮に日米の運輸業の品質の差が18％あるとすれば，品質の差を考慮することで日米の労働生産性の格差は5割から3割程度に縮小することとなる[10]．

4. おわりに

以上見てきたように，サービス産業の統計には様々な課題があり，日本の経済成長や生産性上昇，そして生産性水準を過小に推計している危険が高い．

多くの先進国ではサービス産業の重要性を認識し，OECD等と協力しながら，統計の改善を進めている．例えば英国では，投入＝産出アプローチの欠点を認識し，生産性上昇を正しく計測するために，教育や社会福祉等，多くのサービスについて，数量指数（例えば，卒業者数）とサービスの質指数（例えば，学力テストの平均点）を組み合わせて，生産性の向上を計測することが試行されている（Fukao et al. 2017）．

幸い日本でも，統計改革推進会議や統計委員会国民経済計算部会等で，国民経済計算統計の改善について積極的な取り組みが議論されるようになった（統計改革推進会議 2017）．これまで制約となっていた統計部局の人員不足が解決され，改善の取り組みが加速されることを期待したい．

---

[10] 先にも述べたとおり，サービス産業における労働生産性の日米格差の補正を厳密に行うためには，中間投入財・サービスの日米価格差の要因も考慮する必要がある．なお，中間投入財についても質の違いを考慮することが，今後の重要な課題であろう．例えば，この分野では，経済産業省「産業向け財・サービスの内外価格調査」がしばしば使われてきたが，価格調査対象の指定の例を引用すると「宅配便（20 kg，200 km）：宅配便，20 kgの荷物を200 km配送」「ビル清掃サービス：事務所専用部の総合清掃，延べ床面積 3,000〜5,000 m^2，都心部，カーペット年契約」等とされており，質の違いが十分に考慮されていないように思われる．http://www.meti.go.jp/statistics/san/kakaku/result/result_14/xls/spec_2014.xls

参考文献

経済産業省（2013）『通商白書2013』（第3節労働生産性及びTFPの国際比較）．

高山和夫・金田芳子・藤原裕行・今井玲子（2013）「平成17年基準改定等におけるGDPデフレーターの推計方法の見直しとその影響について——内閣府経済社会総合研究所と日本銀行調査統計局の共同研究を踏まえた取り組み」『季刊国民経済計算』第150号，15-34頁．

滝澤美帆（2016）「日米産業別労働生産性水準比較」公益財団法人日本生産性本部生産性総合研究センター生産性レポート，第2号．

塚田武重（2017）「ICP（International Comparison Program）国際比較プログラム——商品・サービスの地理的・文化的違いの妥協点をどこに求めるか」『統計Today』（総務省統計局）第117号．http://www.stat.go.jp/info/today/117.html（2018年10月12日最終閲覧）

統計改革推進会議（2017）「統計改革推進会議　最終取りまとめ」（平成29年5月19日統計改革推進会議決定），内閣官房統計改革推進室．

深尾京司（2012）『「失われた20年」と日本経済——構造的原因と再生への原動力の解明』日本経済新聞出版社．

深尾京司（2017）「サービス産業の生産性——正確把握へ統計改革急げ」2017年2月15日　日本経済新聞朝刊「経済教室」．

深尾京司・池内健太（2017）「サービス品質の日米比較——アンケート調査の結果とその含意」公益財団法人日本生産性本部生産性総合研究センター生産性レポート，第4号．

森川正之（2014）『サービス産業の生産性分析——ミクロデータによる実証』日本評論社．

Fukao, K. (2013), "Explaining Japan's Unproductive Two Decades," *Asian Economic Policy Review*, Vol. 8 (2), pp. 193–213.

Fukao, K., T. Kameda, K. Nakamura, R. Namba, and M. Sato (2017), "Measurement of Deflators and Real Value Added in the Service Sector," *Economic Analysis*, Economic and Social Research Institute (ESRI), No. 194, pp. 9–44.

Gilmore, T. L., A. S. Lyndaker, S. J. Pack, and S. N. Randrianarivel (2011), "Annual Industry Accounts: Revised Statistics for 2003–2010," *Survey of Current Business*, December 2011, pp. 15–27.

Inklaar, R. and M. P. Timmer (2008), "GGDC Productivity Level Database: International Comparisons of Output, Inputs and Productivity at the Industry Level," GGDC Research Memorandum, No. GD–104, Groningen Growth and Development Centre, University of Groningen.

Jorgenson, D. W., K. Nomura, and J. D. Samuels (2016), "A Half Century of

Trans-Pacific Competition: Price Level Indices and Productivity Gaps for Japanese and US Industries, 1955–2012," in: D. W. Jorgenson, K. Fukao, and M. P. Timmer (eds.), *The World Economy: Growth or Stagnation?* Cambridge: Cambridge University Press, pp. 469–507.

Mayerhauser, N. M. and E. H. Strassner (2010), "Preview of the Comprehensive Revision of the Annual Industry Accounts: Changes in Definitions, Classification, and Statistical Methods," *Survey of Current Business*, March 2010, pp. 21–34.

OECD/Eurostat (1997), *Construction Price Indices: Sources and Methods*, Paris: OECD.

OECD/Eurostat (2012), *Eurostat-OECD Methodological Manual on Purchasing Power Parities (PPPs)*, 2012 edition, Paris: OECD.

OECD/Eurostat (2014), *Eurostat-OECD Methodological Guide for Developing Producer Price Indices for Services*, 2nd edition, Paris: OECD.

OECD (2017), Purchasing Power Parities (PPP), OECD Data. https://data.oecd.org/conversion/purchasing-power-parities-ppp.htm（2018年10月12日最終閲覧）

第10章 国民経済計算の平成23年基準改定
―― 最新の国際基準への対応

多田 洋介

1. はじめに

　国民経済計算（SNA）は，一国の経済について生産・分配・支出という経常取引，資産・負債の取引，ストック残高に至るまで，包括的，整合的，統合的に記録する統計であり，国連で国際的に合意された基準に基づき，各国の政府ないし政府関係機関で作成されている統計である．わが国の国民経済計算（JSNA）は，内閣府（2000年以前は経済企画庁）において1966年以降作成されており，策定当初は「1953SNA」，1978年以降は「1968SNA」，そして2000年以降，2016年までは「1993SNA」と呼ばれる国際基準にそれぞれ準拠してきた．

　SNAの国際基準の最新のものは，2009年2月に国連で採択された「2008SNA」であり，前身の「1993SNA」をベースとしつつ，1990年代以降の経済・金融環境の変化として，生産活動における知的財産の重要性の高まりや金融活動の多様化，グローバル化の更なる進展等に対応した定義・概念の変更を行ったものである．米国や欧州各国の主要先進国では，豪州（2009年）を皮切りに2014年までに2008SNAへの対応が行われてきた．わが国では，約5年に1度作成される「産業連関表」（総務省等）等の大規模かつ詳細な基礎統計を取り込み過去の計数を再推計する「基準改定」という作業を約5年ごとに行っており，その時々の最新の国際基準への対応は，この基準改定の機会にあわせて行うのが通例となっているが，2008SNAへの対応については，「平成23年産業連関表」等を取り込み，2016年末に行っ

た最新の「平成 23 年基準改定」の際にあわせて実施されることとなった．なお，基準改定に際しては，詳細な基礎統計の取り込みや最新の基準改定への対応のほか，各種の推計手法の改善や概念・定義の変更等もあわせて行われており，平成 23 年基準改定の際にもこうした改善・変更が実施されている．

　本章は，2016 年末に行われた国民経済計算の平成 23 年基準改定の概要として，2008SNA 対応による変更事項を中心に，推計結果を含め解説を行うことを目的とする．第 2 節では，平成 23 年基準改定で 2008SNA へ対応したことにより，どのような概念上の変化があったのか概観する．第 3 節では，2008SNA 対応以外の平成 23 年基準改定における変更事項について簡単に触れる．第 4 節は GDP 等主要系列に焦点を絞り，基準改定結果の概要について説明し，第 5 節はわが国の国民経済計算の今後の課題に触れつつ，まとめとする．

2. 平成 23 年基準改定における 2008SNA 対応

　本節では，平成 23 年基準改定で対応した 2008SNA の主な事項として，R&D の資本化を中心に，概念・定義の変更の概要を示す[1]．

R&D の資本化

　2008SNA では，R&D は知識ストックを増進させ，それを活用して新たな応用が生まれるようにするための創造的作業であると位置付ける．その上で R&D への支出について，何ら経済的便益をもたらさないことが明らかである場合を除いて，1993SNA と異なり中間消費ではなく総固定資本形成として扱うとともに，その蓄積の結果であるストックを固定資産として記録することを求めている．

---

[1] ここで挙げたほか，所有権移転費用の扱いの精緻化，中央銀行の産出の明確化，雇用者ストックオプションの導入，定型保証の記録等の変更にもあわせて対応する．これらや第 3 節に掲げる 2008SNA 対応以外の変更の概要については，内閣府（2016a, b）等の資料を参照．

これに対して，平成23年基準改定より前のJSNA（以下では「従前のJSNA」という）では，①市場生産者のうち研究開発を主活動とする研究機関が行ったR&Dについては，R&Dという形でサービスの産出を記録し，その主な需要先は中間消費という扱いとなっていた．一方，わが国のR&Dの大宗を占める，②企業内研究開発分については，R&D活動に要した費用はそれぞれ雇用者報酬や中間投入等の生産費用に含まれている一方で，R&Dという形のサービスの産出を認識していなかった（よって，需要としては記録されず）．また，③大学等を含む非市場生産者（ゼロまたは経済的に意味のない価格で財やサービスを供給する生産者を指し，政府等が含まれる）の行うR&Dについては，これら生産者のサービス産出額全体（国際基準に基づき生産費用の合計で計測される）にR&D活動に要した費用が内包され，その主な需要先は自身の最終消費支出に含まれる形となっていた．

平成23年基準では，2008SNAを踏まえ，まずR&Dの生産をより広範・明示的に計測している．具体的には，②（企業内研究開発分）についてR&Dの産出額を新たに計測するとともに，③（非市場生産者分）についてR&Dの産出額を明示的に記録している．R&Dの産出額は，国際的な取扱いに準じ，「科学技術研究統計」（総務省）等から，R&D活動に要した生産費用の総額により計測している．なお，企業によるR&Dは，市場価格相当で評価するため，産出に使用した固定資産の収益分がマークアップとして加算される．

次に，R&Dへの支出については総固定資本形成として扱い，その蓄積を固定資産（知的財産生産物）として記録している．経済的便益をもたらさないようなR&D（失敗）については，原理原則からすれば資本化の対象とはならないが，それを特定することは一般に困難であり，2008SNAにおいても，慣行上，R&D（失敗）を含めてその価値を計測することを認めていることや，諸外国の事例を踏まえ，全てのR&Dを資本化の対象にしている．一国全体のR&Dの総固定資本形成は，R&D産出額に，「国際収支統計」（財務省・日本銀行）から捕捉される研究開発サービスの純輸入額（輸入－輸出）を加えたものとなる．

R&D資産の償却については，他の固定資産と同様に恒久棚卸法の下，定

率法を採用して推計している．償却率としては，諸外国でも一般的な平均使用年数10年を基本としつつ，R&Dの大宗を占める製造業については，産業毎の生産技術・知識に関する陳腐化のスピードがそれぞれ所有する産業用機械の償却率に反映されるという考え方の下，平均使用年数を9〜15年に設定している．実質化に必要なデフレーターについては，諸外国と同様，賃金指数や原材料費等のインプットベースで計測されている．

特許等サービスの記録の変更

R&Dの資本化に伴い，1993SNAでは「無形非生産資産」と位置付けていた特許実体について，2008SNAではR&Dの成果として「知的財産生産物」（研究・開発）に内包される扱いとしている．また，ライセンス下で使用が許諾される場合，ライセンシーからライセンサーへの使用料の支払は，支払形態等に応じて，サービスの支払（中間消費）か資産取得に対する支払（総固定資本形成）に記録されるとしている．

従前のJSNAでは，特許権は無形非生産資産として扱うとともに，その使用料は財産所得の受払と位置付けていた．これに対し，平成23年基準では，R&Dの資本化に対応することに伴い，特許実体はR&Dという固定資産に含まれると扱うとともに，その使用料の支払については，サービスの支払として扱っている（「特許等サービス」と呼ぶ）．なお，サービスの支払か資産の取得に対する支払かを分ける情報がないことから，全て前者として扱っている．

防衛装備品の資本化

2008SNAにおいては，戦車や艦艇等の兵器システムは，政府による防衛サービスの生産に継続して使用されるものとして，これらに対する支出を1993SNAのような一般政府による中間消費ではなく，総固定資本形成として記録し，その蓄積が，固定資産として記録されるとしている．また，1回限り使用される弾薬等について，その増減分を中間消費ではなく在庫変動として扱うこととされている．

従前のJSNAでは，防衛省による戦車や艦艇，弾薬といった防衛装備品

への支出は，一般政府の中間消費に計上されていた（支出側から見た GDP の需要項目としては政府最終消費支出を構成）．これに対し，平成 23 年基準では，2008SNA の取扱いを踏まえ，決算情報や製造業関連の各種基礎統計等を活用して，1 回限り使用される弾薬類の純増分は一般政府による在庫変動に，1 年以上にわたり使用される戦車や艦艇等への支出は，一般政府による「防衛装備品」の総固定資本形成として記録されている．

戦車や艦艇等の防衛装備品は，戦車や艦艇等が政府の固定資産となり，そこから発生する固定資本減耗分が，（生産費用合計で評価される）政府の防衛サービスの産出額を構成することになる．こうした防衛サービスの需要先は政府最終消費支出であるため，防衛装備品の固定資本減耗分が GDP の水準に影響を与えていることになる．

企業年金受給権の記録の変更

雇用関係に基づく退職後所得保障（社会保障制度ではない企業年金等）に係る記録について，2008SNA では発生主義を貫徹することが求められている．具体的には，確定給付型の制度について，ストック面では，①「年金受給権」として，雇主企業が雇用者（家計）に約束した将来の給付額の割引現在価値を制度運用者である年金基金の負債，家計の資産に計上し，②年金基金の年金受給権負債と運用資産の差額（これは積立不足分に相当する）を「年金基金の対年金責任者債権」として年金基金の資産，制度に責任を持つ雇主企業の負債に記録するとされている．また，フロー面では，③「雇主の社会負担」（雇用者報酬の一部）として，当期に雇用者が追加的に勤務したことへの対価としての受給権の増分（現在勤務増分）を記録するとともに，④年金基金から家計への財産所得（年金受給権に係る投資所得）として，一期前の年金受給権残高に割引率を乗じた概念上の利子額を記録すること等が示されている．

従前の JSNA では，2008SNA が想定する確定給付型制度として「退職給付に関する会計基準」の対象となる制度（確定給付型の年金＋退職一時金）に関して，ストック面（①②）では，2008SNA 対応前の従前の「資金循環統計」（日本銀行）と整合的に，上場企業等に限定しているものの発生主義

により年金受給権や積立不足分を計上していたが，平成23年基準では，2008SNA対応の改定後の「資金循環統計」と同様，一国全体の年金受給権を推計するとともに，積立不足相当分を「年金基金の対年金責任者債権」として明示している．一方，これまでのJSNAのフロー面（③④）では発生主義の記録はとられていなかったため，平成23年基準では2008SNAを踏まえ，ストック面とも整合を図る形で，企業会計情報（勤務費用，利息費用）をもとに，「雇主の社会負担」等の記録を行っている．

一般政府と公的企業との間の例外的な支払

一般政府と公的企業との間の例外的な支払，とりわけ公的企業から一般政府へ支払が行われる場合で，支払の原資が準備金か資産取崩しであるものは，2008SNAでは全て「持分」という金融資産の引出し（及び対応する現預金の増加）として記録することとしている．

これに対して，従前のJSNAでは，公的企業から一般政府への例外的な支払は，基本的に資本移転として記録し，一般政府の収支（純貸出／純借入やプライマリーバランス）に影響する形となっていた．平成23年基準では，例外的な支払を「特別な立法措置がとられるなど例外的・不定期な支払」であり，「支払の原資が資産の売却や積立金の取崩しである」ものと定義した上で，これに該当するもの（例えば，2006年度の財政投融資特別会計から国債整理基金特別会計への繰入12兆円）は，資本移転ではなく，一般政府による公的企業に対する持分の引出し（及び対応する現預金の増加）として記録するとされている．

こうした変更により，一般政府の収支として，より基調的な動きを把握できるようになっている．なお，政府の財政健全化目標で採用されているプライマリーバランスは，従前，JSNAの計数をもとにしつつ，基本的にこうした支払を特殊要因として控除していたため，例外的支払の扱いの変更による政策目標計数への影響は原則としてなかったという点に留意する必要がある．

国際収支統計との整合性

2008SNA では，国際収支統計マニュアル第6版（BPM6）と整合的に，財貨の輸出入を所有権移転の時点で記録するという原則を徹底している．具体的には，①財貨の加工に関して，加工依頼国（A国）と加工請負国（B国）の間の財貨の往来について，所有権が移転しない場合，財貨の輸出入ではなく，A国のB国への加工賃（サービス）の支払（輸入）として記録することや，②商社のような居住者が，ある非居住者から国外で財貨を購入し，これを別の非居住者に転売するような仲介貿易について，その売買差額をサービスの輸出ではなく財貨の輸出として記録することを勧告している．1993SNA や従前の BPM5 では，加工用財貨や仲介貿易は所有権移転原則の例外として，前者は財貨の輸出入，後者（売買差額）はサービス輸出となっていた．

従前の JSNA では，加工用財貨や仲介貿易について，BPM5 準拠の「国際収支統計」の考え方と整合的に記録していたが，平成23年基準では，2008SNA や BPM6 準拠の「国際収支統計」と整合的に支出側 GDP の内訳である輸出入を記録している．すなわち，加工用財貨については，加工前・加工後の財貨の往来は輸出入としては記録されず，加工賃の受払がサービスの輸出入に記録されている．また，仲介貿易については，わが国の居住者が仲介活動を行った場合，購入分が財貨の負の輸出，売却分が財貨の正の輸出と記録され，ネットでは売買差額分が財貨の輸出に記録されるようになっている．

3. 平成23年基準改定におけるその他の変更

平成23年基準改定においては，2008SNA 対応以外にも各種の変更を伴った．一つは，「平成23年産業連関表」をはじめとする基礎統計の反映である．特に，直近の「平成23年産業連関表」は，わが国初の「平成24年経済センサス－活動調査」を取り込み最新の経済構造を反映したものとなっており，これを取り込むことで JSNA では過去を含め計数が再推計されている．この他にも，「平成22年国勢統計」や「平成25年住宅・土地統計」等の基礎

統計も取り込まれている．

その他，表章の在り方の改善や，各種の推計手法の見直しも行われた．表章の点では，産業別GDPを見るための「経済活動別分類」について，国際標準産業分類（ISIC Rev.4）とできるだけ整合的な形とし，保健衛生・社会事業などサービス業をより詳細に区分するなど国際比較可能性を高める見直しが行われている．

推計手法の見直しという点では，「公的統計の整備に関する基本的な計画」（2014年3月閣議決定）を踏まえた，①供給・使用表の枠組みの下での推計精度の改善や，②建設部門の産出額の推計手法の改善のほか，③雇用者報酬の推計手法の改善等の取組みが行われている．このうち①に関しては，国民経済計算の推計では，概念的には一致するはずの生産側GDPと支出側GDPの間に乖離，すなわち「統計上の不突合」が生じるが，その要因の一つとして，支出側GDPはコモディティ・フロー法，生産側GDPは付加価値法と呼ばれる異なる手法等に基づき推計を行っているため，前者から得られる財貨・サービス別の中間消費と，後者から得られる財貨・サービス別の中間投入が一致しないという点がある．平成23年基準では，その基準年以降について，供給・使用表と呼ばれる枠組みを活用し，財貨・サービスごとの特性を踏まえながら，中間消費と中間投入の乖離を解消し，統計上の不突合の縮減を図っている．

また，②に関して，従前のJSNAでは，建設というサービスの産出額について，基準年は出来高ベースの基礎統計から推計される産業連関表に基づく一方，延長年は建設部門の人件費や資材投入等の費用合計により延長推計を行うという手法を採用していた．こうした延長推計値については，事後的に判明する次の基準年の産業連関表の計数と乖離し，基準改定時に建設部門の産出額が大きく改定される場合があったことから，平成23年基準では，建設の産出額について，産業連関表と整合的に出来高ベースの基礎統計に基づく推計方法に変更している．これにより，総固定資本形成の大きなシェアを占める建設活動の実態をより的確に捉えることに資するとともに，今後，基準改定ごとの建設部門の計数改定が抑制されることが期待される．

最後に，③の雇用者報酬については，大規模基礎統計として「平成22年

国勢統計」等の雇用者数のベンチマークへの取込み，役員賞与について財産所得（配当）から雇用者報酬への概念変更や，先述の年金受給権の記録方法改善に伴う企業年金等に係る雇主の社会負担の変更に加え，賞与を含む役員報酬について，非役員との報酬格差率の推計方法をより実態に近い形に見直した．

このほか，平成 23 年基準改定では概念・定義や推計手法について多様な変更・見直しが行われており，詳細については内閣府（2016a, b, d）を参照いただきたい．

4. 平成 23 年基準改定の推計結果

本節では，前 2 節の内容を踏まえ，基準改定の推計結果について，特に統計利用者の関心が高い GDP（国内総生産）の系列を中心に，改定要因を含めて概観する．なお，平成 23 年基準改定においては，GDP を含め原則全ての系列について，20 年超に及ぶ遡及改定が同時に行われた．また，推計結果については，内閣府（2017b）にも詳しい．

まず，名目 GDP 水準（図 10-1）については，これまでの平成 17 年基準（旧基準）に比べ，平成 23 年基準（新基準）では全ての年度で上方改定されている（7～32 兆円）．改定要因は，2008SNA 対応要因か，その他の要因に大別されるが，通期にわたって 2008SNA 対応要因が多くを占めることが分かる．2008SNA 対応要因のうち大宗は R&D の資本化（13～19 兆円）によるものとなっている．一方，その他の要因には種々の要素が含まれている．具体的には，①「産業連関表」等の基礎統計の取込み，②建設部門産出額等の推計手法の開発・改善といったもののほか，③直近の 2015 年度については，改定前の計数は四半期別 GDP 速報から計算された速報ベースのものであったが，これがより詳細な基礎統計の情報を取り込む年次推計ベースへ変更されたという要因が加わっている．なお，こうした「その他要因」のさらに詳細な状況については，内閣府（2017e）で示されている．

次に，実質 GDP 成長率（図 10-2）については，旧基準から新基準にかけて上方にも下方にも改定されている．改定幅の絶対値平均は 0.3% ポイント

216　第Ⅲ部　公的統計の改革への動き

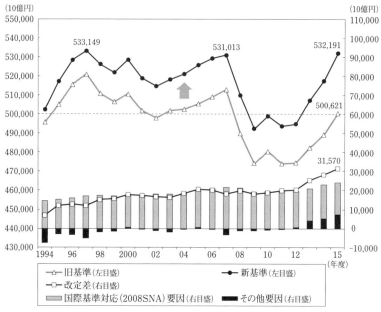

図 10-1　名目 GDP 水準の改定状況

出所：内閣府「国民経済計算」,「平成 27 年度国民経済計算年次推計（支出側系列等（平成 23 年基準改定値））」より作成．

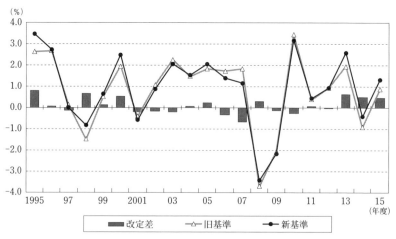

図 10-2　実質 GDP 成長率の改定状況

出所：内閣府「国民経済計算」より作成．

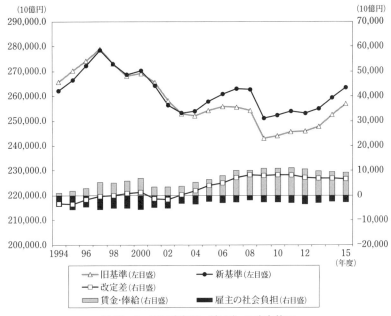

図 10-3 雇用者報酬（名目）の改定状況

出所：内閣府「国民経済計算」より作成．

であり，過去の基準改定に比べて大きなものとはなっていない．なお，直近の3カ年度についてみるといずれも 0.5～0.6％ ポイントの上方改定となっているが，要因はそれぞれの年度で異なる．具体的には 2013 年度は，もっぱら建設部門産出額の推計手法の改善により民間企業設備投資の伸びが上方改定されたことによる一方，2014 年度は，R&D の資本化により民間企業設備の伸びが上方改定されたことが主な要因である．一方，2015 年度は，前述のとおり，従前は速報ベースの推計値であったものが，より詳細な基礎統計の情報を取り込んだ年次推計値に改定されたことにより，民間最終消費支出が上方改定されたことが影響している．

雇用者報酬については，2000 年代半ば以降，上方改定幅が徐々に拡大し，2011 年度以降は 7～8 兆円程度の改定幅となった（図 10-3）．これは，年金受給権の記録方法の変更に伴い雇主の社会負担が下方改定になった一方で，「国勢統計」の取込みや役員報酬の推計手法の改善によって賃金・俸給の上

218　第Ⅲ部　公的統計の改革への動き

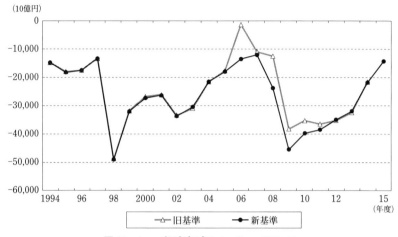

図10-4　一般政府プライマリーバランス

出所：内閣府「国民経済計算」より作成．

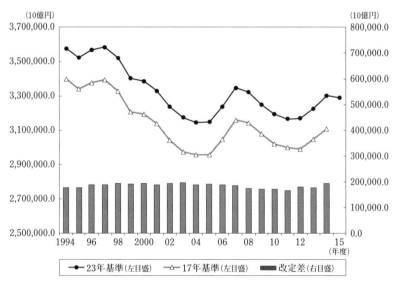

図10-5　正味資産（国富）

出所：内閣府「国民経済計算」より作成．

方改定がこれを上回ったことによる．なお，家計貯蓄率については，雇用者報酬の上方改定等を反映して過去期間を中心に上方改定となった．

フロー面の収支尻である純貸出（＋）／純借入（−）に関連して一般政府のプライマリーバランスをみると，基準改定後は 2006 年度や 2008 年度で大きく下方改定（赤字幅拡大）していることが分かる（図 10-4）．これは上述したように，財政投融資特別会計等公的企業から一般政府への例外的支払を一方的な資本移転として扱わなくなったことにより，より基調的な収支の動きとなったことによる．なお，繰り返しになるが，これはあくまで SNA ベースのプライマリーバランスの影響について述べたものであり，財政健全化目標に採用されているプライマリーバランスの計数においては，以前より，すでにこうした例外的支払が基本的に除外されていたという点に留意が必要である．

最後に，ストック面として，一国の非金融資産（固定資産や土地等）と対外純資産の合計である国富の状況をみると，直近年では 200 兆円弱の上方改定が行われている（図 10-5）．その重要な部分は，R&D の資本化など 2008SNA 対応に伴う固定資産の範囲拡張で説明される．

5. おわりに

以上，本章では，JSNA の平成 23 年基準改定の概要として，最新の国際基準である 2008SNA への対応等による主な変更事項や GDP 等各種系列への影響を中心に解説を行った．今般の基準改定によって，JSNA は，2008SNA への対応をはじめとして，国際比較可能性が高まるとともに，推計精度がより向上したと考えられる．また，同基準改定では，以前にはない取組みとして，①原則として全ての計数について，20 年超にわたる遡及系列を改定・公表するとともに，②JSNA の新たな体系についての解説（内閣府 2016b）や推計手法に関する解説（内閣府 2016c，2017a）をタイムリーかつより詳細に公表するなど，統計ユーザーの利便性に資する取組みを行っている．

一方で，国民経済計算をはじめとする経済統計については，急速に変化す

る経済の動向を必ずしも的確に捕捉しきれていない等の批判が寄せられることも事実である．こうした観点から，政府では，経済財政諮問会議や統計改革推進会議，統計委員会といった場において，GDP の精度改善という切り口で統計改革の議論が精力的に行われている．内閣府経済社会総合研究所では，こうした議論を集約する形で，2017 年 5 月に「GDP 統計改善工程表」（内閣府 2017c）として，①四半期別 GDP 速報の推計精度改善，②建築物リフォーム（現在は，一部投資として記録されていない部分がある）や映画などの娯楽作品の原本を総固定資本形成に適切に記録するなど新分野の取込み，③ JSNA 推計のベンチマークとなる産業連関表の SUT 体系化，JSNA の年次推計における SUT の精緻化，これらに必要な各種基礎統計（経済センサス等）の改善，など多岐にわたる改善策について，その実現に向けた時間軸とともに取りまとめている．本章執筆時点で，すでにこうした工程表の一部は実現されており，例えば，①については，従前は民間最終消費支出等の速報から年次推計ベースへの改定の要因として指摘されていた，四半期速報の推計手法（具体的には「家計調査」等の需要側基礎統計や「生産動態統計」「サービス産業動向調査」等の供給側基礎統計の使い方）が，より速報と年次推計の整合性が高まるような観点から随時見直されている（例えば内閣府 2017d）．今後は，これら改善工程表の推進を軸に，内閣府において，基礎統計を所管する各省庁等との連携をさらに密なものとし，JSNA の精度改善に一層の努力を行っていくことが重要である．

　また，国際基準については，国際的な議論の場で不断の見直し作業が行われており，2020 年代の半ばにもポスト 2008SNA として，経済・金融環境の変化を踏まえた改定が行われるとも言われている．日本としても，こうした国際的な議論の場により積極的に参画し，実態をより的確に反映する統計の整備に尽力していくことも必要な課題であるといえる．

参考文献

内閣府（2016a）「国民経済計算の平成 23 年基準改定に向けて」平成 28 年 9 月 15 日，経済社会総合研究所国民経済計算部．http://www.esri.cao.go.jp/jp/sna/

seibi/2008sna/pdf/20160915_2008sna.pdf
内閣府（2016b）「2008SNA に対応した我が国国民経済計算について（平成 23 年基準版）」平成 28 年 11 月 30 日初版，内閣府経済社会総合研究所国民経済計算部．http://www.esri.cao.go.jp/jp/sna/seibi/2008sna/pdf/20161130_2008sna.pdf
内閣府（2016c）「国民経済計算推計手法解説書（四半期別 GDP 速報（QE）編）平成 23 年基準版」平成 28 年 11 月 25 日（平成 29 年 11 月 30 日改訂），内閣府経済社会総合研究所国民経済計算部．http://www.esri.cao.go.jp/jp/sna/data/reference1/h23/pdf/kaisetsu_q_20171130.pdf
内閣府（2016d）「「平成 27 年度国民経済計算年次推計（平成 23 年基準改定値）」に係る利用上の注意について」平成 28 年 11 月 30 日，内閣府経済社会総合研究所国民経済計算部．http://www.esri.cao.go.jp/jp/sna/data/data_list/kakuhou/files/h27/sankou/pdf/tyui27.pdf
内閣府（2017a）「国民経済計算推計手法解説書（年次推計編）平成 23 年基準版」平成 29 年 3 月 24 日（平成 30 年 3 月 8 日改訂），内閣府経済社会総合研究所国民経済計算部．http://www.esri.cao.go.jp/jp/sna/data/reference1/h23/kaisetsu.html
内閣府（2017b）「平成 27 年度国民経済計算年次推計の概要について」『季刊国民経済計算』（内閣府経済社会総合研究所）第 161 号，1-30 頁．http://www.esri.go.jp/jp/archive/snaq/snaq161/snaq161_b.pdf
内閣府（2017c）「GDP 統計改善工程表」2017 年 5 月 19 日（最終更新：2018 年 3 月 22 日）内閣府経済社会総合研究所．http://www.esri.go.jp/jp/esri/statistical_reform/gdp_kaizenkoutei.pdf
内閣府（2017d）「「平成 29 年 7-9 月期四半期別 GDP 速報（2 次速報値）」に係る利用上の注意について」平成 29 年 11 月 30 日，内閣府経済社会総合研究所国民経済計算部．http://www.esri.cao.go.jp/jp/sna/data/reference1/siryou/2017/pdf/announce20171130.pdf
内閣府（2017e）「平成 27 年度国民経済計算年次推計（支出側系列等）（平成 23 年基準改定値）の参考資料における「その他」に関する補足について」平成 29 年 12 月 22 日，内閣府経済社会総合研究所．http://www.esri.cao.go.jp/jp/sna/data/data_list/kakuhou/gaiyou/pdf/point20161208_2_add.pdf

第11章 家計調査の改良と消費動向指数（CTI）の開発
——公的統計の進化へのチャレンジ

阿向 泰二郎

1. はじめに

　公的統計は，国家や社会の形成・運営に必要不可欠な情報基盤として存在し，その改善・発展を統計学がいわば車の両輪の一つとして支えてきた．戦後の復興・成長には，その礎に公的統計の存在と統計学による学問的支えがあり，統計学をもとに各種の統計調査が設計され，現在の公的統計の体系が形成されている．

　近年，政府内では急速に統計改革の機運が高まっており，2017年には閣僚等と有識者で構成する統計改革推進会議が設けられ，統計委員会では新たな「公的統計の整備に関する基本的な計画」の答申を行う等，各種の統計改革が現在進行形で進められている．こうした改革の取組の一つに，統計学の新たな応用を試みる家計調査の改良と消費動向指数（CTI）の開発プロジェクトがある．

　本章では，この家計調査の改良と消費動向指数（CTI）の開発に関し，経緯や背景等とともに総務省統計局の取組内容について紹介することとしたい．

2. 家計調査を取り巻く議論

　はじめに，家計調査の概略とその家計調査を取り巻く近年の議論について簡単に触れておきたい．

　家計調査は，国民生活における家計収支の実態を明らかにすることを目的

とした調査であり，わが国での調査の実施は明治・大正期まで遡る．近代国家の建設と産業革命および資本主義経済の発達が進む中，都市下層民や労働者の貧困，格差等が社会問題として浮上し，明治中期から大正初期にかけ，官民で各種の生活実態調査が行われるようになった．他方，当時はまだ家計の収支を精緻に計測する調査方法が確立されておらず，試行錯誤が行われていた．そうした中，東京帝国大学の高野岩三郎博士が「東京ニ於ケル二十職工家計調査」を実施する．同調査は，調査様式に家計簿を取り入れた最初の調査で，わが国の近代的家計調査の嚆矢として位置づけられている．家計簿を使った高野の調査は，その後の家計調査の模範となり，多くの企業や自治体で家計調査が行われる「家計調査ブーム」を呼び起こし，大正15年実施の内閣統計局による家計調査に引き継がれることとなる．

戦後，崩壊状態にあった公的統計の再建が連合国軍総司令部（GHQ）占領下で行われた際，標本抽出法をわが国で初めて導入した「消費者価格調査」が1946年に開始され，これを源流として，現在の家計調査の原型が形作られた．

余談ではあるが，戦後の公的統計は，吉田茂首相の下，東京帝国大学の大内兵衛博士が委員長を務める統計委員会が中心となって再建を進めた．マッカーサーから統計の不備を強く非難された吉田首相が公的統計の再建に向けてまず相談したのは，近代的家計調査の祖である高野岩三郎（当時NHK初代会長）であった．この時，高野が適任者として吉田首相に推薦したのが大内であり，その後，日本の公的統計は，大内統計委員会の下，統計法規と統計機構が整備され，また，統計学による学問的支えをもとに標本抽出調査が花開き，統計体系が急速に形成・充実されていくこととなる．

さて，こうして生まれた戦後の家計調査は，消費者物価指数作成のウェイト算出のほか，世帯における消費・所得，資産・負債等の経済状況を示す基礎資料として，各種の政策や分析に幅広く用いられ，さらに結果公表の速報性の高さから，四半期別GDP速報の家計最終消費支出の推計や，個人消費の動向指標として，民間部門も含めて多く利用されていくこととなる．家計調査自体も，調査本来の目的だけでなく，こうした景気分析の利用ニーズに応えるため，集計期間の短縮に努め，これまで数回にわたって公表の早期化

を行ってきた．

　他方で，エコノミスト等の市場分析に重点を置く統計利用者からは，景気判断を行う上で家計調査の結果は月次変動の振れ幅が大きく，使いにくいとの指摘がされるようになる．特に経済が成熟し，成長が鈍化する中において，その声は高まり，より精度の高い家計消費統計の作成が求められるようになってきた．

　2015年には，経済財政諮問会議や統計委員会でも家計調査を含む消費統計の改善が議論の俎上に上がり，統計委員会では，「家計調査は家計消費の実態把握というミクロの把握が本来の目的であり，景気指標として要求される精度を達成するには標本調査としての限界もある」とするとともに，「景気指標としてはビッグデータ等を含む新たな指標開発が必要」と結論づけている．

　こうした議論を踏まえ，統計局では，2016年6月に「家計調査の改善に関するタスクフォース」（座長：美添泰人青山学院大学経営学部プロジェクト教授）を開催し，家計調査その他需要側消費統計の在り方について議論を重ね，統計局が取り組むべき方向性を取りまとめた．その方向性に沿って，同年秋には，①2018年1月の標本改正に合わせた調査票，調査方法，集計事項等の見直しを内容とする家計調査の調査計画の変更を統計委員会に諮問し，翌年に答申を得るとともに，これと並行して，②総務大臣主宰の「速報性のある包括的な消費関連指標の在り方に関する研究会」（座長：国友直人明治大学政治経済学部特任教授，以下「指標研究会」という）を開催し，ビッグデータ等の活用を含む新たな指標の開発について検討を行った．

　①の家計調査の見直しは，調査票様式等を大幅に改めるもので家計調査の歴史の中でも最も大規模な改定であり，②の指標研究会が開発を提言した消費動向指数（CTI）は，傾向スコアによるバイアス補正や状態空間モデルによる時系列予測など，近年実用化が進む統計学の理論的方法論を取り入れ，また，ビッグデータを推計の基礎データとして考えるもので，新しい公的統計の姿を追求する指標といえる．

3. 家計調査の改良

　現在の家計調査は，1972年の沖縄返還に伴う調査地域の拡大，1999年の農家経済調査（農林水産省）の廃止に伴う調査対象の拡大，2002年の単身世帯収支調査および貯蓄動向調査との統廃合など，調査の対象地域および把握範囲を拡充する改正を重ねる一方で，調査票のスタイルや家計簿の記入方法等については，集計結果の時系列変動に影響を与えないよう，統計局は従前の形を極力変えないように努めてきた．

　しかしながら，その間，世帯の構造と国民の生活環境は大きく変化し，また，消費者の購入形態・決済方法も多様化しており，今後さらにその進展が予見される中において，これまでの方法では持続的な調査実施も厳しくなることが危惧される状況となってきた．このため，統計局は，2018年1月に標本改正を行うとともに，抽出区分や推計方法のほか，家計調査の最も中心的な調査票である家計簿について全面的な改定を行うこととした．

　従来の家計簿は，当日の収支を記載する日次記載様式と，フリー記入・アフターコード方式を基本に構成されてきた．2018年1月から使用する家計簿では，公共料金等の定期的かつ預貯金口座から引き落とされる支払等を対象とした，月次記載様式の「口座自動振替による支払」欄のほか，給与や賞与，年金給付等の口座入金を対象とした月次記載様式の「口座への入金（給与・年金等）」欄を世帯員ごとに新たに設け，さらに主要な収入項目や控除・納付項目について，あらかじめ家計簿に印字するプリコード方式を採用することとした．また，従来の家計簿で1日標準1ページとしていた日次記載欄については，見開き2ページに改め，現金収入・現金支出欄を1ページ当たり15行から30行に，現金以外の支出欄を同じく10行から30行に拡充した．

　さらに，近年のキャッシュレス化の進展と決済方法の多様化を踏まえ，複雑となっていた家計簿記載方法の簡略化と記入漏れの防止を図るとともに，現金以外の決済手段について，クレジットカード（一括払・分割払），電子マネー（プリペイド・ポストペイ），商品券，デビットカード，口座間振替

等をプリコード化する改正を行った．

　これらの改正に加えて，2018年1月からオンライン回答システム（オンライン家計簿）の導入を順次行っている．オンライン家計簿は，調査世帯が使用するパソコンやスマートフォン，タブレットから家計収支の入力を行えるもので，調査世帯が撮影したレシートの写真から購入商品の品名，金額等を読み取る機能も実装したものとなっている．

　オンライン家計簿は，調査世帯の回答チャネルを広げるだけでなく，調査実施上の課題の解決や記載内容の正確性を向上させる中核ツールになり得ることが期待される．例えば，夫婦共働き世帯の増加等に伴って，世帯の家計管理の形も多様化しており，妻が夫の，夫が妻の収入や支出の詳細を知らない，知りたくない，知られたくないという世帯も増えてきている．このため，こうした個計化（家計の個別化）の対応が家計調査の課題の一つとして挙げられ，紙の家計簿では対応が実務上困難であるものの，オンライン家計簿であれば，アクセス制御やユーザ管理を通じて，各世帯の家計管理の形に合わせた調査の実現が可能と考えられる（調査対象が世帯から世帯員に事実上増大するため調査方法の在り方は慎重に検討する必要がある）．

　その他にも，フィンテックに見られる企業サーバとの連携や，AI・画像処理技術の活用等は，調査世帯の負担を大きく低減させ，かつ調査の正確性を向上させる可能性を持ち，世帯の購買時における決済方法，購買先店舗の形態，購買先地域の把握など，オンライン家計簿を切り口に新しい統計作成や分析をもたらす可能性を秘めている．

　統計局では，統計研究研修所，独立行政法人統計センターと連携し，両機関と協力関係を締結する大学や研究機関と，調査方法を含めた統計作成の改善・進化に向けた共同研究に取り組んでいる．

4. 消費動向指数（CTI）の開発

　第3節に記述した家計調査の改良によって，調査実施の持続性と統計の正確性の保持が期待される一方で，標本調査である以上，標本誤差は不可避であり，標本規模が約9,000世帯の家計調査でできることには限界がある．

指標研究会が開発を提言した消費動向指数（CTI）は，こうした問題に対し一定の解決を図った新たな消費指標であり，世帯の平均的な消費の動向を示す「世帯消費動向指数」（CTIミクロ）と一国全体の個人消費の動向を示す「総消費動向指数」（CTIマクロ）によって構成される．

統計局では，家計調査の結果を含む家計消費統計の公表体系を2018年1月分から見直し，この消費動向指数（CTI）を家計調査の結果および関連調査結果と同時・一体的に公表している．

4.1 世帯消費動向指数（CTIミクロ）

世帯消費動向指数は，家計調査と同じく世帯の平均的な消費を表す指数系列の体系である．精度面では，標本規模の点で限界がある家計調査の結果を他の統計で補完・補強する形で精度向上を図った，いわば世帯の消費動向に関し家計調査の上位モデルの統計として考える指標体系である．

統計局では，指標研究会の提言を踏まえて，家計調査の持ついくつかの弱点を補う設計を行い，世帯消費動向指数を算出している．

(1) 単身世帯の消費動向把握

総務省が毎月公表している家計調査の結果には，標本規模が小さい単身世帯（約700世帯）の消費状況は含まれておらず，単身世帯およびそれを含めた総世帯の消費状況は，四半期集計および年次集計のみの公表となっている．

近年，少子化，未婚化・晩婚化，高齢化等を背景に，世帯規模の縮小および世帯の単身化が進み，2015年国勢調査によると単身世帯の世帯数全体に占める割合は34.5％（2005年は29.2％），単身世帯の人口は全人口の14.5％（2005年は11.3％）を占めるに至っている．わが国の人口は既に減少に転じているものの，世帯数は世帯規模の縮小および世帯の単身化を背景に増加を続けており，個人消費に関する家計の平均的な消費（ミクロ統計）と一国全体の家計最終消費支出（マクロ統計）の中長期的な動向に違いをもたらしている（図11-1参照）．

世帯数は，東京オリンピック・パラリンピック開催の2020年頃から減少に転じることが見込まれるものの，単身世帯はその後も増加を続け，しばら

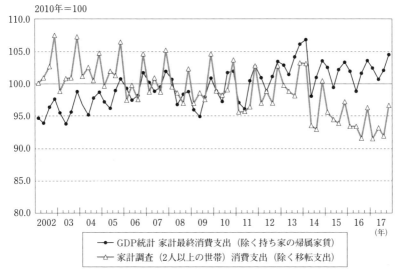

図 11‑1 マクロ統計とミクロ統計における消費動向（実質指数）
出所：四半期別 GDP 速報（内閣府），家計調査結果（総務省統計局）．

くの間，全体に対する単身世帯の世帯数比および人口比はともに一貫して上昇することが予測されている．このため，2人以上の世帯だけでなく，単身世帯を含めた世帯全体の消費動向が今後より重要性を増すと考えられ，単身世帯の月次消費の把握は，個人消費の動向を精緻に捉えるための不可避的な課題といえる．

　このための本来的な解決アプローチは，家計調査の標本規模を拡大し，月次変動に含まれる標本誤差を小さくすることであるが，家計調査のような無作為抽出調査で単身世帯の消費状況を毎月捉えることは現実的には難しく，家計調査の標本規模の拡大は実務上不可能に近い．そこで，統計局では，家計調査を補完する新たな調査として 2017 年 8 月から「家計消費単身モニター調査」を開始した．

　モニター調査は，有意抽出であり，その回答には無作為抽出調査の結果とは大きく異なった結果を導くバイアス（偏り）がある場合が多く，公的統計に単純に用いることは通常できないが，近年は，統計学の応用研究が進み，臨床医学，疫学，公衆衛生やマーケティング等の分野で，こうしたバイアス

のある調査データに対して傾向スコアを使った補正方法の実用化が進んできている．

統計局では，単身世帯の消費動向を月次で捉えるため，先行研究成果を応用し，単身のモニターから得られる消費支出を家計調査の結果と傾向スコア調整法を用いて補正することで，家計調査の標本規模約 700 とモニター調査の標本規模約 2,400 を合成した 3,000 超の標本規模の家計調査結果を擬似的に生成し，その集計値を CTI の指数算出に組み込む設計としている．

(2) 家計消費状況調査の活用と家計消費指数の吸収

世帯が購入する様々な商品・サービスのうち，自動車のような購入頻度の少ない高額の消費は，標本規模が約 9,000 世帯の家計調査では捉えにくく，家計調査の弱点の一つでもある．統計局では，購入頻度の少ない高額商品・サービスを対象として，標本規模約 3 万世帯の家計消費状況調査でプリコード方式によりその調査を行い，家計調査の結果を補強した家計消費指数の作成を 2002 年から行ってきた．この家計消費状況調査による家計調査の結果の補強によって，標本規模が拡大する効果が擬似的に生まれ，購入商品・サービスの消費支出金額の標本誤差がおよそ半減する効果がもたらされる．

CTI においてもこれを継承し，家計調査の結果（家計消費単身モニター調査の結果を補正・合成した単身世帯の結果を含む）を家計消費状況調査の結果で補強し，その合成値を基礎データとして作成する，従前の家計消費指数を吸収する指数体系としている（2002 年以降の家計消費指数は全て世帯消費動向指数に換算の上，その一部として提供し，家計消費指数の作成は 2018 年 1 月以降廃止した）．

(3) 季節調整等

季節調整値には標本誤差を含む不規則変動が内在されているが，この標本誤差を含む不規則変動成分は，統計利用者から敬遠される家計調査の月次変動の振れの要因でもあり，基調的な動きを分析する視点においては必ずしも必要とされない成分である．このため，CTI においては，季節調整値のほか，これまで日本の公的統計では算出されることは基本的になかった傾向・

周期変動（TC 系列）を抽出し，参考データとして提供している．

4.2 総消費動向指数（CTI マクロ）

景況を判断するための指標は様々あるが，最も重視される経済指標は国民経済計算による GDP 統計であろう．GDP の動向をより早期に把握するニーズは高く，GDP 統計を作成する政府自身においても，推計結果が出る前に GDP 動向を推測することは，経済財政政策や金融政策を適時に行う上で極めて重要である．特に GDP の約 6 割近くを占める個人消費の動向は，官民ともに関心が高く，ミクロ統計である家計調査の結果が，こうしたマクロ経済における個人消費の動向を読み取る参考指標として利用されている．しかしながら，マクロの動きとミクロの動きはそもそも異なり，また，算出元の基礎データの定義やカバレッジの違いもあって，ミクロ統計からマクロ統計の値を精度高く推測することは必ずしも容易ではない．これは，家計調査の標本規模を疑似的に拡大し，精度を高めた世帯消費動向指数の場合も同様である．

このため，GDP 統計の家計最終消費支出をターゲットにし，マクロの消費総額の動向を推測する指数として開発を行ったものが，総消費動向指数（CTI マクロ）である．

総消費動向指数は，ベンチマークとなる GDP 統計の四半期別公表値では観測できない月次の動きを推計する必要があり，他方で，GDP 統計の公表以前に利用可能な統計データは極めて限られ，GDP 統計の推計用データソースと比べて限定的にならざるを得ない．速報性を高めれば高めるほどその制約は大きくなる．

統計局では，指標研究会の提言を踏まえて，これらの制約下で行う推計の方法として，状態空間モデルを用いた時系列回帰分析の手法によって総消費動向指数を作成することとしている．

状態空間モデルは，観測値の背後に潜在する状態変化を表現するシステムモデルと，状態と実際の観測値とをつなぐ観測モデルから構成され，簡潔な定式化が可能な特徴を有し，主に工学の分野で発展してきた手法であるが，近年では経済学やマーケティングの分野で幅広く活用されるようになってき

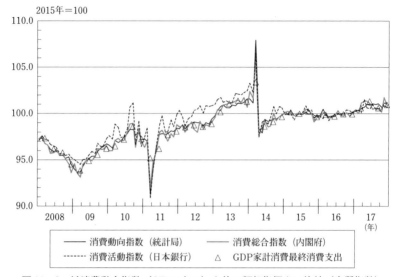

図11-2 総消費動向指数（CTIマクロ）と他の類似指標との比較（実質指数）

出所：消費動向指数（総務省統計局），消費総合指数（内閣府），消費活動指数（日本銀行），四半期別GDP速報（内閣府）．

ている．時系列を構成する回帰成分やトレンド成分，季節変動成分等を個別にモデル化し，状態空間表現に組み込むことができるなど，構造的な分析が可能となる利点がある．このほか，制度の変更や災害等に伴う急激な変動に対しても柔軟な対応が可能であり，また，時変係数モデルとすることで最新のデータの動きに即応した精度の高い推計の実現が期待されうる．

　状態空間モデルによる時系列回帰分析モデルによる推計を，毎月発表する公的統計の作成に応用させる取組は初めての試みであるが，しばらくの間，参考指標としてみていただき，実用的な指標となり得るか各方面から評価いただけると幸いである．なお，総消費動向指数の推移は，同様に家計最終消費支出の月次の動向を推計する内閣府の「消費総合指数」や，日本銀行の「消費活動指数」と比較した場合，概ね類似した動きとなっているほか，GDP統計の四半期別公表値とも整合的な動きをしている（図11-2参照）．

5. ビッグデータの活用

　消費動向指数（CTI）の作成に用いるデータソースは，2018年1月の公表開始時は家計調査結果やその他の公的統計データであったが，景気指標としての役割を考えると速報性が求められ，他方で，速報性を高めれば高めるほど利用可能なデータソースは限られてくる．公的統計をデータソースとした場合，各月の結果が利用できるのは早くても翌月末から翌々月上旬であり，さらにそれ以降でなければ利用できないデータも多い．そこで期待されるのがビッグデータである．

　IoTが進む中でビッグデータの存在感は日増しに大きくなっており，民間ではマーケティングに活用する動きが進みつつあるが，公的統計での活用は諸外国を含めて進んでおらず，特に経済統計における本格的な利用はまだ見られない．今後，生産・流通・在庫・消費といった多くの経済活動の中でデータが自動生成され，ビッグデータはさらにその規模が拡大し，ビジネスや我々の暮らしの中でより存在感を増していくことになるであろう．

　消費統計においては，消費者の購買データ（店舗の販売データ）である，①POSデータ，②EC（インターネット通信販売），③クレジットカード，④ポイントサービス，⑤電子マネーの履歴情報が該当し，これらを公的統計のデータソースとして活用することが考えられる．

　現在，消費関連指標の中で最も早く利用できる公的統計は，家計調査結果と商業動態統計調査結果であるが，その統計作成までには1カ月近い期間を要している．マーケティング情報として利用されるビッグデータの場合，調査統計の作成に要する調査客体からの調査票の回収，調査系統を通じた調査書類の運搬，データエントリー，コーディング，データクレンジングといった作業の多くを省略でき，集計期間を飛躍的に圧縮できる可能性を持つ．これを前述したCTIの総消費動向指数を推計する際の説明変数として，ビッグデータを加工・合成したデータ系列を組み入れた計量モデルを構築すれば，現在の公的統計よりも圧倒的な速報性を有した指標を作成することが可能となるであろう．

また，大量のデータゆえの詳細性も公的統計に新たな活路を開く可能性を与えてくれる．これまでの公的統計においては，推測統計学を基礎とする標本調査法により，少ない予算と短い時間の中で一定精度の統計作成を可能とする標本調査が統計作成方法の主流として普及してきた．しかし，標本調査の結果を集計して得られる数値には，標本誤差を必ず伴い，誤差が増幅する多次元のクロスセクション分析には自ずと精度面での限界がある．社会経済そして国民生活が多様化・複雑化する中で，きめ細かな行政運営やビジネス展開を行おうとするならば，より精緻なデータが必要となるのは当然ながら，標本から帰納的に見える社会の解像度は必ずしも高くない．これに対してビッグデータは，構成するデータの一つ一つが実在する人々の暮らしや企業活動の実際の記録であり，それを捨象することなく蓄積した膨大なデータは，国民生活の実像をきめ細かく鮮明に映し出し，社会経済の発展や改善のヒントを汲み取ることができる可能性を秘めている．

　しかし，こうしたビッグデータを公的統計の作成に本格的に活用するためには，ビッグデータの持つ課題を克服する必要がある．その一つがデータの実務的な利用環境である．各方面で「ビッグデータの活用」が唱えられているが，企業が保有する消費関連情報は，個人情報保護，法人情報保護および経営情報保護の観点から，企業においては慎重に取り扱う必要もあり，政府を含め第三者の利用を想定したデータ整備を実際に行っている企業は皆無に近い．また，自社保有のデータを十分に活用できている企業も必ずしも多くはなく，分析の観点に立ったデータクレンジングは行われていないなど，ビッグデータ活用の環境は実際には整っていないのが現状である．

　こうした中でビッグデータを実際に活用していくためには，各企業のデータの特性を踏まえながら利用条件や加工・分析の処理方法について企業と共に地道に検討を重ねていく必要がある．このため，総務省では，統計局，統計研究研修所および独立行政法人統計センターと民間企業等（データホルダー）で構成する「消費動向指数研究協議会」を2017年7月に設け，CTIのデータソースとして民間企業が保有する消費関連のビッグデータを実用化する研究開発を進めている．複数のビッグデータを対象に研究開発を行う実務的な枠組みは，政府の中でもまだ目新しいプロジェクトといえよう．

この中で解決すべきもう一つの大きな課題が，ビッグデータの持つバイアスであり，諸外国を含めて公的統計でのビックデータの活用が進まない最大のボトルネックでもある．消費統計のリソースとして考えられる前述のビッグデータは，①特定の店舗群で購入した消費者に限定された購買情報であり，②特定の店舗群で販売されている商品・サービスに限った購買情報であるバイアスが存在する．別の見方をすれば，それら以外の購買情報が欠測しているデータと考えられ，すなわち，ビッグデータが持つバイアスの問題は，欠測値の推定問題に帰着することができる．

欠測値の推定については，前述の傾向スコアによる補正を含め，統計学の応用研究が進んできている．そうした統計学の英智を課題解決に結びつけるため，消費動向指数研究協議会ではできるだけ多くの大学研究者にも参画してもらい，産学官連携の取組として進めていきたい．それは，ビッグデータの活用に関する産学官各々の経験値を高めることにもつながり，公的統計の改善や行政における統計・データ活用の発展に資するとともに，学術研究の発展およびデータドリブンな企業経営にも寄与するものとなるであろう．

6. おわりに

わが国は今，人口減少・少子高齢化など世界に先駆けた課題に直面し，政府はもちろんのこと日本社会全体が先例のない新しい国造りに取り組む必要に迫られている．明治以降，近代国家建設，戦後の復興・経済成長の過程では，学術的進化を見せる統計学の理論的な支えと実務的な応用を背景に，公的統計は行政や国民・企業の社会経済活動を下支えする情報基盤の役割を担ってきた．

現状を鮮明に映し出し，各種の課題の解決方法を導き出すことができる精度の高い公的統計は国全体の財産でもある．今また新たに直面する大きな国家的課題を前に，エビデンス・ベーストな解決ツールの一つとして，公的統計を産学官で協力して新しい形に進化させていければ幸甚である．家計調査の改良と消費動向指数（CTI）の開発は，その一里塚としてのチャレンジでもある．

参考資料

宇南山卓（2009）「SNA と家計調査における貯蓄率の乖離――日本の貯蓄率低下の要因」RIETI Discussion Paper Series, No. 10-J-003.

宇南山卓（2011）「家計調査の課題と改善に向けて」『統計と日本経済』第 1 巻第 1 号, 3-28 頁.

宇南山卓（2015）「消費関連統計の比較」財務省財務総合政策研究所『フィナンシャル・レビュー』第 122 号（平成 27 年第 2 号），59-79 頁.

総務省（2016）「諮問第 95 号　家計調査の変更について（諮問）」平成 28 年 10 月 11 日.

総務省（2017）「「速報性のある包括的な消費関連指標の在り方に関する研究会」報告書の公表」総務省報道発表資料（平成 29 年 3 月 22 日）.

総務省「家計調査の概要」．http://www.stat.go.jp/data/kakei/1.html

統計改革推進会議（2017）「統計改革推進会議　最終取りまとめ」（平成 29 年 5 月 19 日統計改革推進会議決定）内閣官房統計改革推進室.

日本統計研究所編（1960）『日本統計発達史』東京大学出版会.

星野崇宏（2009）『調査観察データの統計科学――因果推論・選択バイアス・データ融合』岩波書店.

第12章 統計制度の国際比較
──日本の統計の特徴と課題

川崎　茂

1. はじめに

　公的統計を作成・公表するための法制度・組織体制などの仕組みは，統計制度と呼ばれる．一国の統計制度は公的統計の品質や利便性に大きな影響を与えるので，その整備・改善はどの国にとっても重要な課題である．統計制度は各国の制度や国情に依存するので，単純な国際比較を行うことは難しいが，それでも，比較を通じて改善・発達のための様々な教訓を得ることができる．

　本章では，統計制度の重要な要素の一つである統計組織に注目して，特に米国，英国，ドイツに焦点を当てて日本との比較を行い，日本の特徴と課題をまとめる[1]．

2. 集中型と分散型

　統計制度は，一般に集中型と分散型に分類される．集中型では，中央統計局が基本的にすべての政府統計の作成を担う．他方，分散型では，国の基本的な統計を作成する中央統計局が置かれるとともに，他の各機関においても所管分野の統計が作成される．日本では，総務省統計局が基本的な統計を作成するほか，各府省においても各分野の統計が作成されていることから，日

---

[1] より多くの国の統計制度を対象とした，幅広い観点からの国際比較については，舟岡（2008）を参照されたい．

本の統計制度は分散型とみなされる．

　集中型と分散型との間には，必ずしも明確に境界が存在するわけではない．集中型とされる国においても，中央統計局以外の機関が何らかの統計を作成しているのが普通であり，集中度の高い場合に集中型と呼ばれているのが実態である．統計制度を比較する上では，二分法で考えるよりも，中央統計局への集中度に着目するほうが実態を理解しやすい．

　集中型は，分散型に比べてメリットが多いとされている．具体的には，予算・人材等の効率的な活用，職員の専門性の向上，統計間の体系性・整合性の確保，統計データ提供の一元化による利用者の利便性の向上，政策部門からの中立性の確保などがあるとされる．他方，分散型のメリットとしては，政策部門に近い部署で統計が作成され，政策ニーズに合った統計を作成しやすい，行政の専門知識を統計作成に活用しやすいことなどがある．

　世界的にみると，いくつかの国で分散型制度の集中化に向けた動きがみられる．例えば英国では，1996年，国民経済計算を所管していた内閣統計局と，人口センサスを所管していた人口センサス・調査局等が統合され，現在の国家統計局が設立された．その後も組織の再編・統合が行われて今日に至っている．韓国では，1990年代，経済・社会統計を所管する経済企画院調査統計局が農林漁業統計も所管することとなり，統計庁に再編された．これにより，ほぼ集中型の体制となった．最近では，2013年，フィリピンにおいて，国家統計局，国家統計調整委員会，農業統計局，労働・雇用統計局の統合により，フィリピン統計院（Philippine Statistics Authority）が設立され，集中型の制度となった．

　これに対して，集中型を分散型に移行する動きは，筆者の知る限り皆無である．多くの国において，統計制度の集中度を高めることの意義が認識され，徐々にではあるが，その方向で変化が起こっているといえる．

3．G7諸国の統計制度

　表12-1は，G7諸国の統計制度の主な特徴をまとめたものである．以下，この表に即してこれらの国の統計制度の特徴を概観する．

まず，集中の度合いについてみると，G7 諸国では，カナダだけが集中型であり，他の国々はすべて分散型とみなされている．カナダ統計局は技術水準が高く，国際的にみて最も優れた統計局の一つと考えられている．なお，ドイツは，国レベルでは集中型に近いが，国と地方との分担関係が独特の仕組みとなっている．この点については第 6 節で説明する．

日本では，中央統計局への業務の集中度が他の国々に比べてかなり低い．日本で中央統計局に位置付けられる総務省統計局は，国勢調査，経済センサス，CPI，労働力調査などの基本的な統計を担当しているが，内閣府が国民経済計算を，経済産業省が鉱工業生産統計など産業関連統計を，厚生労働省が毎月勤労統計など労働・保健・福祉関係の統計を担当するなど，複数の府省が主要統計を分担して作成している．他方，米国以外の 5 カ国では，これらの調査・統計に相当するものは，ほぼすべて中央統計局が作成している．

米国では，統計作成業務の分担が複雑であり，例えば，商務省センサス局が人口センサス，経済センサス，経常人口調査（労働力調査に相当．実施業務のみ）等を，商務省経済分析局（BEA）が国民経済計算を，労働省労働統計局（BLS）が CPI，経常人口調査（結果分析・公表の業務のみ），雇用統計（雇用主から把握した統計）を担当している．

このように，分散型とされる国においても，分散の程度や実態には大きな違いがある．

次に，職員数の規模についてみると，日本は，G7 諸国の中で職員数が著しく少ない．具体的には，日本では，国の統計職員数は 1,886 人（2016 年．以下同じ），うち総務省統計局の人員は 471 人である．このほか，都道府県に 1,811 人の統計職員が配置されている．これを集中型のカナダと比べると，カナダ統計局の職員数は 5,087 人であり，日本の国と都道府県を合わせた統計職員数を大きく上回っている．分散型の国については，政府全体の統計職員数が入手しにくいため，中央統計局の統計職員数をみると，最も小さいのはドイツ連邦統計局とイタリア国立統計研究所であり，いずれも 2,000 人強の規模となっている．しかし，中央統計局の人員だけでも，日本の国の統計職員数（都道府県を含まない）を上回っている．なお，米国の統計職員数については，桁外れに大きい．この点については，第 4 節で述べる．

240　第Ⅲ部　公的統計の改革への動き

表 12-1　G7 諸国の

	日本	米国	英国
統計作成機関（太字は中央統計機関）	**総務省統計局**，内閣府経済社会総合研究所，経済産業省，厚生労働省，農林水産省，ほか4省．	**商務省センサス局，同経済分析局，労働省労働統計局**，ほか125機関．	**国家統計局（ONS）**，ほか約25機関．
地方統計組織	なし（地方公共団体に法令に基づき委託）	センサス局は6支局，BLSは8支局．	なし（オフィスはロンドンを含め3カ所）
調整機関	総務省政策統括官，統計委員会．	大統領府行政管理・予算局（首席統計官）	統計委員会（議会に所属，事務局はONS）
国の統計職員数	国（全府省）1,886人．うち総務省統計局471人．都道府県1,811人．	主な13機関の合計11,596人．うちセンサス局6,240人，BEA 499人，BLS 2,148人．	ONS 3,192人．他の約25統計機関の職員数は不明．
予算	国・都道府県の合計327億円．	主要3機関　21億ドル．全機関合計　72億ドル．	ONS 1億7280万ポンド
統計関連法制	統計法	文書業務削減法，秘密情報保護および統計の効率性に関する法律	統計・登録業務法（2007年）

注：職員数，予算は，原則として2016年度のもの．予算に含まれる事項は国によって異なるので，比較には注意．
出所：各国の中央統計局等のウェブサイト等の情報に基づき筆者が作成（2017年12月に検索）．

　以上のとおり，分散型をとる日本の統計制度は，他の国に比べて集中度が低いだけでなく，人員規模も他のG7諸国と比べてかなり少ない．このことは，日本の統計の整備・改善を進める上では，大きな制約となっている．

4．米国の統計制度

（1）非常に大規模な米国の統計機関

　米国は，世界の先進国の中で，予算および職員数の面で最大の統計制度を有している．統計制度としては分散型であるが，主要13機関の合計の職員数は11,596人と非常に多く，また，個々の統計機関も非常に大規模である．具体的には，最も規模の大きい中核的な統計機関である商務省センサス局をみると，職員数は，フルタイムだけで6,240人，パートタイムを含めると

統計制度の概要

ドイツ	フランス	カナダ	イタリア
連邦統計局，ほか連邦労働局．	国立統計・経済研究所（INSEE）	カナダ統計局（Statistics Canada）	国立統計研究所（ISTAT），ほか16府省
14地方統計局（州政府に所属）	18支局	8支局	17支局
統計審議会（連邦統計局の諮問機関）	国家情報審議会（調整機能），公共統計院（統計の独立性の保証）	国家統計審議会（統計局長に対する助言機関）	国立統計研究所，統計情報調整委員会，ほか各種専門委員会
連邦統計局2,282人（うちフルタイム1,747人）．州統計局約8,000人（2015年度）．	政府全体7,537人．うちINSEE 5,770人．	5,087人	政府全体約8,700人．うちISTAT 2,246人．
連邦統計局1億6233万ユーロ（2015年度）	INSEE 4.5億ユーロ	5億1756万カナダドル	ISTAT 2.0億ユーロ
連邦統計法	統計における義務，調整，秘密に関する法律（2017年6月に関連法令を統合）	統計法（当初，1918年制定，現行法の基本は1971年制定）	国家統計制度に関する政令（1989年制定）

を要する．予算には，職員の人件費は含まれない．統計職員数は，原則としてフルタイム換算の数字．

13,625人となっている．これを日本と比べると，センサス局の業務範囲に最も近い機関である総務省統計局の職員数は471人である．また，SNA等を担当する商務省経済分析局（BEA）は，フルタイム職員数が499人となっている．これに対して，日本でSNAを担当する内閣府経済社会総合研究所は，職員数は78人である．さらに，労働統計全般を担当する労働省労働統計局（BLS）は，フルタイム職員数が2,148人，パートタイム職員数が421人となっている．これに対して，日本の厚生労働省の統計部門の職員数は，労働統計以外（厚生統計など）を含め237人である．

このように，米国の統計組織は人員規模でみて日本を1桁程度上回っており，国土面積や経済規模の違いを考慮してもなお，かなり大きいといえる．米国では，このような多数の人材を背景として，豊富な統計を作成・提供するとともに，統計の改善や新たな統計の開発や研究者用マイクロデータなど，

充実したサービスが提供されている．米国の統計制度は著しい分散型ではあるが，豊富な人材によって，分散型の弱点が補われて余りある状況となっているとみることができる．

(2) 大統領府に設置された統計調整機関

分散型統計制度においては，公的統計の整合性や体系性の向上のために，政府内での効果的な調整機能が必要とされる．G7諸国で分散型をとる国においては，米国を除くすべての国で，中央統計局またはそれに近い機関が調整機能を担っている．これに対して米国では，大統領府行政管理・予算局（OMB）の中の情報政策・規制担当部局（OIRA）に所属する首席統計官（Chief Statistician）が調整機能を担当している．米国の統計制度における調整機関のあり方は特徴的である．

首席統計官の配下の正確な職員数は不明だが，近年の例では5人程度と少人数であり，政府内の他の統計機関と協力して，統計政策の企画，政府内で共通の統計基準の策定，統計機関の間の調整などの役割を担っている．首席統計官は，国際的にも活躍する統計専門家が任命されることも多く，例えば，戦後の日本の統計改革のために日本に派遣された「ライス使節団」の団長を務めたスチュアート・ライス（Stuart Rice）は，当時，大統領府の首席統計官の前身である統計基準部長であった．

首席統計官の設置根拠を与えているのは，統計に関する法令ではなく，規制に関する法令である「文書業務削減法（Paperwork Reduction Act）」である．米国では，1942年，国民が政府に提出する報告書類の作成に関する負担の軽減を目的として，「連邦報告法（Federal Reports Act of 1942）」が制定され，それに基づいて，大統領府の情報・規制部局に統計基準部が設置された．その後，1980年には，連邦報告法に代わって「文書業務削減法」が制定されるなど，何度かの変更が行われ，今日の制度に至っている．

このように統計の作成・提供を行わない小規模な組織が，統計以外の法律を根拠として統計の調整を行うのは，他の国ではあまり類を見ない体制である．しかし，このような体制であっても，政府内における統計の調整や基準の確立は円滑に行われており，首席統計官は，国内の統計機関に対しても，

国際的な統計活動においても大きな影響力を持っている．それが可能となっている背景には，2つの要因があると筆者は考える．

一つは，首席統計官が，統計予算に関するチェックや統計基準の制定の権限を有しているほか，政府内の統計の基準設定や調整等に関する様々な会議を主宰するといった，首席統計官の有する権限や役割によると考えられる．もう一つは，統計専門家のコミュニティとの緊密な連携も大きな要素と考えられる．米国では，統計機関の職員と学界との間に密接な関係が築かれており，通例，首席統計官はそのようなコミュニティの中から任命されている．統計組織の効果的な運営の基礎には，それを支える法令や制度が重要な役割を果たしているのは当然だが，そのほかにも，このような米国の統計組織を巡るカルチャーや，統計コミュニティの存在の影響も大きいと思われる．米国では，社会全体で統計関係の人材層が厚く，職業上の流動性も高いことが，首席統計官を中心とする統計の調整が円滑に機能する要因の一つと考えられる．

(3) 公的統計を支える統計コミュニティ

米国では，どうしてこれほど大規模な統計組織を擁することができるのだろうか．その背景には，少なくとも2つの要因があると筆者は考える．その一つとして，米国連邦政府は，日本政府に比べて全般的に職員数が多いことがある．国家公務員の定義や職種は国によって差異があるので，厳密な比較は難しいが，大まかに言えば，米国では，軍人を除く連邦政府職員数は約270万人，日本では，一般職国家公務員（自衛官は含まれない）は約30万人となっている．すなわち，米国の公務員全体の数は，日本の約10倍の規模となっている．もう一つの要因として，前述した米国の統計コミュニティの規模の大きさがある．「コミュニティ」の規模の厳密な比較は困難であるが，大雑把に見ると，国友（2017）によれば，米国統計学会の会員数は約1万8000人であるのに対して，日本統計学会の会員数は1,500人であり，これも日本の約10倍の規模である．このような環境の下では，統計を頻繁かつ緻密に利用するニーズは日本以上に高くなり，それに対応して政府統計機関も充実が求められる．また，大規模な統計コミュニティの存在により，政

府統計機関に対して多くの専門人材を供給することが可能となる．

　米国におけるこのような強大な統計コミュニティの存在は，統計制度の弱体化を防ぐ役割も果たしている．過去の約半世紀の間に，米国では行政改革の一環で統計の組織や予算を縮減する動きが何度か見られた．例えば，第1期レーガン政権（1981～1984年）の間に，連邦政府の統計職員数は全体で12％減少した．これに対して，野党の民主党からは，レーガン政権の政策の評価を難しくするものであるとの厳しい批判があったほか，多くの統計学者や民間企業の統計利用者からも，この削減によって統計の品質が低下するとの懸念が表明された．これによってすぐに方向転換されたわけではないが，その後は統計のリソースの削減に歯止めがかかり，回復が徐々に進んでいった．

　このような米国における動きの中で，筆者にとって興味深いのは，民間企業の統計利用者からも統計の充実を求める声が積極的に出されることである．日本でも，企業においてマーケティングや経済予測などのために公的統計が利用されているが，企業からの統計に対する意見・要望としては，負担軽減，効率化を求める声が強く，統計の充実を求める声はそれほど目立たないきらいがある．このように，米国では統計のリソースの削減の動きに対して復元する力が働くのは，統計コミュニティの層が厚く，またそれに伴い統計に対するニーズが強いことによるものと思われる．

　公的統計の改善・発達には，一義的には公的統計の職務に携わる職員の努力が必要であることはいうまでもないが，それに加えて，学界や民間の統計利用者などを含む統計コミュニティにも重要な役割があるといえるだろう．

5．英国の統計制度

（1）試行錯誤を繰り返して発達してきた統計制度

　英国の統計制度は，1980年代から様々な変遷を経て今日に至っている．1980年代には，サッチャー政権下における厳しい行政改革によって，英国の統計組織の予算・人員は大幅に縮減された．その結果，統計の精度が低下しているとの批判が政府内から出るようになった．このため，1990年代に

は統計の予算・人員を大幅に増やすとともに、統計組織の再編・統合が進められ、1996年には国家統計局（Office for National Statistics: ONS）が設置された。2000年には、政府統計全般の品質と中立性の確保・向上に関する助言を行う独立の機関として、統計委員会（Statistics Commission. 以下、「旧統計委員会」と呼ぶ）が設立された。さらに2007年には統計・登録業務法（Statistics and Registration Service Act）が制定され、2008年に現在の統計組織の姿ができあがった。それ以前には英国には統計全体に関して規定した法律はなく、同法により、初めて統計に関する包括的な法制度が整備された。

これに対して日本では、1947年に統計に関する包括的な枠組みを与える旧統計法が制定されて以来、約60年間、その制度は大きく変更されることなく維持されてきた。これは、旧統計法の当初からの基本的な枠組みの長所に負うものと見ることもできるが、統計制度の変更に対して慎重であったともいえる。その後、2007年には統計法が全面改正され、さらに2017年には政府を挙げて統計制度の改革がなされており、日本でも改革に積極的な取り組みが展開されるようになっているが、英国ほどには改革あるいは試行錯誤の経験は蓄積されていない。日本においては、英国における統計制度改革の様々な経験から、制度改革のプラスの側面、マイナスの側面をともに学ぶことができると筆者は考えている。

(2) 統計の調整機能と基本統計の作成機能を担う統計院

2007年の新法により、従前の統計委員会と国家統計局（ONS）の機能を引き継ぐ組織として統計院（UK Statistics Authority）が設立された。統計院は、政府統計の中立性・独立性を保証する観点から、行政府には属さず、国会直属の機関と位置付けられている。統計院は、政府統計全般の品質を監視し、問題を発見した場合には意見を述べる権限を有する統計委員会（Statistics Board）、国の基本的な統計を作成する国家統計局（ONS）、政府統計全般の品質の検査等を行う統計規制局（Office for Statistics Regulation）で構成されている。このように、統計院は、政府全体の統計整備方針、基本的な統計の作成機能と政府統計の品質確保の機能を一体として持つこと

により，政府統計の中枢機関としての役割を担っている．

統計院のこのような位置付けおよび性格から，統計委員長および国家統計局長は女王任命による職務とされている．特に統計委員長の任用においては，内閣から提示された候補者を議会において入念にヒアリングを行い，その同意の下に最終的に決定される．国家統計局長（National Statistician）は，統計委員会に参画し，事務局長を務める．

統計院が現在の組織となる前の統計制度では，1996年に設立された国家統計局と，2000年に設立された旧統計委員会とが中心的な役割を担うこととされた．旧統計委員会の設立当時には，国家統計局の公表する統計に対して政府やマスコミから疑義や批判が提起されており，国家統計局を監視する機関として旧統計委員会が設置された．しかし，設立されてみると，国家統計局の公表する統計の妥当性をめぐって，局長と委員長の間で厳しい批判の応酬が繰り広げられた．その結果，統計に対する不信感はかえって増幅される結果となった．その後，政府および議会内でさらに様々な議論が重ねられた結果，2007年に制定された新法に基づき，2008年，旧統計委員会と国家統計局の機能を併せ持ち，機能もさらに強化された統計院が議会直属の組織として設立された．

日本を含め，G7諸国では，中央統計機関は行政府に属するのが一般的であるが，英国だけは議会に直属となっている．これは，英国における長年の議論の結果，公的統計の目的には政府の政策を評価することも含まれることから，中央統計機関は，行政府からも独立した存在とする必要があるとの考えに基づくものである．

(3) 人材面を通じた政府統計の統一性の確保

英国の統計制度には，分散型の問題を解決することを目的とした仕組みの一つとして，「政府統計サービス」（Government Statistical Service: GSS）がある．これは，政府の統計機関に所属する職員のうち，統計学，経済学，社会科学，データサイエンスを専門とする者で構成される，いわばバーチャルな政府横断的な組織である．GSSは，統計専門職員の連携を図り，専門性を向上させるための仕組みである．

GSSには，ONSを含め約25の統計機関に配属されている約7,000人の統計専門職員が所属している．GSSの長は国家統計局長が務め，各統計機関には専門職の長（Head of Profession: HoP）が指名されており，GSSの各職員は，自分の所属組織のHoPの指導の下で専門業務に従事している．

このような仕組みにより，異なる統計機関に所属していても共通の考え方に基づいて統計業務に携わることや，職員の専門性の向上を図ることも可能となる．このような仕組みは，日本など分散型統計制度を有する他の国でも参考になるものと思われる．

6. ドイツの統計組織

(1) 強力な州政府統計局で支えられているドイツの統計制度

ドイツ連邦統計局は，ドイツの統計制度のことを「連邦政府では集中型，地方との関係では分散型」であると説明している．連邦レベルでみると，連邦統計局以外では，連邦雇用庁が雇用・失業統計を作成しているのみであり，ほぼ集中型とみなすことができる．一方，連邦統計局と州統計局の役割分担等を含む公的統計の基本的な枠組みを定めている連邦統計法によれば，連邦統計局の使命はドイツ全体について同質な統計を作成するための手法・技術を提供すること，および連邦レベルのデータを作成・提供することとされている．州レベル以下の統計については，州統計局が作成することとされている．全国的な統計調査を実施する場合には，法律の根拠が必要であるとされており，連邦統計局は，州統計局と協議の上で調査の実施方法等に関する基準を定め，立法措置を行う．これに基づいて，州政府が統計調査を実施し，連邦政府はその結果を国の統計としてとりまとめている．

このようなドイツの統計制度を支えているのが，州政府の統計局である．ドイツでは，1871年のドイツ帝国の成立に先立つ19世紀初頭から，バイエルン，プロイセンなどの王国に統計局が設立されており，その多くが今日の州政府の統計局の前身となっている．このような背景から，各州の統計局は体制も充実しており，その職員総数の最新の数字は見当たらないが，1999年当時は約8,000人であった．

(2) 統計作成における国と地方の役割分担

統計作成に関する中央政府と地方政府の役割分担は，国によって異なる形をとっている．日本の場合は，ドイツに近い形をとっている．国の重要な統計調査である基幹統計調査の多くは，国が自らの機関を使って直轄で行うのではなく，地方事務を都道府県・市区町村に法定受託事務として委託して行われている．そして，統計調査の実施に必要な地方事務費および都道府県の統計専任職員の給与については，国が都道府県に対して委託費として支出している．ただし，日本では，ドイツと異なり，国の統計機関は，原則として，国の調査結果だけではなく，地方別の詳細な統計結果も併せて集計・公表している．

ドイツや日本とは逆に，中央政府が国・地方のレベルの統計を一括して作成している典型的な国として，米国を挙げることができる．例えば，センサス局は自ら地方支局を有し，直轄の組織体制によって全国規模の統計調査を行っている．また，他の統計機関の調査についても，センサス局が実施を受託している．調査結果については，通常，国の統計機関が全国レベル，地域レベルなど詳細な結果を公表している．

このような役割分担には，長所も短所もある．ドイツや日本のように地方自治体が統計調査の業務を担当する仕組みの長所としては，地方支局を維持する経常的な費用が発生しないことから，比較的低コストですむと考えられる．全国規模の統計調査を実施する場合には，地方における恒常的な調査管理体制が不可欠であり，それを都道府県が担うことによって，効率性も向上し，ノウハウの蓄積も可能となる．

逆に，米国のように，国がすべての地方事務を直轄で行う場合には，地方事務の経費が大きくなりがちである．この問題は，人口センサスなど大規模調査において端的に表れる．米国の 2010 年人口センサスは，1 人当たりの実施コストが日本の 2010 年国勢調査の 5 倍以上かかっているが，その一つの原因は，全国津々浦々に臨時の地方事務所を設置する費用がかさむためであった．日本の場合，実査の事務を都道府県・市区町村へ委託することにより，既存の事務体制を活用して調査が行われることから，比較的低コストで

調査が実施できる．また，地方公共団体が調査に参画することによって，統計作成において地方のニーズがより反映されやすくなるというメリットもある．

他方，地方自治体が業務を分担する仕組みでは，調整に手間がかかり，機動性に欠けるという問題がある．筆者がこれまでヨーロッパの統計関係者と意見交換をした際にときどき耳にしたのは，ドイツの制度では，新しい統計調査を行うためにすべての州の了解を得て立法措置をする必要があることから，新しいテーマの統計調査を実施しにくいということである．これに対して，国が直轄の支局等を有していれば，それほど調整の手間をかけなくても，国の判断だけで調査を実施できることとなる．

公的統計は，国でも地方でも必要とされるものであるので，国と地方自治体とが適切に連携して統計作成に取り組むことによって，業務の効率性も統計利用の利便性も向上すると期待できる．ただし，国と地方自治体の間で調整に大きな時間や労力が必要となるならば，そのようなメリットは失われる．日本における国と地方自治体の連携のあり方は，ドイツと米国の中間のほどよいバランスを有していると筆者は考えている．

7. おわりに

以上，米国，英国，ドイツを中心としてG7諸国の統計制度を概観し，日本との比較を行ってきた．統計制度は，各国の固有の事情に依存するものなので，制度の長短を簡単に論じることは難しい．しかし，このような比較を踏まえて，筆者としては，日本の統計制度の特徴と課題として次の3点を挙げておきたい．

第1点は，日本の統計組織は，職員数でみた組織規模が非常に小さいことである．今後，統計の改革を進めていくためには，専門的な職員を増やすことが急務である．日本では，統計の改善・充実の必要性は認識されながらも，長年にわたって統計のリソースの削減が続いた．これは，日本の厳しい財政事情が大きな原因であり，やむを得ない一面もあるが，統計の品質を徐々に低下させる圧力として働いてきたことは否定できない．幸い，2017年5月

に公表された政府の統計改革推進会議の「最終取りまとめ」では，リソース確保の必要性が指摘されている．このような提言が今後着実に実行され，統計の改善・充実が進められることを期待したい．

　第2点は，統計組織の集中度が極めて低いことである．世界には分散型の統計制度をとる国が多いが，その中でも日本は分散の度合いが極めて高く，これが公的統計の改善のネックの一つとなっていると考えられる．今後，日本では集中度を高める努力が必要と思われる．そのためには，府省をまたがる行政組織の再編が必要と考えられるが，日本においては府省間をまたがるような大規模な行政組織の再編は，今日までごくまれにしか行われておらず，統計組織だけのために再編を行うのは現実的ではないと思われる．また，組織再編には大きな事務負担が生じるので，その影響によるリスクも考慮する必要がある．このような事情を考えると，集中度を高めるための組織再編を性急に進めることは現実的ではなく，将来，本格的な府省の再編が行われるまでは，分散型のデメリットをできるだけ減じるように対応することが必要である．

　第3点は，統計組織における統計専門人材の確保・育成である．統計の改善・発達のためには，優れた専門人材を多数確保することが必要である．日本では，個々の統計組織で努力がなされているが，可能な限り政府を挙げて取り組むことが必要である．分散型の日本においては，第5節の英国の事例も一つの参考としながら，政府横断的な人材の確保・育成に取り組むことが考えられる．この問題の解決は，必ずしも政府の努力だけで実現できるものではなく，大学の教育・研究における人材育成との関係も深い．今後は，政府と学界が協力して人材確保の取り組みが進められることを期待したい．

参考文献

川崎茂（1997）「イギリスの統計組織の再編（1）～（5）」『統計』（日本統計協会）第48巻第2号45-50頁，第3号41-46頁，第4号50-53頁，第5号49-54頁，第6号42-45頁．

国友直人（2017）「失われた50年——ビッグデータ時代における統計科学の人材育成の課題」『ECO-FORUM』第32巻第3号，6-15頁（改訂稿が本書序章）．

島村史郎（2006）『統計制度論――日本の統計制度と主要国の統計制度』日本統計協会.
総務省政策統括官（統計基準担当）ホームページ．http://www.soumu.go.jp/toukei_toukatsu/
統計改革推進会議（2017）「統計改革推進会議　最終取りまとめ」（平成29年5月19日統計改革推進会議決定），内閣官房統計改革推進室.
舟岡史雄（2008）「各国の統計法制度とわが国の統計改革」国友直人・山本拓編『21世紀の統計科学 1　社会・経済の統計科学』東京大学出版会, 147-170頁.
Insee − Institut national de la statistique et des études économiques. https://www.insee.fr/
Istituto nazionale di statistica. https://www4.istat.it/it/istituto-nazionale-di-statistica
Statistics Canada. https://www.statcan.gc.ca/eng/start
Statistisches Bundesamt. https://www.destatis.de/DE/Startseite.html
UK Statistics Authority. https://www.statisticsauthority.gov.uk/
United Nations Statistics Division, Development of National Statistical Systems. https://unstats.un.org/unsd/dnss/
White House, Office of Management and Budget, Statistical Program and Standards. https://obamawhitehouse.archives.gov/omb/inforeg_statpolicy

第13章　公的統計の課題と改革

美添　泰人

1. はじめに——公的統計を巡る最近の指摘

　この数年，公的統計に対する改善の要望が一段と高まってきている．その大きなきっかけは，2015年10月の経済財政諮問会議における麻生太郎財務大臣の発言（内閣府 2015）であり，特に総務省の家計調査，財務省の法人企業統計，厚生労働省の毎月勤労統計に関して具体的な問題点の指摘がなされた．そのうち家計調査については「数値が経済産業省の商業動態統計とは異なった動きをしている」，および「調査の対象が高齢者に偏っており経済の実態を反映していない」という指摘がある．このような指摘は従来からエコノミストを中心になされてきたものと同様であるが，今回は政府の中枢からの問題提起であり，公的統計作成担当部局の対応が強く求められることになった点で，これまでの指摘よりはるかに重大な影響を与えるものであった．公的統計全体については，これらの基礎統計とともにSNAの精度向上も課題とされたのは当然である．例えば税務データを用いた分配側GDPの推計も，有力な手法として検討すべき従来からの課題であったし，実際，藤原・小川（2016）の日本銀行職員による試算によれば，ある程度の改善が期待される結果が得られている．

　麻生大臣の指摘を契機として，総務省では家計調査に関する2つの検討の場が新たに設置された．一つは「家計調査の改善に関するタスクフォース」で，2016年6月から7月にかけて集中的に検討が行われた．もう一つは，このタスクフォースの提案を受けて高市早苗総務大臣（当時）が自ら主宰し

た「速報性のある包括的な消費関連指標の在り方に関する研究会」であり，有識者委員の他，オブザーバーとして内閣府，経済産業省，日本銀行など，関連する統計の作成機関，利用機関の参加を得て，2017年3月に報告書（総務省統計局 2017）を取りまとめた．これらはいずれも公開の形で実施された．筆者は，家計調査および法人企業統計に関しては1970年代から様々な機会に統計作成の場に関わってきたことから，これらの統計に関する指摘への対応についても従来から内部的な検討に参加してきた．家計調査に関しては，現在の調査設計となる以前にも，関連調査である貯蓄動向調査と家計調査を世帯同士で照合する実験などを実施した経験がある．これらの経験を踏まえて今回の家計調査に関する2つの検討に際しても参加を求められた．

　総務省だけでなく，同じ時期に，政府全体として統計の改善について検討する場が設けられた．まず，2016年9月には「より正確な景気判断のための経済統計の改善に関する研究会」が内閣府に設置され，同年9月から12月にかけて，主としてSNAの改善に必要な統計の見直しに関する議論が進められ，財務省の法人企業統計などに関する課題が指摘された．もう一つは，この研究会の報告書の内容を反映した「統計改革の基本方針」（内閣府経済財政諮問会議 2016）の決定を受けて，2017年1月に内閣府に設置された統計改革推進会議であり，そこでは政府全体における証拠に基づく政策立案（EBPM）の定着，国民のニーズへの対応等を統計部門を超えた見地から推進するための議論が展開された．筆者は，内閣府のこれらの検討の機会にも協力を求められた．

　以下，第2節で，日本を中心とした統計改革の歴史を概観した後，第3節では，総務省に設置されたタスクフォースにおける検討について，やや詳しく紹介する．なお，高市総務大臣の研究会については，その検討結果として提案された消費動向指数（CTI）が本書第11章の阿向論文で詳しく紹介されているので，ここでは割愛する．第4節では内閣府における「より正確な景気判断のための経済統計の改善に関する研究会」の議論の概要，および，現在でも継続して検討が進められている「統計改革推進会議」の状況について解説する．

2. 日本における統計改革の歴史

　第二次大戦後の統計改革について，1947年の統計法制定から2007年の新統計法制定までの時期に関する以下の記述は，その一部を舟岡・美添ほか（2005）によっている．

　第二次大戦期には情報統制により政府統計の秘匿や歪曲が行われ，政府の統計組織は非常に弱体化していたが，終戦直後の時期に，政府は国の復興には統計が不可欠であるとの認識で戦時の状況の反省に立って，信頼される統計の整備に力を入れた．まず，1946年に内閣に設置された「統計制度改善に関する委員会」において，政府統計の企画・改善を担う統計委員会の設置と統計法の制定が答申された．1947年に制定された統計法は統計の真実性の確保，統計体系の整備，統計制度の改善発達などを目的とするものである．特に重要な統計を作成するための「指定統計調査」については，回答者に申告義務を課すだけでなく，調査従事者にも厳しい守秘義務を課すこととされた．この法律により基本的な統計が順次整備され，政府統計の基礎が築かれた．設立当初の統計委員会会長は吉田茂（内閣総理大臣），議長は大内兵衛（東京大学教授）であり，委員の中には大学関係者とともに，川島孝彦（内閣統計局長）や美濃部亮吉（事務局長）などが名を連ねていた．統計委員会を中心とする当時の統計制度再建については，日本統計研究所（1962）に詳細な記述がある．

　この時期の統計改革は，戦時中の統計の暗黒時代の反省に基づいて統計改善を図る，戦後民主主義の精神を反映したものであった．なお，1952年には統計委員会が「統計審議会」と改組されたが，新統計法の成立によって2007年にふたたび統計委員会に改組された．

　（旧）統計法の下で，基本的な統計である国勢調査，工業統計，事業所統計をはじめとして，国民生活の実態を把握するための経済統計の充実が図られた．これらの統計は戦後日本の高度成長を資料の面で支えたものといえるし，その後，多くの国でも新しい環境に対応した法制が設けられてきた．実際，統計法制定の当時は欧米の主要国でも政府統計のあり方について同様な

認識を持っていた．このことは，各国の政府統計の整備を進める上で留意すべき重要な点について国連統計委員会が 1954 年にまとめた統計組織ハンドブック（初版）の中で，日本の統計法制度を先進的事例として紹介していることからも分かる．

その後，統計の役割に対する認識は，1980 年代に向けて大きく変化した．1991 年のソビエト連邦崩壊をはじめとする東欧諸国の自由経済への移行により，それまで行政施策のために作成されていた政府統計に代わって，自由経済の下では企業や国民にも広く利用される統計が必要となった．同じ時期に，自由主義諸国では政府運営の透明性の確保や客観的な政策評価が必要になるとともに，企業活動の情報基盤としての役割も求められるようになった．

経済が成熟段階に入ると，より精度の高い統計が必要とされるようになる．経済成長率が 10% を超えるような高度成長期には，GDP の値に 1% 程度の誤差があっても問題とはされないが，低成長期には GDP 成長率も 0.1% の単位まで問題にされるようになり，消費者物価指数や，失業率に対しても正確性への要求が大きくなる．このような理由によって，政府が統計を作成して公表することは，単に政府や行政機関の利用に供するばかりでなく，広く国民に対する公共サービスであり，公共財としての統計を提供することは，政府の義務であると考えられるようになった．統計は，それを直接利用している政策担当者だけのものではない．社会の基盤となる情報であり，すべての国民にとっての共有財産であるという認識は国際的にも共有されており，国連統計委員会が 1994 年に採択した「官庁統計の基本原則」においても，統計は民主的な社会の情報システムに不可欠の要素とされている．

それにもかかわらず，日本においては行政改革が行われるごとに，直接政策決定に関わらない統計作成部門が削減の対象となり，統計に携わる職員数および政府予算は次第に縮小してきた．それでは，経済社会の変化に対応する新たな統計を開発する余裕がなくなり，現行の統計作成業務に追われることも当然である．

このような背景から，2007 年に，60 年ぶりに統計法の改正が実施された．この頃の日本の統計制度改革の必要性とその方向については，統計審議会の委員として統計改革に関わった当事者である竹内（2011），舟岡（2011），美

添（2011）で紹介されている．

　主要な論点は，経済社会の変化に対応する新たな統計の整備である．情報通信産業などは従来は通商産業省や郵政省など所管が分散し，各省独立型の日本の統計制度では正確な捕捉が不十分とされるサービス業に関する統計の整備が遅れていたことが最大の課題であるが，終戦直後には重大な問題であった衣食住に関する基本的な状況が改善された後の国民生活にとって重要な活動となる社会奉仕，余暇，生活時間などに関する統計も，次第に重要性が増してきた．また，政府の作成する統計は，報告者の個別情報を秘匿する必要性があり，研究目的であっても利用が制限されていたことに対して，データ分析の環境が整ってきた海外の主要国との比較も指摘されるようになった．

　新しい統計法の下では「基本計画」が作成され，各府省が作成する統計の具体的な改善方針が明示された．また，各府省の統計組織は独立型を維持することとされたため，政府全体としての統計の整合性を確保するための組織として，従来の統計審議会を改組した統計委員会が発足した．しかし，美添（2011）に記したように，この改革では人材や予算の面で課題が残されていた．新統計法成立の後も，企業や世帯における統計に関する回答負担の問題やプライバシー意識の高まり等から，従来のような統計調査を維持することが困難になってきた一方で，市場関係者などの統計利用者からはより精緻な統計の提供が求められるようになってきた．この時期に，麻生大臣の発言がなされたのは当然の成り行きと考えられるが，政府としても客観的な政策評価のために調査統計や行政記録を適切に活用することが急務であるとの認識が高まってきたことが，今回の統計改革の動きにつながったのである．

　次節以下で統計改革の概要を紹介する前に，なぜ，統計を所管する立場にはない財務大臣が経済統計の改善を要求する趣旨の発言をしたのかについて，筆者の想像を紹介したい．個人的な推測であるが，おそらく正しいものと考えている．本書第 12 章の川崎論文で紹介されている英国の統計制度に関しては，一度，危機的な時期があった．小さな政府を目指したサッチャー政権が統計部門の大幅な予算削減を実施した結果，1980 年代半ばには，国民の多数は政府の作成する統計を信用しないという状況に陥った．統計改革を進める中で，財務大臣（Chancellor of the Exchequer）の John Major が統

計の改善を勧告し，最終的に，1991年になって英国の統計作成機関の復権が実現した．

統計制度の劣化と回復を巡る英国の経験は，日本において統計法改正の議論が行われていた時期には，統計関係者に共有されていた．麻生氏は2003年から2005年にかけて，総務大臣として，統計の作成機関である総務省統計局および政府全体の統計制度を所掌する政策統括官（統計制度担当）の業務を管理していた．当然，統計審議会に対する諮問，答申は麻生大臣を対象として行われていたことから，麻生氏は統計に関する十分な知識を持っている．筆者は統計審議会委員・会長として務めていたため，事務局と麻生大臣とのやりとりを聞いていた．英国の経験についても統計関係者からの情報提供がなされていたことは確実と考えられる．もう一つ，見逃せないのは，麻生氏の祖父は，第二次大戦後の日本における統計改革を推進した吉田茂であり，統計の重要性を十分に認識していたことである．そのような事情は舟岡・美添ほか（2005）でも紹介した．このような状況を踏まえれば，財務大臣の地位にある麻生氏が統計改善の必要性を指摘したことも納得できる．

3. 家計調査の改善に関するタスクフォース

家計調査はわが国の家計収支の実態を明らかにするための統計調査であり，その結果が景気動向の判断，税制や社会保障政策の検討，消費者物価指数の作成などに幅広く利用されていることから，エコノミストを中心にして様々な要望と批判が提示されている．まず，家計調査に協力する世帯は公務員に偏っているため信頼性が低いという神話があるが，実際の数値を見れば，偏りは非常に小さい．また，標本サイズが10,000世帯以下では全国の5000万世帯のうちの5,000分の1しかないため誤差が大きいという指摘もよく見かける．例えば永濱（2016）は「個人消費の推計に用いられる総務省の家計調査にも問題がある．家計調査の経常収入が大きく減少しているのに対して，毎月勤労統計の賃金が横ばいで2つの統計が大きく乖離している」と記した上で「家計調査における2人以上調査世帯数は約8,000世帯と，全世帯の約0.02％にすぎない」ため，家計調査が実態と乖離していると記している．

しかし，統計学の理論に従えば，抽出率は誤差の大きさとはほとんど関係はなく，重要なのは標本のサイズ，ここでは8,000世帯という数である．調査技術の点からは，標本の代表性を保証する協力世帯の比率など，統計の精度に影響する要因を管理することが重要であるが，残念ながらエコノミストの多くは調査技術については言及しない．統計に関する批判に対しては丁寧な情報の提供を通じて理解を得る必要があると考えるが，その一方で，本質的な改善には結びつかない要求も混在しているのが実情である．

タスクフォースでは筆者は座長を務めたが，このような批判を踏まえて，発足にあたって，まず，家計調査を巡る主な指摘について整理を試みた．なお，タスクフォースに関する情報としては総務省統計局のホームページ（総務省統計局 2016a）に検討過程の詳細が掲載されている．

3.1 家計調査を巡る主な指摘

家計調査を巡る主な指摘は次のように整理できる．本小節と次の小節については，現在，総務省統計局ホームページ「家計調査の現状と課題」（総務省統計局 2016b）に詳細な解説があるので参照されたい．

(1) 標本調査の偏りについては，高齢者が過大，共働き世帯が過少，公務員が過大という指摘がある．平成22年国勢調査との比較では，家計調査は60歳以上で1.0ポイント高く，30歳未満で1.4ポイント低い．平成24年就業構造基本調査との比較では，平均有業人員は家計調査で1.5人，就業構造基本調査で1.6人であり，公務員世帯の割合は家計調査で4.1%，就業構造基本調査で2.8%である．これらの相違は確率的な変動としては大きく，何らかの非標本誤差が存在していることは明らかである．一方で，この程度の差は，集計結果に大きな影響を与えないことも確認できる．

(2) 消費の動きについて他の統計と比較すると，経済産業省の商業動態統計調査における変動は小さく，家計調査の変動は大きく見える．この点については，家計調査の標本は約8,000世帯で月々の消費支出の標準誤差率は約1.3%と評価されている．一方，商業動態統計についての詳細

は公表されていないが，20年ほど前に筆者が当時の通商産業省と協力して実施した分析では，確率的な誤差は大差がなかった．実際は，商業動態との比較に際しては，家計調査は1世帯当たりの平均値であり，支出として財以外にサービスや仕送り金のように他の世帯への移転も含まれるのに対して，商業動態は小売業販売の総額であり，基本的に財を対象として事業者や外国人観光客などによる消費分（インバウンド消費）を含むことから，直接的な議論は容易ではない．しかし，世帯の消費支出は，天候や制度などのため本質的に変動が大きく，販売側の統計と動きが違っていることは確かである．そのため，消費支出の基調を見やすくする工夫として2016年1月から公表されている3カ月後方移動平均を見ることもできるし，月々の変動を抑える効果は確認できる．

収入に関して，家計調査の世帯主収入は毎月勤労統計（毎勤）の現金給与総額と概念が近いにもかかわらず，動きに違いが見られるが，これについては，両調査の内容を確認する必要がある．家計調査の実収入とは，2人以上の世帯のうち勤労者世帯の1世帯当たり「全ての世帯員の収入を合算した収入」の平均値である．一方，毎勤の現金給与総額とは，常用労働者5人以上の事業所から得られる常用労働者1人当たりの平均給与である．以上を踏まえると，両調査の年齢分布の違いに基づく次のような理解が妥当である．勤労者世帯の世帯主の年齢分布は若年層の割合が低く中高齢層の割合が高い上，世帯主が60歳以上である割合は年々高まっているが，世帯主収入は60歳未満で約45万円，60歳以上で約25万円とその水準は大きく異なるし，両者の前年比の動きにも違いが見られる．一般に，対象としている範囲や定義が異なる複数の調査を単純に比較することはできないが，家計調査と毎勤の比較も注意すべき例の一つである．

(3) 新しい消費形態への対応として，ネットショッピングや電子マネーによる支出が含まれていないという指摘があるが，実際の家計調査では毎日の収入・支出を全て家計簿に記入するため，概念的にはネットショッピングや電子マネーによる支出も含まれている．ただし，電子マネーを利用した支出の記入方法は煩雑であり，正確性については危惧もある．

また，家計調査ではネットショッピングの詳細については把握していない．これらの情報は，月次の家計消費状況調査で部分的に把握し，5 年ごとの全国消費実態調査において詳細を把握しているとはいえ，ネットショッピングや電子マネーに関する情報の収集は，家計調査の重要な課題の一つである．

　なお，家計消費状況調査とは，2000 年に小渕恵三首相（当時）の「消費の実態の早期かつ的確な把握につき，さらに改善を図るように」という指示を受けて，堺屋太一経済企画庁長官（当時）の下に設置され，筆者も参加した研究会の成果として開始された調査であり，家計調査において毎月の購入頻度が少なく結果が安定しない高額消費について，家計調査とは別に大規模な標本調査で補完を図るものである．

(4) 記入者負担に関しては，調査客体や調査員からの要望がいくつかある．まず，生鮮食品などは「はかり」を用いて重さを量っているため，その負担を軽減する工夫が行われ，現在では「デジタルはかり」を採用，重量の記入期間は最初の 1 カ月のみ，などとしている．調査期間中に世帯が計量する品目は全記入本数の 4.4% であること，消費者物価指数（CPI）における生鮮食品のウエイトの算定や各種行政分野における利用に加えて「可能な程度であらゆる支出項目についての数量が収集されるべきである」という ILO における家計収支統計に関する決議を踏まえると，当面は継続がやむを得ないと考えられる．

　負担に関しては，手書きによる家計簿への記入に手間がかかることも指摘されている．家計簿には毎日の収入・支出をすべて手書きで記載して，合計を記入するなど，改善を検討すべき課題がある．さらに電子マネーなどによる購入は，数量，金額，購入形態を「かっこ書き」で記入する，デビットカードや小切手を利用した場合には利用と同時に預金を引き出したとみなして記入するなど，複雑な場合もある．Suica で支払った交通費，コンビニでの買い物などの把握も容易ではない．

(5) 高額で低頻度の品目の把握が過小となっている可能性は以前から指摘されているが，乗用車などについては世帯が消費として意識せず，家計簿に記入されない場合があることが知られている．この問題に対処する

ために 2001（平成 13）年に開始された家計消費状況調査と比較すると，現在でも家計調査が過少となっている品目があることが確かめられる．例えば冷蔵庫では 3 割から 4 割が過少であり，記載漏れが疑われる．

3.2　総務省統計局の取組状況と対応

家計調査の信頼性に関して，以上のような指摘と関連統計の現状を確認しながら，タスクフォースとして検討課題を絞って検討した．その概要は以下のとおりである．

まず，世帯主の年齢分布に関する標本の偏りについては，それが推計値にどの程度の影響を与えるかを評価するために，修正した推定結果が参考値として 2016 年に公表されている．具体的に，家計調査の世帯主の年齢別階級別の消費支出および 10 大費目について，労働力調査の世帯分布をウエイトとして加重平均した結果を見ると，参考値と公表値の差は小さく，傾向を見る上で大きな違いはない．さらに詳細な修正方法として「地方と有業人員」の二元分類別世帯分布を用いた推定方法についても研究を実施しているため，大きな問題はないと考えてよい．また，世帯主の高齢化の進展など，世帯構造の変化と家計消費との関係についての理解を深めるための情報として，世帯主の年齢階級別世帯分布の時系列データもホームページを通じて提供を開始しており，総務省統計局（2016c）で見ることができる．

消費の基調的な動きについては，上記のとおり消費支出の基調を見やすくする「3 カ月後方移動平均」結果が 2016 年から公表（総務省統計局 2018）されている．さらに，継続標本のウエイトを高めることで前月差の振れを抑える効果が期待される推定方法（AK estimator）を適用したところ，2014 年の前月比についての検証の結果は，公表値と試算値の差の絶対値は平均で 0.6 ポイント以内であり，変化の傾向も同じということであった．その理由として，家計調査では全体の 6 分の 5 が継続する標本設計になっているため，AK estimator による推定の改善効果は小さいことが考えられる．AK estimator は米国の Current Population Survey において前月比の精度向上のために採用されている手法であり，家計調査への適用事例については大島（2016）に記述がある．

3.3 タスクフォースの取りまとめ

以上を踏まえて，タスクフォースでは次の課題を検討の対象とした．(1) より正確な母集団の復元方法，(2) 新しい消費形態への対応，(3) データ利用者の要望を満たしつつ記入者負担を軽減させる方策，(4) 景気指標としての利用価値を高める方法，(5) 家計消費全体を把握するための新たな情報源（ビッグデータ等）の活用可能性．これらの課題に関する集中的な検討の結果，タスクフォースでは次の3つの論点を中核とする取りまとめを作成し，いくつかの具体的な提言を行った．

(1) キャッシュレス化等に対応した調査方法の見直しについては，ICTの活用によって記入負担の軽減を図るため，オンライン家計簿の導入（レシート読取機能，家計レポート機能等の実装），家計簿記帳事項の簡略化，ICTを活用した新たな収支把握の方法について検討する．
(2) 家計消費統計のデータ整備・公表体系の見直しについては，家計調査を補完し，家計消費動向をより的確に捉える基礎データの整備を進める一方で，ビッグデータ等も活用し，景況判断に資する個人消費全体の動向を推定する新たな指標開発を開始することとしている．
(3) 統計利用者との情報共有の充実に関しては，エコノミスト等との定期的な対話の場を設置し，統計利用者に対する情報提供を一層工夫するとともに，利用者からの要望を聴取する機会とすることとした．

3番目の提言を受けて，タスクフォースの後で家計調査の主要な利用者を交えた率直な意見交換の場が設置され，すでに3回の会合を開催している．過去には，統計作成者の丁寧な説明が不足していることが原因で，必ずしも対応可能でないような問題に対しても批判や要望が寄せられることがあったが，対話を継続することが利用者・作成者の双方にとって望ましい．

ICTを活用した新たな収支把握の方法の検討などの課題については，上述のとおり，タスクフォースの後で設置された「速報性のある包括的な消費関連指標の在り方に関する研究会」において検討が継続され，2017年3月

に報告書が取りまとめられた.そこには具体的な手順と工程表が提示され,個人消費全体の動向を推定する新たな指標開発として,ビッグデータを活用して異なる統計の情報を融合するなどの新しい試みとして「消費動向指数(CTI)」という名称の指標の開発に向けた取組みが始められた.CTIについては本書第11章の阿向論文に紹介があるとおり,景況判断に資する消費関連の新たな指標として,研究の進展を期待したい.

4. 経済統計全般に関わる検討

麻生大臣の発言を受けて,政府全体としても統計の改善について検討する場が設けられ,筆者も協力を求められた.

4.1 経済統計の改善に関する研究会

内閣府の「より正確な景気判断のための経済統計の改善に関する研究会」は,2016年9月から12月にかけて開催され,主としてSNAの改善に必要な統計の見直しについて議論が進められた.

研究会では経済社会構造の変革等を踏まえて,GDP統計を軸とした経済統計の改善の方向性に関する検討,ビッグデータや行政記録情報など新たなデータ源を経済統計の改善や景気動向把握に活用する方策について議論を行った.特に,経済統計を継続的に改善していくためのPDCAプロセスの確立と,経済統計を支える政府統計部門の人材や体制の強化の必要性に関する認識の共有については,委員の一人として筆者の強い要望でもあった.なお,PDCAは,Plan(計画),Do(実施・実行),Check(点検・評価),Action(処置・改善)というプロセスをサイクルとして繰り返すことで業務の改善点を明らかにし,品質や成果を向上させるため,継続的な業務において広く使われる手法である.

報告書の中心は,GDP統計に利用される基礎統計および加工推計方法の改善であり,そのための具体的な課題を整理している.結論として,GDP統計を軸とした経済統計改善に取り組むべきこと,GDP推計に利用される一次統計の作成府省および加工・推計を行う内閣府において積極的な取組み

を行っていくことを求めている．報告書では詳細な取組方針とその工程表を，「GDP統計を軸とした経済統計改善の取組方針」に示した．筆者が重要と考える主な論点は次のとおりであり，方向性については全員の合意を得たものと理解している．

(1) 高齢化の進展・世帯構造や働き方の多様化に対応して，多様なサービスの生産・消費活動の把握が必要となっている．具体的にはサービスに関する供給側統計は必ずしも十分とはいえず，インターネット上の新たなサービスの捕捉，家事サービス業など中小・零細な事業者の多い個人向けサービスの捕捉などが挙げられる．

(2) GDP統計の精度向上については，基礎統計の改善の成果をGDP統計へ反映するための推計手法を開発するとともに，四半期速報（QE），年次推計，基準改定という各段階で適切に統計を反映することが必要である．また，需要側統計と供給側統計の新たな加工・推計手法の開発を行う必要もある．

(3) 新たなデータ源として，景気動向把握におけるビッグデータの活用も提案された．ビッグデータの利点として，速報性，購買数量・購買者属性などの詳細情報の把握が挙げられる一方で，把握できる範囲は経済活動の限定された一部分であること，および的確な標本設計を用いる統計調査とは異なる偏りや特殊要因の影響にも配慮が必要であることが指摘された．筆者の認識では，経済・物価動向等の把握にビッグデータを活用するにあたっては，データ利用の環境整備や適切に活用できる専門的な知識を持つ人材の育成という大きな課題が存在しており，その整備が重要となる．

(4) 行政記録情報等の活用も重要な論点であった．行政記録情報は，企業統計の標本調査に用いる共用データベースの整備や，企業統計調査の欠測値の補完等にも活用できるし，各種統計調査の結果と比較することで調査結果の信頼性の検証に利用できる．経済や所得の動向等の把握に行政記録情報のデータを活用すべきことは従来から指摘されていたが，日本では活用の範囲が限定されていた．特に税務情報の活用はマクロの所

得動向の的確な捕捉に有効であることが想定される．ただし，税収の変動は納税時点の違いによって影響されること，所得税の累進構造，法人所得における繰越欠損金などの留意点もあり，税務情報の活用にあたっては十分な研究が必要である．具体的な例としては，新たに導入された法人番号を利用すれば，事業所母集団データベースを通じて様々な企業統計調査の標本を照合し，法人の多面的な情報を統合して把握することが可能になると予想される．

現時点の課題として，行政記録情報の電子化が十分に進んでいないという問題があるため，統計改善に利用可能な行政記録情報は限定的となっている．政府主導によって行政手続きの電子化を進め，電子的に利用可能な行政記録情報を拡大していくことが必要である．

この研究会の報告書は経済財政諮問会議に提出され，その内容を反映した「統計改革の基本方針」（内閣府経済財政諮問会議 2016）が決定されたことから，今回の統計改革の動きが本格化することになった．

4.2 統計改革推進会議における検討

統計改革推進会議は，政府全体における EBPM の定着，国民のニーズへの対応等を統計部門を超えた見地から推進するため，「統計改革の基本方針」に基づいて 2017 年 1 月に設置されたもので，政府全体における EBPM の定着等の観点から，抜本的な統計改革と一体的な統計システムの整備等を推進するために必要な検討の場とされ，菅義偉官房長官を議長とし，高市総務大臣，麻生財務大臣，黒田東彦日銀総裁などを委員としている．実質的な検討の場とされた「コア幹事会」における 10 回にわたる議論を経て，2017 年 5 月 19 日に最終報告書が取りまとめられた．

筆者は，有識者委員の一人として会議における検討に参加した．政策の立案と評価に際してその証拠となる統計等の整備・改善が重要であることが認識されたことは評価できるし，EBPM と表現している内容が公的統計を中心とする客観的証拠の整備であることは，有識者委員の間でも共通の理解になったものと考えている．

以下では統計改革の視点から，会議における主要な論点と結論を紹介したい．

(1) EBPM推進体制の構築については，各府省においてEBPM推進に係る取組を総括する機能が導入されることになった．
(2) GDP統計を軸にした経済統計の改善については，GDP統計の体系的整備の全体像を示し，「より正確な景気判断に資する基礎統計改善」および「GDP統計の加工・推計手法改善に向けた取組」が提示されている．具体的には産業連関表の作成において供給使用表（SUT: Supply-Use Table）の重視が盛り込まれていて，その作成のための基礎となる統計の整備が必要とされている．
(3) 利用者の視点に立った統計システムの再構築と利活用促進については，各種データの利活用推進のための統計関係法制の見直し，各府省および地方自治体・民間が保有する統計等データの提供等のための仕組みの構築を検討することとしている．
(4) 統計業務・統計行政体制の見直し・業務効率化，基盤強化という課題も明示されている．この中で報告者負担の軽減を図ることは必要であるが，それは統計を簡素化することではなく，税務情報などの行政情報を効果的に活用できるように，電子情報化などの制度を整備することも想定している．

これらの課題を検討する中で，最も重要と筆者が指摘し続けた問題は，国の統計作成機関における人的資源の弱体化である．統計部門の予算および人数だけを見ると以前より極端に削減されていない場合であっても，職員の経験年数は大幅に短くなっている．専門性の低下によって，重要な調査を民間委託せざるを得ないとしてきたが，そうすると，現役の職員が調査の企画・設計に参加する機会が減って，前任者の知識と経験を継承する機会が失われるという悪循環に陥っている部門もある．

統計調査の民間委託はある程度は避けられないとしても，調査の品質を確保するための仕組みを作らなければならない．入札において，十分に品質を

考慮せず，費用の安い提案が選定されることによって，統計の質が低下してきた事例は少なくない．統計行政体制の見直しを通じて，各府省の統計機構の一体性を確保し，調査を支える地方統計機構および統計調査員の活動を活性化することも関連する課題である．近年，統計作成に携わる人材が軽視されてきたことが明らかであり，今回の統計改革を成功させるためには，予算だけでなく，人材の確保・育成について，具体的な計画を提示しなければならない．統計委員会の機能強化も必要だが，この委員会を支える職員の層を厚くすることができなければ，実現は難しい．

5. おわりに

統計改革推進会議の取りまとめの内容は「経済財政運営と改革の基本方針2017について」（内閣府 2017）に反映された．まず，「第2章 成長と分配の好循環の拡大と中長期の発展に向けた重点課題」，「5. 安全で安心な暮らしと経済社会の基盤確保」の「(6) 統計改革の推進」では以下のように記している．

> 平成29年5月19日の統計改革推進会議決定「統計改革推進会議最終取りまとめ」等に基づき，証拠に基づく政策立案（EBPM）と統計の改革を車の両輪として，一体的に推進する．
> EBPM推進の要となる機能を整備するとともに，政策，施策，事務事業の各段階のレビュー機能における取組を通じてEBPMの実践を進め，EBPM推進体制を構築する．また，GDP統計を軸にした経済統計の改善，ユーザーの視点に立った統計システムの再構築と利活用促進，報告者負担の軽減と統計行政体制の見直し・業務効率化，基盤強化などの取組を推進する．その際，中長期にわたる改革の取組を確実に実施するため，必要となるリソースを計画的に確保するとともに，効率化の徹底等により官民の統計コストを3年間で2割削減する．従来の経済統計を補完し，人々の幸福感・効用など社会の豊かさや生活の質（QOL）を表す指標群（ダッシュボード）の作成に向け検討を行い，政策立案への活用を目指す．

また「第3章 経済・財政一体改革の進捗・推進」の「2. 改革に向けた横断的事項」,「(2) データプラットフォームの整備を通じた EBPM の推進」において次のように記されている.

　各分野において，標準化された包括的なデータプラットフォームを構築することにより，客観的証拠に基づく政策の PDCA サイクルを確立する．あわせて，秘匿性を確保した上で民間利用を促すことを通じ，データ駆動型社会を構築し Society 5.0 の実現を目指す．関係府省庁は，データプラットフォームの構築やデータ収集・作成の際には，地域間で標準化し地域間で政策評価を比較考量が可能なものとする．また，「統計改革推進会議最終取りまとめ」等を踏まえ，地方公共団体においても国と歩調を合わせて EBPM を推進するよう促す．

最後の「第4章　当面の経済財政運営と平成30年度予算編成に向けた考え方」においても，重点的に推進する取組の1番目に「経済財政諮問会議において，改革の進捗管理，点検，評価を強化し，証拠に基づく政策立案（EBPM）の視点も踏まえ，エビデンスの充実をより一層進め，それに基づく議論と検討を予算編成に反映させる」と記されている．

　統計改革と EBPM の推進を担うべき人材に関しても，2018年1月12日に開催された「統計改革推進会議第5回幹事会」(内閣府 2018)において，統計改革推進室から100人を超える人員の増加が実現する見通しであることが紹介された．単なる改革の作文ではなく，本格的な推進に取り組む姿勢として歓迎しつつ，統計に携わる人的資源を生かし，将来にわたって継続的な改善を可能とすることを目標として，これから始まる統計改革の具体的な進展に注目したい．

参考文献
大島敬士（2016）「家計調査結果における消費支出等の基調の把握に資する推計方法の検討」『統計研究彙報』第73号，93-110頁．

総務省統計局（2016a）「家計調査の改善に関するタスクフォース」平成28年6月15日～7月25日．http://www.stat.go.jp/info/kenkyu/skenkyu/index2.html

総務省統計局（2016b）「家計調査の現状と課題」平成28年6月15日．http://www.stat.go.jp/info/kenkyu/skenkyu/pdf/160615_shiryou2.pdf

総務省統計局（2016c）「世帯主の年齢階級別世帯分布を用いて推定した試算結果（参考値）」2016年4月28日．http://www.stat.go.jp/data/kakei/age_adjusted.html

総務省統計局（2017）「消費動向指数（CTI）の開発に向けて」（速報性のある包括的な消費関連指標の在り方に関する研究会報告書）平成29年3月22日．http://www.stat.go.jp/info/kenkyu/sss/pdf/report.pdf

総務省統計局（2018）「家計調査報告――2018年（平成30年）8月分」平成30年10月5日．http://www.stat.go.jp/data/kakei/sokuhou/tsuki/pdf/fies_mr.pdf

総務省統計局「家計消費状況調査」．http://www.stat.go.jp/data/joukyou/index.html

総務省統計局統計基準部（2002）「統計審議会50年の歩み――審議会開催600回記念」平成14年11月8日．www.soumu.go.jp/main_content/000346014.pdf

竹内啓（2011）「政府統計の役割と統計改革の意義」国友直人・山本拓編『21世紀の統計科学1　社会・経済の統計科学』東京大学出版会，日本統計学会ホームページ掲載増補版．http://ebsa.ism.ac.jp/ebooks/sites/default/files/ebook/1856/pdf/vol1_ch4.pdf

内閣府（2015）「平成27年第16回経済財政諮問会議議事要旨」．http://www5.cao.go.jp/keizai-shimon/kaigi/minutes/2015/1016/gijiyoushi.pdf

内閣府（2017）「経済財政運営と改革の基本方針2017について」平成29年6月9日，閣議決定．http://www5.cao.go.jp/keizai-shimon/kaigi/cabinet/2017/2017_basicpolicies_ja.pdf

内閣府（2018）「統計改革推進会議第5回幹事会」平成30年1月12日．https://www.kantei.go.jp/jp/singi/toukeikaikaku/kanjikai/dai5/siryou.html

内閣府経済財政諮問会議（2016）「統計改革の基本方針」平成28年12月21日．http://www5.cao.go.jp/keizai-shimon/kaigi/minutes/2016/1221_2/shiryo_04.pdf

永濱利廣（2016）「各府省庁でバラバラに作成の弊害　より実態を示す経済統計の作成を」『エコノミスト』第94巻第16号（2016年4月12日号），40-41頁．

日本統計研究所編（1962）『日本統計制度再建史　統計委員会史稿記述篇』行政管理庁統計基準局．

藤原裕行・小川泰堯（2016）「税務データを用いた分配側GDPの試算」日本銀行ワーキングペーパーシリーズ，No. 16-J-9.

舟岡史雄（2011）「各国の統計法制度とわが国の統計改革」国友直人・山本拓編『21世紀の統計科学 1　社会・経済の統計科学』東京大学出版会，日本統計学会ホームページ掲載増補版．http://ebsa.ism.ac.jp/ebooks/sites/default/files/ebook/1856/pdf/vol1_ch6.pdf

舟岡史雄・美添泰人ほか（2005）「ゼミナール日本の統計改革」『日本経済新聞』2005年 8 月 4 日から 9 月 16 日まで 30 回連載．

美添泰人（2011）「統計改革の残された課題」国友直人・山本拓編『21 世紀の統計科学 1　社会・経済の統計科学』東京大学出版会，日本統計学会ホームページ掲載増補版．http://ebsa.ism.ac.jp/ebooks/sites/default/files/ebook/1856/pdf/vol1_ch7.pdf

補論 3　ビッグデータと経済分析

北村　行伸

1. はじめに

　ビッグデータを使った経済分析は数多く見られるようになったが，その背景にある，経済統計の実態や統計理論は，現実に追いついているのだろうか．経済分析の基礎にある経済理論は，ビッグデータ時代にどのような変化を遂げるだろうか．本論では歴史統計を振り返りながら，未来の経済学のあり方を占ってみたい．

2. コンセプチュアライゼーション

　情報通信やインターネットの世界では，ウェアラブルセンサ，携帯電話，自動車，電子マネーなど様々な情報ソースから膨大な情報量のビッグデータを集めて，それを解析するようになった．このビッグデータを使ったビジネスは，第三次産業革命の中核的な役割をはたすのではないかと期待されている．

　今から約20年前に，当時の米国連邦準備制度理事会議長であったアラン・グリーンスパンが，情報通信における科学技術の進歩がなぜ生産性の向上に結びついていないのかという疑問を，「コンセプチュアライゼーション」という言葉で表し，当時の経済学者や経済史家に投げかけたことがあった．

　日本銀行金融研究所でも，この問題に正面から取り組み，筆者もこの問題を考えてみたことがあった（北村 1997）．その時達した結論は以下の3点であった．(1) 科学技術普及と生産性上昇との間には時間的ラグがある（「時間的ラグ説」）．(2) 伝統的な生産統計では品質変化，国民経済計算に含まれ

ていない新しい財・サービスの拡大などが捕捉されていない（「統計不備説」）．(3) コンピュータの普及と価格の下落は急激に起こっていることは事実だが，インターネットを通した犯罪やウィルスの伝播など社会的コストが技術革新効果を相殺する側面もある（「技術革新効果相殺説」）．

また，経済史上の経験から観測されることは「新技術が発明されてから事業化され一般に普及するためには，時間がかかり，新技術導入直後から大きな生産性上昇が見込めると考えるのは誤りである，と同時に，新技術が統計に十分反映されない間は全要素生産性（TFP）の急上昇として現れてくる」ということであった[1]．

綾小路きみまろではないが「あれから 20 年」，情報通信，インターネットの世界で画期的な生産性の上昇は見られるようになっただろうか．実際に日本生産性本部生産性総合研究センター（2014）で全要素生産性（TFP）の変化を見てみると，「1990 年代後半以降，少子高齢化や短時間労働者の増加に伴う平均労働時間の低下などを背景に労働投入は減少ないし若干の増加にとどまっていることに加え，これまで経済成長を牽引してきた設備投資（資本増加による寄与）もこのところ横ばいで推移していることもあり，2000 年代に入ってからは TFP の上昇が日本の経済成長を牽引するようになっている」（同書 50 頁）．とはいえ，TFP の増加は平均して 1% 程度に留まっており，新しい産業革命下で急上昇しているという現象とは程遠い．我々は，なにか大きな考え違いでもしていたのだろうか．

3. 産業革命史再考

そこで，再度，産業革命に関連した文献を当たってみると[2]，この 20 年間で，いくつかの新しい知見が研究者の間で受け入れられるようになってきたようである．

---

1) 全要素生産性（TFP）とは生産の増加のうち，資本や労働といった生産要素投入の増加以外の増加分を表したもので，一般に生産過程の効率性の向上を表しているものである．
2) 斎藤（2008）の特に第 7 章，長谷川（2012），ノース（2013），Mokyr（2014）など参照．

第1に，産業革命とはイノベーションのペースの加速が起こる時期を捉えているものであって，イノベーション自体は従来考えられていた年代（1750〜1830年）よりはるかに早い時期に始まっていたことが認識されるようになってきた．

第2に，第一次産業革命期に用いられた技術革新は，基礎科学の発展とはほぼ無関係に進行していたようである．もちろん，蒸気機関や紡績機などの技術工学的な改良は見られたが，基礎科学の発展から工学的な実用化までには長く複雑な過程を経ることが多く，また，それを実行する技術者や労働者の体系的な教育や訓練の基盤はできていなかった．それに対して，ノース(2013)は19世紀以後の第二次産業革命の根本には科学の発展があり，現代社会では，科学が現実問題の解決に役立つという認識が広がり，それが大学や研究機関を通じた科学知識の制度化の背景にあったと指摘している．

第3に，これまで，産業革命というと，従来とは全く違った広範なイノベーションが起こり，従来の経済成長経路から，より高い成長経路に移行するかのようなイメージを持っていた．景気循環を研究している経済学者は，様々な周波の景気循環を観測し，それを定義してきた．そして，100年に一度ぐらい全ての景気循環が一致して拡大する局面に達するのが産業革命ではないかと解釈されることもあった．しかし，英国，米国，日本などの歴史統計を見る限り，経済が100年に一度ぐらい高度成長経路に戻るということは起こっていない．第一次産業革命期に整備された，道路，港湾，鉄道，工場，下水道などのインフラの多くは，現代まで残っているし，第二次産業革命期に導入された，有線通信網，電力供給ネットワーク，飛行場，初等教育，大学などのインフラも現在まで使われている．現在進行中の第三次産業革命では，インターネットや各種の無線通信などのインフラは小型化，無線化しており，既存の景色を一変するようなインフラ投資はそれほど必要ではない．このように，産業が高度化することによる，社会インフラへの経済的波及効果は次第に低下しており，これが，経済成長率が大きく伸びない理由になっているとも考えられる．

第4に，第3の点とは逆になるように聞こえるが，北村（1997）で議論し，実際に，第三次産業革命を経験して，我々が目にしたように，マイクロソフ

ト,アップル,グーグル,アマゾンといったIT関連企業の製品やサービスの需要が急拡大したという事実は,それらの企業で収穫逓増現象が起こっていたことを意味する.これはマーシャルが『経済学原理』の中で論じた産業集積に近い現象である.確かに,上に挙げたIT関連企業はシリコンバレーやシアトルなどIT産業の集積地に拠点を置いており,そこでの集積効果が,この種の産業にとっては極めて重要であったことは事実である.しかし,マーシャルが観察したシェフィールド,ゾーリンゲン,バーミンガム,リヨン,ジュラなどの消費財生産集積地と違って,製品のデザインや研究開発はシリコンバレーやシアトルで行ったとしても,製品の製造やパッケージ化,出荷,在庫管理などは全く別の地域で行っている.そのための雇用も特定の熟練工を養成する必要があまりない形で行われている点は大きな違いである.

第5は,第4の点に関連しているが,グローバリゼーションのおかげで世界経済が一体化し,国際分業が進み,貿易のみならず,資本移動や労働移動も拡大してきた.例えば,携帯電話,とりわけインターネットに繋がるスマートフォンの普及は,国境を越えて,世界的な規模で急速に進んでいる.この種の財の市場規模は巨大なものであり,その結果として,トマ・ピケティが指摘したように世界の上位1%以内の人々が世界の富の相当な割合を保有するという資産格差を生じさせるようになった.その資産集積のスピードや規模は,第二次産業革命時に活躍した鉄鋼のカーネギーや自動車のフォード,石油のロックフェラーなどの資本家をはるかに凌ぐものである.ピケティは,産業革命の成果の分配をどうするかという問題を提起したものと考えることができるが,産業革命が起こる素地として新規事業の参入にかかる資金調達の容易さや規制緩和,知的財産所有権の保証などがあり,その素地を最も柔軟に利用した個人や企業が,その成果を最も享受してきたとも解釈できる.

4. 第3次産業革命あるいはインダストリー4.0

第三次産業革命が,これまでの産業革命の推移とどのように似ており,どのように違うかということは,すでに論じた通りである.私は個人的には,現在進行中の産業革命は情報通信やインターネットを用いた技術革新が,本

格的な応用局面に入ったものと解釈しているが，ドイツでは，これを新しい産業革命と捉えて，インダストリー 4.0 と呼んでいる[3]．

では，この技術革新の特色は何だろうか．海部（2013）は近年のコンピュータを巡る進化を次のようにたとえている．「単体のコンピュータだけが散らばっていた頃は単細胞生物だったものが，インターネットでつながって，まず「神経」だけをもったミミズのようなものになり，それがさらに進化して，神経が集中する「脳」がついにできたのです．そして，このネットにおける脳の高度な知的活動がビッグデータなのです」（同書 24 頁）．確かにコンピュータを脳として機能させ，それが生み出す大量のビッグデータを利用することで，人間の判断をコンピュータで代替することが可能になりつつあるし，それが人間の生活の質を大いに高めてくれる可能性が出てきたのである．

第三次産業革命が起こり始め，コンピュータの利用が促進された 1987 年に，ロバート・ソロー MIT 教授は「コンピュータはそこら中に見られるようになったが，生産性が上がらないのはなぜか」という有名な問いを発した．これは経済学者としてはまっとうな議論ではあるが，第三次産業革命の進展からすると，問を発するのが早すぎたし，すでに見たように，この産業革命が経済全体の生産性を大幅に引き上げることもなさそうである．

ではこのコンピュータの持つ脳の機能と，それが生み出す大量のビッグデータはどのように使えるのだろうか．Varian（2014a）が指摘しているように，多くの経済取引はコンピュータを介して行われており，その仲介時に多くのデータを集め，それを解析することで，個々人の行動を結びつけ，その趣向や行動パターンを記録することができる．この作業は，必ずしも人を介

---

[3] ドイツではこれを Industrie4.0 と表現して，現在進行中の産業革命は第四次産業革命であると盛んに喧伝している（Industrie 4.0 Working Group 2013）．私自身は産業革命を 100 年に一度程度起こる経済社会の大変革期であると捉える立場から，現在進行中の産業革命は，20 世紀後半から起こった情報通信業を軸にした大変革期の延長線上にあると判断し，第三次産業革命期にあると考えている．しかし，この定義の問題はいずれにしてもそれほど重要な論点ではない．Internet of Things（IoT）という名称でモノからモノへの情報の自動伝達とその情報の処理，それを生かした工場生産や資源エネルギーの管理・制御など，これまででは考えられない生産革命を起こそうとしていることは事実である．

する必要はない．例えば，最新の自動車には約60個のマイクロチップスが使われており，多くの情報を記録し，それを分析し，自動車会社などにその情報をリアルタイムで転送している．その結果，車は，運転者の運転を制御して交通事故の危険を回避することが可能になった．また，車の発するGPS（全地球測位システム）情報をリアルタイムで追うことで，交通混雑や地震時の道路利用可能情報を集めることができる．さらに，運転手の運転スタイルを記録することで，自動車保険の保険料査定に反映させることも実用化されている．家庭の電力使用料を測るメータにコンピュータを組み込むことでスマート化し，地域の電力消費量をリアルタイムで記録することで，電力供給を効率化させることができる．個人が身に着けるウェアラブルセンサによって，その個人の健康状態を記録することで，医療機関と連携して，病気を未然に防ぐことも可能になってきた．その人の幸福度をウェアラブルセンサによって認識された対人関係の中から判断することも可能になってきた[4]．

このようなInternet of Things（IoT）の発達は，モノからモノへの情報の伝達によって，これまで，人間を介して行ってきた調査や記録を捨象しても，それと同等かそれ以上の判断ができるようになってきたということである．これは，自己判断によってプログラム自体を変更できる人工知能が稼働するようになり，かなりのことを機械の判断に任せることができるようになったことを意味している[5]．

第三次産業革命の内容がこのようなものであるとすれば，それは生産量を増やす革命というよりは，生産効率を高めたり，安全性を確保したり，健康状態や精神的な安心感など生活の質を高める革命であると定義した方が良さそうである．

---

[4] 矢野（2014）参照．
[5] 有名な物理学者のスティーブン・ホーキング博士は「われわれがすでに手にしている原始的な人工知能は，極めて有用であることが明らかになっている．だが，完全な人工知能の開発は人類の終わりをもたらす可能性がある．ひとたび人類が人工知能を開発してしまえば，それは自立し，加速度的に自らを再設計していくだろう」と，英国放送協会（BBC）に語っている．この点に関しては判断の分かれるところであるが，当面，人工知能の産業機器への応用は続くだろう．

5. 経済学はどこに向かうのか

　経済学は第一次産業革命とともに生まれ（アダム・スミスやマルサス），第二次産業革命とともに進化してきた（マーシャルやケインズ），という側面がある．第三次産業革命は科学技術の向上と密接に結びついており，科学と産業の連携は今後益々盛んになっていくだろうが，経済学もそれに合わせて進化していかざるを得ない．

　第三次産業革命に対応した経済学とはどのようなものになるだろうか．経済学は，社会科学の中では数量化が最も進んでおり，その意味で自然科学の手法である数学や統計学の応用が盛んな分野ではある．しかし，現在進行中の科学技術の進歩と経済学の融合は，経済学の伝統の上に，科学技術によってもたらされた情報を加えるものではなく，むしろ，科学による厳密な定義に基づいて計測されたデータを集めて，その上で経済学の概念自体を再定義するという作業が必要になってくると考えられる．

　例えば，脳科学で明らかにされつつある人間の運動や感情などの諸機能に対応する脳の部位と，そこで起こっている脳神経細胞の電気信号のやり取りに関する知見や，ヒトゲノムの解析で明らかになりつつある遺伝子情報と人間の運動能力や知的能力との関係を，人間の社会的行動の中で定義し直すことが可能になるだろう．また，それは人工知能の開発上も重要な研究課題である．経済学がその測定方法も定義せずに使用している効用という概念，あるいはこれに代わる指標として使われ始めている幸福度という概念は，脳科学や実験心理学で使われている概念とどう関係しているのかということは徹底して究明すべき課題である．

　日々膨大な量のビッグデータが蓄積されるようになり，それを利用して経済活動を理解するようになることも確実である．Varian（2014b）が論じているように，この分野でも，物理学や電子工学のデータ処理・分析手法から多くのことが学べる．例えば，大量のデータの中から意味のあるシグナルとただのノイズを選別する手法，データ間の複雑な関係性を人工知能（machine learning）によって抽出する方法，などはビッグデータを利用する上

では必須の分析道具であり，経済学も，この分野により多くの研究者が参入すべきであろう．

統計データとの関連では，ソローやグリーンスパンが疑義を呈したように，新しい経済現象を統計的にタイムリーかつ適切に捉えることは難しい．とりわけ，現在進行中の産業革命が，人間の潜在能力（capability）の改善や安全性の向上など，生活の質を高める側面に貢献するものであるとすれば，生産や消費といった伝統的な GDP 統計にこだわる必要はないし，むしろ質の変化を考慮した新しい経済指標を考える必要があるだろう[6]．

もちろん，経済学をはじめとする社会科学が，自然科学では答えられない問題にも取り組むべきことは言うまでもない．自ら考えて行動を変えていく人間の社会的な対応は，自然科学が対象としている物理や化学の現象よりはるかに複雑で，予測が難しい．新しいイノベーションを起こさせるようなインセンティブをいかに見つけ，その成果の分配と再分配をいかに行うかなどの制度設計は極めて重要な課題である．

6. おわりに

新しい産業革命が進行中であることを概観すると，科学技術と産業の連携が緊密化し，経済学・統計学もその流れの中で存在意義を問われていることが明らかである．とりわけコンピュータの情報収集能力と情報処理能力の急激な拡大と，人工知能を使ったコンピュータによる自己処理能力の向上によって，従来，人間の判断に依存していた経済行動の分析が，かなりの程度，人工知能による分析にとって代わられることになっても不思議ではない．

経済学者が職業として生き残れるかどうかは，未来の経済学が，機械によって処理された情報をいかに結びつけ，新しい知見を得続けられるかにかかっているように思われる．

---

[6] この点については Stiglitz, Sen, and Fitoussi（2009）などで議論されている．

参考文献

海部美知(2013)『ビッグデータの覇者たち』講談社現代新書.
北村行伸(1997)「コンセプチュアライゼーションが経済に与える影響のメカニズムに関する展望——経済史および経済学からの論点整理」『金融研究』第16巻第4号, 83–113頁.
斎藤修(2008)『比較経済発展論——歴史的アプローチ』岩波書店.
日本生産性本部生産性総合研究センター編(2014)『日本の生産性の動向 2014年版』日本生産性本部生産性労働情報センター.
ノース, ダグラス・C, 大野一訳(2013)『経済史の構造と変化』日経BP社.
長谷川貴彦(2012)『産業革命』山川出版社.
矢野和男(2014)『データの見えざる手——ウエアラブルセンサが明かす人間・組織・社会の法則』草思社.
Industrie 4.0 Working Group (Communication Promoters Group of the Industry-Science Research Alliance) (2013), "Recommendations for Implementing the Strategic Initiative INDUSTRIE 4.0," Final report of the Industrie 4.0 Working Group, Office of the Industry-Science Research Alliance.
Mokyr, J. (2014), "An Age of Progress," in: R. Floud, J. Humphries, and P. Johnson (eds.), *The Cambridge Economic History of Modern Britain, Volume 1: 1700–1870*, Cambridge: Cambridge University Press, pp. 264–291.
Stiglitz, J. E., A. Sen, and J.-P. Fitoussi (2009), "Report by the Commission on the Measurement of Economic Performance and Social Progress," Commission on the Measurement of Economic Performance and Social Progress.
Varian, H. R. (2014a), "Beyond Big Data," *Business Economics*, Vol. 49 (1), pp. 27–31.
Varian, H. R. (2014b), "Big Data: New Tricks for Econometrics," *Journal of Economic Perspectives*, Vol. 28 (2), pp. 3–28.

索　引

アルファベット

A/B テスト　99
AI（人工知能）　279
　──ブーム　127
Biostatistics　→生物統計学
CBT（Computer Based Testing）　129
CIE　71
Cowles Commission　105
DNA　23
　──鑑定　30
DPC データベース　36
EBM　1, 22
EBPM　1, 184, 269
EC　→インターネット通信販売
e-learning　161
『Forbes』　2
『FORTUNE』　3
GACCO　16, 141, 169
Gallup 社　76
GDP 統計　231
　──改善工程表　220
Google　→グーグル
ICH　28
　──統計ガイドライン　28
ICT　161, 162
IoT（Internet of Things）　1, 8, 127, 233, 278
IT（Information Technology）　8
JMOOC　141, 161, 168, 169
JUSE　→日本科学技術連盟
Kaizen　46
Mantel-Haenszel 法　27
NDB データベース　36

PDCA サイクル　47, 269
PDCA モデル　46
Personal Medicine　36
PISA 調査　145
POS（Point of Sales）　78
　──データ　233
Precision Medicine Initiative　23, 36
QC　44, 48, 50
QFD　→品質機能展開
R　188
R&D　208
RSS/JSS 試験　135
STP　78
TQC　49
UCL　16
WEB サイト　79
WEB 調査　76

ア　行

アイオア州立大学　6
赤池・佐和論争　111
赤池弘次　111, 184
麻生太郎　253
新しい統計法　257
アルゴリズム　124
アンダーソン（Theodore Wilbur Anderson）　6, 106
アンプル入り風邪薬事件　25
イタイイタイ病　25
遺伝子データ　36
医薬安全性研究会　27
医薬統計学　21
医療ビッグデータ　36

因果関係　25
インターネット　1, 121, 274
インターネット通信販売（EC）　233
インターネット・マーケティング　88
インダストリー4.0　277
ヴァリアン（Hal R. Varian）　130
ウィスコンシン大学マディソン校　4
ウェアラブルセンサ　273
後向き研究　26
英国規格協会　42
英国統計学会　10, 15, 135
英国の統計制度　244
疫学研究　21
疫学データ　21
エクセル　188
延長推計　214
応用一般均衡モデル　114
応用統計学科　5, 16
大内兵衛　224, 255
小川潤次郎　13
小川賞　14
沖縄返還　226
奥野忠一　28
オバマ大統領　23
オペレーションズ・リサーチ　105
オンライン回答システム　227
オンライン家計簿　227, 263

カ　行

回帰　5
回収率の低下　76
買物行動分析　89
科学技術イノベーション総合戦略2015
　　4, 120, 131
科学技術研究統計　209
科学の文法　40
拡大版JINSE　140
確定給付型制度　211
確認テスト　171
家計消費状況調査　230
家計消費単身モニター調査　229
家計調査　220, 253
　　――の改善に関するタスクフォース
　　253
家計簿　224, 226
カスタマイズ・プロモーション　89
画像データ　123
脚気　24
カナダ統計局　239
カリフォルニア大学バークレー校　4
観察データ　21
管理図　42
機械学習手法　98
機械学習センター　16
企業内研究開発　209
企業年金　211
基準改定　207
季節調整値　230
基礎統計　208
キノホルム事件　25
キャッシュレス化　226, 263
供給・使用表　214
行政記録情報　265
共和分モデル　184
筋拘縮小事件　25
金融リスク管理　11
グーグル（Google）　122, 130
クライン（Lawrence R. Klein）　108
クラウド　123
クリックストリームデータ　88
久留米大学大学院医学研究科修士課程
　　32
クレジットカード　233
グレンジャー（Clive W. Granger）　184
クロロキン事件　25
経営情報保護　234
傾向スコア　76, 235
　　――調整法　230
経済活動別分類　214
経済企画庁　207
経済財政諮問会議　225, 253

経済予測　108
計算統計　16
携帯電話　273
計量経済学　7, 8, 108
　　――50年史　114
計量経済モデル　105
ケインズ経済学　112
月次記載様式　226
欠測値　235
現学習指導要領　133
恒久棚卸法　209
高血圧の治療薬　30
構造方程式　108
工程能力指数　52
公的統計　237
高頻度　86
交絡因子　22
交絡によるバイアス　21
国際規格 ISO18404:2015　48
国際計量生物学会　27
国際収支統計　209, 213
国際標準作成活動　40
国際標準産業分類　214
国民経済計算（SNA）　207
　　1953SNA　207
　　1968SNA　207
　　1993SNA　207
　　2008SNA　207
国立日本医療開発機構　31
個人情報保護　234
ゴセット（William Sealy Gosset）　41
国家統計局（英国）　238, 245
　　――長　246
固定資産　219
コモディティ・フロー表　214
雇用者報酬　215
ゴルトン／ゴールトン（Sir Francis Galton）　5, 40
コロンビア大学統計学科　6
コンピュータ　124

サ 行

サービス産業動向調査　220
サービス品質に関する日米比較　201
財産所得　215
サリドマイド薬害事件／裁判　25, 26
産業革命　275
　　第一次――　279
　　第二次――　279
　　第三次――　279
産業連関表　207
産出＝投入アプローチ　195
サンプリング　41
恣意的仮定を省いた巨視的計量モデル　111
塩谷実　14
滋賀大学　12, 119
資金循環統計　211
時系列回帰分析　231
時系列予測　225
試験統計家認定制度　31
市場調査　71, 80
シチズンデータサイエンティスト　130
シックス・シグマ活動　48, 53
実験計画法　40
指定統計調査　255
指標研究会　225
社会調査　71
集中型　237
シューハート（Walter Andrew Shewhart）　40
首席統計官（米国）　242
ジュラン（Joseph Moses Juran）　52
商業サービスの価格　197
商業動態統計　253
　　――調査　259
商業マージン　197
状態空間モデル　225, 231
消費活動指数　232
消費者行動データ　95

286 索引

消費者物価指数　256
消費総合指数　232
消費動向指数（CTI）　223, 228
　　——研究協議会　234
情報学　124
商務省経済分析局（米国）　241
商務省センサス局（米国）　240, 248
症例-対照研究　26
私立大学文系学部　183
人口学　10
人工知能　→AI
人口統計　11
新古典派　112
数学Ⅰ　133
数学バリアー　186
杉山博　26
スタンフォード大学　4
スネデッカー（George Snedecker）　6
スマートフォン　119
制限情報最尤推定量　105
生産要素投入指数　195
生産性水準　193
　　——格差　193
生産動態統計　220
生産要素価格　195
生存データ解析法　27
生物統計学（Biostatistics）　3, 21
政府統計サービス（英国）　246
税務データ　253
生命保険　11
世界モデル　109
世帯消費動向指数　228
世帯主収入　260
選挙予測調査　75
センサス局（米国）　→商務省センサス局
選択バイアス　21
専門統計調査士　135
全要素生産性（TFP）　274
総合研究大学院大学　12
総固定資本形成　208
総務省統計局　223, 237, 241

ソーシャル・ネットワーキング・サービス　88
速報性のある包括的な消費関連指標の在り方に関する研究会　254

タ　行

ダーウィン（Charles R. Darwin）　40
大学教育分野別質保証　16
大規模オンライン講座　168
退職後所得保障　211
高木兼寛　24
高野岩三郎　224
田口玄一　53
タグチメソッド　56
縦串の手法　121
多変量自己回帰モデル　111, 112
単身世帯　228
　　——収支調査　226
炭素税　110
知覚マップ　78
遂次検定理論　41
知的財産生産物　209, 210
中央統計局　237
中学校学習指導要領　143
中間消費　208, 214
中期計画モデル　109
中期経済計画　109
超高齢化社会　32
調査環境の悪化　76
貯蓄動向調査　226
ディオバン　30
　　——事件　2
定率法　209
データ構造　124
データサイエンス（統計科学）　1, 4, 122
　　——学部／——学科／——専攻　9, 12, 16, 119, 132
　　——の修士課程　125
データサイエンス・シリーズ　169, 171
データサイエンス・プログラム　9

データサイエンティスト　119, 130
データ処理　124
データ
　——に基づく意思決定　1
　——の活用　156
　——の分析　133, 147, 157
データ・マイニング　98
データリテラシー　180
テキストデータ　123
デジタルデータ　119
デミング（William Edwards Deming）　42
　——賞　2, 45
電子マネー　233, 260, 273
電子メール　123
ドイツ連邦統計局　247
動学的計量経済モデル（連立方程式システム）　105, 108
東京ニ於ケル二十職工家計調査　224
統計委員会（英国）　223, 224, 245, 257
　——国民経済計算部会　204
統計改革推進会議　204, 223, 250, 266, 268
統計ガイドライン　28
統計科学専攻　→データサイエンス専攻
統計学教育　183
統計学シリーズ　169
統計学部／統計学科／統計学専攻　4, 16, 119, 122
統計家の行動基準　31
統計基準部長（米国）　242
統計規制局（英国）　245
統計教育　145
　——に関する国際会議　148
統計教育大学間連携ネットワーク　135
統計グラフ　145
統計検定　4, 14, 129
　——1級　134
　——準1級　134
　——2級　134, 169, 186
　——3級　134

　——4級　134
統計検定センター　129
統計質保証推進協会　132
統計審議会　255
統計数値表　45
統計数理研究所　12, 122
統計制度　237
　——改善に関する委員会　255
統計組織　237
統計ソフト　187
統計庁（韓国）　238
統計調査士　135
統計的な品質管理　1, 39
統計的リテラシー　149
統計・登録業務法（英国）　245
統計の精度　259
統計の品質　249
統計パッケージ　188
統計分析の乱用や誤用　2
統計法（英国）　245

ナ　行

内閣府　207
　——経済社会総合研究所　241
ナイチンゲール　39
新潟水俣病　25
二項検定表　50
二段階最小二乗推定量　105
日本アクチュアリー会　12
日本科学技術連盟（JUSE）　43
日本規格協会　43
日本計量生物学会　28
日本人口学会　11
日本数学教育学会　158
日本大学生産工学部　13
日本統計学会　10, 132, 158
日本品質管理学会　48
日本マーケティング協会　71
ニュージーランドの教育課程　143
抜取検査技術　41

ナ行

ネイマン（Jerzey Neyman） 5
ネットショッピング 260
年金 11
　——基金 211
農家経済調査 226
ノーベル経済学賞 7
ノバルティスファーマ社 30

ハ行

バイアス（偏り） 76, 229
バイオ統計家 22
バイオ統計学 21
パソコン 121
　——普及 188
旗管理 49
鳩山イニシアティブ 110
犯罪の被疑者特定 29
ピアソン，エゴン（Egon Pearson） 5
ピアソン，カール（Karl Pearson） 5, 16, 40
被害者救済 25
比較対照試験 24
比較臨床試験 22
非金融資産 219
非市場生産者 209
　——分 209
ビジネス仮説 99
ビッグデータ 1, 85, 86, 95, 123, 130, 225, 233, 263, 273
　——の活用 234
ビッグデータ解析 119
　——技術 127
非標本誤差 259
『標準化と品質管理』 44
標準偏差 187
標本抽出法 76, 224
標本調査論 43
比例ハザードモデル 27
品質管理 39
　——検定 48

　——7つの道具 47
『品質管理』誌 44
フィールド実験 99
フィッシャー（Sir Ronald Aylmer Fisher） 5, 40
フィンテック 227
付加価値法 214
不規則変動成分 230
プリコード方式 226
分割表解析 27
分散 187
文書業務削減法（米国） 242
米国統計学会 10
米国連邦政府 243
ベイジアン・モデリング 88, 98
平成22年国勢統計 213
平成23年産業連関表 213
平成23年度基準改定 208
平成23年度産業連関表 207
平成25年住宅・土地統計 213
ポイントサービス 233
防衛サービス 210
法人企業統計 253
法人情報保護 234
保険学 11
保険数理学科 11
ホテリング（Harold Hoteling） 6

マ行

マーケティング 85
　——活動 86
　——・リサーチ 69
マーケティング・サイエンス 86
　——行動 90
毎月勤労統計 253
前向き研究 26
マクロ経済の予測 114
マクロ計量経済モデル 111, 114
増山元三郎 26, 45
マトリックス法 49

ミシガン大学　9
見せかけの結果　22
未来投資戦略2017　120
民間最終消費支出　217
民間企業設備投資　217
無形非生産資産　210
森鷗外　24
森口繁一　43

ヤ　行

雇主の社会負担　212
柳本武美　26
山添史郎　26
山本英二　26
横串の手法　121
吉田茂　224, 255
吉村功　25, 26, 28

より正確な景気判断のための経済統計の改善に関する研究会　264
世論調査　71

ラ・ワ行

ライス（Stuart Rice）　242
──使節団　43, 242
臨床統計学　21
レセプト（診療報酬明細書）　36
連合国軍総司令部　224
レンツ博士（Widukind Lenz）　26
労働省労働統計局　241
労働生産性　193
ロジスティックモデル　27

ワルド（Abraham Wald）　6, 41

編者・執筆者紹介

[編　者]

国友　直人（くにとも・なおと）　序章
明治大学政治経済学部特任教授，東京大学名誉教授.
〈主要業績〉
Separating Information Maximum Likelihood Method for High-Frequency Financial Data, with Seisho Sato and Daisuke Kurisu, Tokyo: Springer, 2018.
『統計学』共著，東京大学出版会，2016 年.
『応用をめざす　数理統計学』朝倉書店，2015 年.

山本　拓（やまもと・たく）　補論 2
一橋大学名誉教授.
〈主要業績〉
『動学的パネルデータ分析』共著，知泉書館，2011 年.
『計量経済学』新世社，1995 年.
『経済の時系列分析』創文社，1988 年（第 31 回日経・経済図書文化賞受賞）.

[執筆者]（掲載順）

柳川　堯（やながわ・たかし）　第 1 章
九州大学名誉教授，久留米大学バイオ統計センター客員教授.
〈主要業績〉
『P 値――その正しい理解と適用』近代科学社，2018 年.
"Diversity of Human Finger Vein Patterns and its Application to Personal Identification," with Satoshi Aoki and Tetsuji Ohyama, *Bulletin of Informatics and Cybernetics*, Vol. 41, 2009.
『環境と健康データ――リスク評価のデータサイエンス』共立出版，2002 年.

椿　広計（つばき・ひろえ）　第 2 章
独立行政法人統計センター理事長，筑波大学名誉教授，統計数理研究所名誉教授.
〈主要業績〉
『設計科学におけるタグチメソッド――パラメータ設計の体系化と新たな SN 比解析』共著，日科技連出版社，2008 年.
The Grammar of Technology Development, with Ken Nishina and Shu Yamada,

eds.,Tokyo: Springer, 2008.

鈴木 督久（すずき・とくひさ）　第3章
日経リサーチ取締役常務執行役員.
〈主要業績〉
『アンケート調査の計画・分析入門』共著，日科技連出版社，2012年.
「モンテカルロ法による衆院議席予測精度の検討」『オペレーションズ・リサーチ』第48巻第1号，2003年.
「SEMによる企業イメージのマネジメント——平均構造・多母集団解析の応用」『行動計量学』第29巻第2号，2002年.

山口 景子（やまぐち・けいこ）　第4章
東京理科大学経営学部講師.
〈主要業績〉
"Analyzing Antecedent Factors of Cognitive Dissonance Using E-Commerce Data," with Makoto Abe, *Advances in Consumer Research*, Vol. 44, 2016.
「消費者の心理状態の変化を考慮した動的モデルによる購買量分析」『マーケティング・サイエンス』第23巻第1号，2015年.

佐和 隆光（さわ・たかみつ）　補論1
公益財団法人国際高等研究所副所長，滋賀大学特別招聘教授，京都大学名誉教授.
〈主要業績〉
『経済学のすすめ——人文知と批判精神の復権』岩波新書，2016年.
『経済学とは何だろうか』岩波新書，1982年.
『計量経済学の基礎——モデル分析の手法と理論』東洋経済新報社，1970年（第13回日経・経済図書文化賞受賞）.

竹村 彰通（たけむら・あきみち）　第5章
滋賀大学データサイエンス学部長，東京大学名誉教授.
〈主要業績〉
『データサイエンス入門』岩波新書，2018年.
Markov Bases in Algebraic Statistics, with Satoshi Aoki and Hisayuki Hara, New York: Springer, 2012.
『現代数理統計学』創文社，1991年.

中西 寛子（なかにし・ひろこ）　第6章
成蹊大学名誉教授.
〈主要業績〉
『スタンダード文科系の統計学』共編著，培風館，2018年.
『改訂版　日本統計学会公式認定　統計検定2級対応　統計学基礎』共著，東京図書，2015年.
『日本統計学会公式認定　統計検定2級対応　統計学基礎』共著，東京図書，2012年.

青山 和裕（あおやま・かずひろ）　第7章
愛知教育大学准教授.
〈主要業績〉
『小学校算数科教育法』共著，建帛社，2018年.
『楽しく学ぶ！ 中学数学の統計「データの活用」』編著，東京図書，2018年.
『親子で学ぶ！ 統計学はじめて図鑑——レッツ！ データサイエンス』共著，日本図書センター，2017年.

下川 敏雄（しもかわ・としお）　第8章
和歌山県立医科大学医学部教授.
〈主要業績〉
『実践のための基礎統計学』講談社，2016年.
『Rで学ぶデータサイエンス9　樹木構造接近法』共著，共立出版，2013年.

深尾 京司（ふかお・きょうじ）　第9章
一橋大学経済研究所教授，日本貿易振興機構アジア経済研究所所長.
〈主要業績〉
『岩波講座　日本経済の歴史』（全6巻）共編著，岩波書店，2017-18年.
The World Economy: Growth or Stagnation?, with Dale Weldeau Jorgenson and Marcel P. Timmer, eds., Cambridge: Cambridge University Press, 2016.
『「失われた20年」と日本経済——構造的原因と再生への原動力の解明』日本経済新聞出版社，2012年（第55回日経・経済図書文化賞受賞）.

池内 健太（いけうち・けんた）　第9章
独立行政法人経済産業研究所（RIETI）研究員.
〈主要業績〉
"Innovation and Employment Growth in Japan: Analysis Based on Microdata from the Basic Survey of Japanese Business Structure and Activities," with

Kyoji Fukao, Young Gak Kim, and Hyeog Ug Kwon, *Japanese Economic Review*, Vol. 68（2），2017.

"Overseas Expansion and Domestic Business Restructuring in Japanese Firms," with Keiko Ito, *Developing Economies*, Vol. 55（2），2017.

"Start-up Dynamics In Japan: Comparative Evidence From the Dynemp v.2 Database," with Flavio Calvino, Chiara Criscuolo, and Carlo Menon, *Japanese Economic Review*, Vol. 68（2），2017.

多田 洋介（ただ・ようすけ） 第 10 章
内閣府政策統括官（経済財政運営）付.
〈主要業績〉
『行動経済学入門』日本経済新聞社，2003 年（日経文庫，2014 年）.

阿向 泰二郎（あこう・たいじろう） 第 11 章
総務省統計局統計調査部消費統計課長.

川崎 茂（かわさき・しげる） 第 12 章
日本大学経済学部特任教授.
〈主要業績〉
「人口登録と人口センサス」『統計』第 62 巻第 4 号，2011 年.
「日本の統計制度を考える——国際比較の観点から」『統計』第 56 巻第 1 号，2005 年.

美添 泰人（よしぞえ・やすと） 第 13 章
青山学院大学経営学部招聘教授.
〈主要業績〉
『統計応用の百科事典』共編著，丸善出版，2011 年.
『ミクロ統計の集計解析と技法』共編著，日本評論社，2000 年.
『経済統計入門』共著，東京大学出版会，1983 年（第 2 版，1992 年）.

北村 行伸（きたむら・ゆきのぶ） 補論 3
一橋大学経済研究所教授.
〈主要業績〉
『税制改革のミクロ実証分析——家計経済からみた所得税・消費税』共著，岩波書店，2013 年.
『ミクロ計量経済学入門』日本評論社，2009 年.
『パネルデータ分析』岩波書店，2005 年.

統計と日本社会
データサイエンス時代の展開

2019 年 2 月 1 日　初　版

［検印廃止］

編　者　国友直人・山本　拓

発行所　一般財団法人　東京大学出版会
　　　　代表者　吉見俊哉
　　　　153-0041 東京都目黒区駒場 4-5-29
　　　　http://www.utp.or.jp/
　　　　電話　03-6407-1069　Fax 03-6407-1991
　　　　振替　00160-6-59964

印刷所　株式会社理想社
製本所　誠製本株式会社

© 2019 Naoto Kunitomo and Taku Yamamoto, *et al.*
ISBN 978-4-13-043401-0　Printed in Japan

JCOPY 〈(社)出版者著作権管理機構　委託出版物〉
本書の無断複写は著作権法上での例外を除き禁じられています．複写される場合は，そのつど事前に，(社)出版者著作権管理機構(電話 03-5244-5088，FAX 03-5244-5089, e-mail: info@jcopy.or.jp)の許諾を得てください．

国友直人 山本拓	監修・編	21世紀の統計科学 I 社会・経済の統計科学	4800円
国友直人 山本拓 小西貞則 国友直人	監修 編	21世紀の統計科学 II 自然・生物・健康の統計科学	5600円
松原望	著	社会を読みとく数理トレーニング 計量社会科学入門（オンデマンド版）	2800円
松原望 飯田敬輔	編	国際政治の数理・計量分析入門	3000円
国立社会保障・ 人口問題研究所	編	社会保障の計量モデル分析 これからの年金・医療・介護	6800円
増山幹高 山田真裕	著	計量政治分析入門 （オンデマンド版）	2400円
佐藤郁哉	著	社会調査の考え方 上・下	各3200円
竹内啓	著	UPコレクション 増補新装版 社会科学における数と量	2800円
宮川公男	著	統計学の日本史 治国経世への願い	2800円

ここに表示された価格は本体価格です．ご購入の際には消費税が加算されますのでご了承ください．